흥하는 도시
망하는 도시

흥하는 도시 망하는 도시

초판1쇄 발행 2019년 8월 15일
초판2쇄 발행 2019년 9월 5일
초판3쇄 발행 2019년 12월 20일

지은이 홍석준
펴낸이 신일희
펴낸곳 계명대학교출판부
등 록 1970. 9. 1. (신고번호 제347-1998-1호)
주 소 42601 대구광역시 달서구 달구벌대로 1095
전 화 053-580-6233
팩 스 053-580-6235

ISBN 979-11-89468-92-7 03900
값 16,000원

• 빛을여는책방 은 계명대학교 출판부 패밀리브랜드입니다.

이 도서의 국립중앙도서관 출판예정도서목록(CIP)은 서지정보유통지원시스템 홈페이지(http://seoji.nl.go.kr)와 국가자료종합목록 구축시스템(http://kolis-net.nl.go.kr)에서 이용하실 수 있습니다. (CIP제어번호 : CIP2019029667)

흥하는 도시
망하는 도시

홍석준 지음

빛을여는책방

추천사

김 범 일

전 대구광역시장

대구라는 도시에 몸담았던 나로서는 저자가 세계 도시에 관한 이야기를 쓴다는 이야기를 듣고 관심이 갔다. 세계적으로 도시에 거주하는 사람들이 많아지고 있고 특히 한국은 도시화율이 매우 높은 국가이다. 따라서 도시의 발전이 국가 발전의 기초가 된다. 한국은 지방자치를 시행하고 있지만 여전히 정치, 경제, 문화 등 모든 것이 중앙에 집중되어 있고 지방 도시들은 취약하다. 도시의 운명을 스스로 개척하는 외국 도시들의 이야기는 단순한 재미 이상의 것을 독자들에게 줄 것이다.

추천사

신 성 철

KAIST 총장

DGIST 총장 시절 함께 일해온 저자가 도시의 흥망성쇠를 주제로 책을 쓴다는 소식에 기뻤다. 이 책은 과거부터 현재까지 도시 흥망성쇠의 원인을 저자 나름의 독특한 시각으로 분석하고 있다. 특히 이 책에서는 도시 발전에 있어 과학기술의 중요성을 강조하고 있고, 그 과학기술은 도시의 관용성과 혁신의지에 좌우된다고 본다. 이 책은 4차 산업 혁명 시대를 살아가는 우리에게 많은 시사점을 던져주고 있다.

추천사

신 일 희

계명대학교 총장

홍석준 국장은 1996년부터 줄곧 대구의 경제, 문화, 첨단산업 육성 등 대구의 발전과 성장을 위해 밤낮없이 뛰어온 최고의 행정 전문가입니다. 또한 끊임없이 탐구하는 열정과 남다른 실천력을 겸비한 현장 전문가이기도 합니다. 성품이 소탈하면서도 야무진 일처리로 많은 사람들로부터 높은 신뢰를 받는 분입니다. 그러한 홍 국장이 세계 주요 도시의 흥망성쇠를 행정전문가의 관점에서 저술한 책이니 흥미진진하지 않을 수 없습니다. 흔치 않은, 새로운 시각으로의 접근을 통해 도시마다 내재해 있던 숨은 의미를 일깨움으로서 경제와 산업, 문화와 사회 등 다방면에 걸친 매우 값진 길잡이가 될 것이라 생각합니다.

추천사

이 승 엽

야구장학재단이사장

"흥하는 도시, 망하는 도시" 이 책은 각각의 매력을 지닌 도시의 역사적 흐름을 통해 경제의 움직임을 읽을 수 있는 길을 안내합니다. 경제 지식을 풀어내다보면 재미라는 토끼를 놓치기 마련인데 저자는 본인의 경험과 역사를 기반으로 쉽고 흥미롭게 읽힐 수 있도록 노력한 저자의 독자를 위한 배려를 느낄 수 있습니다.

머리말

'신은 자연을 만들었고 인간은 도시를 만들었다'는 영국 시인 윌리엄 쿠퍼의 말처럼 도시는 인간의 창조물이자 인간의 주된 정주 여건이다. 전 세계 인구의 60%가 도시에 거주하고 있고, 특히 한국은 약 90%의 인구가 현재 도시에 살고 있다. 이러한 도시의 흥망성쇠가 어떻게 일어나고 있는가 하는 것이 이 책의 주된 관심사이다.

필자는 역사를 배경으로 한 경제적 관점에서 세계 도시들의 흥망성쇠를 살펴보고자 한다. 왜 도시를 역사적 배경으로 바라봐야 하는가? 도시는 유기체적 성격을 갖고 있어 시대적 상황에 따라 다이내믹하게 변한다. 천 년 전 세계 최고의 도시는 동양에서는 시안이었고 서양에서는 이스탄불이었다. 당시 유럽에서 10만 명 이상 되는 도시는 이스탄불(당시에는 콘스탄티노플)을 제외하고는 한 군데도 없었다. 불과 500년 전만 하더라도 뉴욕과 같은 도시는 존재하지도 않았다. 불과 100년 전만 하더라도 서울 강남은 없었다. 또 우리는 왜 경제적 관점에서 도시를 바라보는가? 도시는 정치, 문화, 예술 등 다양한 측면에서 볼 수 있으나 경제적 관점은 비교적 객관적인 지표가 있어 좀 더 정확하게 도시의 흥망성쇠를 볼 수 있다고 필자는 생각한다.

이 책에서는 많은 도시들을 네 가지 카테고리로 나누어 살펴보고자 한다. 고대의 전쟁을 비롯한 정치적·물리적 파워, 중세 시대에는 교역, 18세기 이후 산업 혁명 시대에서는 경제적·산업적인 면을 결정적인 요소로 보고, 현대로 올수록 지도자와 시민 그리고 혁신의지 등이 결합한 창조적 정책과 아이디어로 도시의 흥망성쇠가 좌우된다고 본다.

필자는 도시를 선정하는 데 있어서 상당히 많은 고민을 했다. 도시는 두 가지 속성을 갖고 있다. 첫 번째는 필연적으로 국가와 상당한 의존 관계에 있고, 두 번째로 재화와 서비스의 이동이 자유롭다는 것이다. 따라서 도시는 국가와 밀접한 관계가 있다. 도시의 발전과 쇠퇴 요인이 도시 자체에 있는가, 아니면 국가와의 관계에 있는가, 명확한 분석을 해야 했다.

따라서 발전과 쇠퇴의 원인이 최대한 도시 자체에 있는 곳을 찾고자 했다. 그러다 보니 자연스럽게 이탈리아와 독일 등 도시 국가들이 많았던 유럽의 도시들과 연방제 국가인 미국 도시들이 많이 선택되었다.

독자들이 이 책을 읽다 보면 도시의 흥망성쇠는 단순히 과거의 이야기가 아니라 현재 우리가 살고 있는 도시들의 이야기이고 도시들이 나가야 될 방향을 제시해 주고 있는 것을 알 수 있을 것이다. 이를 위해 필자는 연역적 접근법이 아닌 철저히 구체적 사례별 접근법으로 이 책을 썼다. 아무쪼록 이 책이 각 도시가 당면하고 있는 문제점을 해결하는 데 조그만 도움이 되었으면 좋겠다.

끝으로 이 책을 쓸 수 있도록 위대한 도시 대구에서 일할 수 있는 기회와 식견을 넓혀주신 문희갑, 조해녕, 김범일 전 시장님들과 권영진 현 시장님에게 감사를 드린다. 또한 부족한 책에 추천사를 써주신 신일희 계명대학교 총장님과 신성철 KAIST 총장님 그리고 한국 야구의 영웅 이승엽 이사장에게도 감사를 드린다. 무엇보다도 오늘이 있기까지 저를 키워주신 어머님과 돌아가신 아버님, 장인 장모님, 그리고 부족한 남편을 묵묵히 내조해주는 아내 권은숙과 딸 정민이를 비롯한 모든 가족들에게 진심으로 감사를 드린다. 마지막으로 이 모든 것을 가능케 한 하나님께 영광을 돌립니다.

2019. 7. 홍석준

차례

제3장

매력적인 교역과 도시

제4장

경제·산업과 도시

제5장

인력·혁신의지·지도자의 창조적 아이디어와 도시

제1장

도시란 무엇인가?

도시의 요건과 분류

세계 도시의 성장과 도시의 이점

도시의 기원과 입지 조건

역사를 배경으로 도시의 흥망성쇠를 경제적 관점에서 바라보다.

신은 자연을 만들었고,

인간은 도시를 만들었다.

(영국 시인 윌리엄 쿠퍼)

휴 그랜트와 줄리아 로버츠가 주연한 영화 「노팅힐」, 꿈 같은 하룻밤의 사랑을 그린 「비포 선라이즈」, 뮤지컬 영화 「라라랜드」의 공통점은 뭘까? 그것은 런던, 파리, LA라는 '도시'를 배경으로 한 아름다운 사랑 영화라는 것이다.

도시(都市)란, 글자 그대로 본다면 정치적 중심지를 뜻하는 도읍(都邑)과 상업적 중심지로서의 시장(市場)의 기능을 수행하는 지역을 의미한다. 영어로 도시를 뜻하는 형용사인 urban은 라틴어인 urbanus에서 유래된 말로써 원래는 '고상한', '예의 바른'이라는 뜻으로 쓰였다. 이러한 뜻으로 볼 때 도시는 농촌보다 근대적인 문화의 혜택을 누릴 수 있는 곳이라고 할 수 있다. 따라서 종합적으로 볼 때 도시란 일정한 지역 내에 밀집되어 있는 이질적인 사람들이 주로 비농업 경제활동에 종사하면서 공동생활을 유지하는 지역 단위를 말한다.

도시의 등장으로 비로소 경제적·정치적·사회적·물리적·문화적 측면에서 인간 생활의 다양한 변화가 이루어졌다. 즉 도시 사회의 등장과 함께 노동문화의 경제 잉여가 가능해졌고 따라서 부와 여가, 교육과 학문이 향상되고, 기술과 과학의 발전이 초래되었다. 미국의 정책학자 먼로(W. B. Munro)는 "고대 이집트에서 현대의 미국에 이르기까지 동서고금을 통해 인간의 지식, 창의력 그리고 업적의 최대 발전은 도시 사회에서 이루어졌다. 도시와 함께 노동 분화의 경제 잉여가 가능해졌고 따라서 부와 여가,

교육과 학문의 향상, 그리고 기술과 과학이 발전하게 되었다."[1] 고 했다.

도시의 대학은 교육과 학문 연구를 통해 과학을 발전시키고 있고, 도시의 공장은 제품을 생산하고 일자리를 만들어내고 있다. 도시가 문화적 분야에 미치는 영향력은 더 드라마틱하다. 도시는 생산된 문화에 관객을 동원해 주는 시장의 역할을 한다. 또 도시의 사업가들은 예술가들에게 작품 활동을 할 수 있도록 기반을 제공해 준다. 암울한 중세로부터 유럽을 근대 사회로 인도한 르네상스도 피렌체의 메디치가(Medici) 같은 후원자가 없었다면 불가능했을 것이다.

도시는 자체적으로 다양한 문화를 생산하기도 한다. 대규모 쇼핑가는 도시의 가장 보편적인 문화이다. 그러나 옛 궁궐, 고성, 성벽, 성당, 사찰 등은 도시마다의 다양한 문화를 보여준다. 이러한 도시를 배경으로 현대의 가장 종합 예술이라 할 수 있는 영화가 수없이 제작된다. 뉴욕, 파리, 런던, 샌프란시스코, 시애틀, 도쿄, LA는 그 대표적인 도시라 할 수 있다. 오늘 밤에도 수많은 사람들이 파리의 에펠탑이나 센강을 바라보면서, 뉴욕 센트럴 파크와 타임스퀘어에서, 베니스의 운하에서 사랑을 노래할 것이다. 그에 반해 도시에는 인간의 갖가지 음모와, 뒷골목에는 폭행과 범죄가 오늘밤에도 일어나고 있을 것이다.

---

1 박병식, 『현대도시와 행정』, 경기: 대영문화사, 2009.

1. 도시의 요건과 분류

도시가 되기 위한 요건은 무엇일까? 도시가 되기 위해서는 여러 가지가 필요하나 가장 보편적으로는 일정 규모 이상의 인구를 요구하고 있다. 그런데 도시로 인정받기 위한 인구 규모는 각 국가의 특성에 따라 다른 기준을 채택하고 있다. 예를 들면 덴마크는 250명 이상, 프랑스와 독일은 2,000명 이상, 미국은 2,500명 이상이며 일본은 50,000명 이상, 그리스는 100,000명 이상이 되어야 도시로 인정한다. 한국은 읍의 승격 기준은 2만 명 이상, 시의 승격 기준은 5만 명이다.

도시는 여러 가지 기준에 의해 분류될 수 있다. 인구 규모를 기준으로 분류하면 인구 1만 명 이상의 소도시, 2만에서 50만 명 이하의 중도시, 그리고 50만 명 이상의 대도시로 구분한다. 또한 인구 500만 명 이상은 메트로폴리스(metropolis)라 불리는 거대도시(뉴욕, 런던, 도쿄, 북경 등), 몇 개의 메트로폴리스가 연속하여 있는 초거대도시 메갈로폴리스(megalopolis), 국경을 벗어나서 UN본부 혹은 바티칸 같은 세계도시(ecumenopolis)의 형태도 있다. 세계의 도시들은 점점 거대화되고 있다. 현재 인구 기준으로 세계 최대 도시는 중국의 중경이고, 도시권역을 포함하면 도쿄가 최대 도시이다. 도쿄권[2]의 인구는 2014년 기준 3,800만 명이다.

---

2 도쿄도와 사이타마현, 지바현, 가나가와현을 모두 포함한다.

뉴욕 맨하탄 전경

도시가 거대화·비대화되는 것에 일부 사람들은 우려한다. 국가의 균형 발전, 도시의 혼잡도 증가 등의 이유에서다. 그러나 도시 발전을 이끌어내는 것은 '창조적 계급'(creative class)이라고 보는 리처드 플로리다(Richard Florida) 교수는 전혀 다른 생각을 갖고 있다. 리처드 플로리다 교수는 전 영역에 걸쳐 창조적인 사람들로 구성된 창조적 계급은 거대 도시로 모여드는 경향이 있어 거대 도시야말로 창의력의 원천이라고 이야기한다. 그는 뉴욕, 베이징, 도쿄, 서울, 샌프란시스코 등 세계 40여 개의 도시가 거대 지역으로 발전하면서 '혁신'을 만들어낸다고 본다. 샌프란시스코의 실리콘 밸리가 가장 대표적인 사례라고 한다.[3]

---

3 〈도시경제학자 리처드 플로리다, '거대도시가 창의력 원천'〉, 《ZD Net Korea》, 2011. 11. 10.

2. 세계 도시의 성장과 도시의 이점

전 세계 도시 인구의 비율이 급증하고 있다. 유엔 인구국의 '세계 도시화 전망'이란 보고서에 따르면 인구 30만 명 이상의 도시에 거주하는 도시 인구의 비율이 1950년대만 해도 30%에 불과했으나 2014년에는 54%로 높아졌고 2050년에는 66%가 될 것이라 예측한다. 전 세계 인구 3명당 2명이 인구 30만 명 이상의 도시에 산다는 의미다. 그러나 이는 인구 30만 명 이상을 도시로 보고 계산했기 때문에 실제 도시 인구의 비율은 더 높다.

한국의 경우에는 도시 인구 비율이 세계 평균보다 훨씬 높다. 유엔 보고서에 따르면 2014년 기준으로 한국의 도시 인구 비율은 82.4%다. 1950년 21.4%에 불과했던 도시 인구 비율은 60년대 이후 경제성장으로 농촌 인구가 도시로 몰리면서 도시 인구 비율이 급격히 높아졌다.[4]

그러면 도시에는 어떤 이점이 있어서 이렇게 많은 사람들이 몰려드는가? 도시에는 교육과 의료 같은 정주 여건이 뛰어나다. 자녀가 학생인 가족들은 교육 때문에, 나이가 드신 부모님을 둔 가족은 의료 때문에 도

4 〈2050년 세계 인구 셋 중 둘은 도시인〉, 《한겨레》, 2014. 7. 17.

시에 머문다. 나이가 들면 전원을 선호할 것 같지만 병원에 더 자주 가야 하므로 도시 혹은 도시 인근에 머무르길 원한다. 도시는 또한 상하수도, 도로, 전기, 통신 등 사회 인프라가 잘 되어 있다. 취업의 기회와 문화 혜택을 더 많이 누릴 수 있음은 물론이다.

그러나 이러한 도시의 혜택은 결과론적인 이야기고 국가 예산을 농촌 지역에 더 투입한다면 농촌도 이러한 혜택을 누릴 수 있다고 생각할 수 있다. 물론 그렇다. 그러나 동일한 예산을 투입할 경우 도시와 농촌은 효율성 측면에서 차이가 있다. 이를 경제학에서는 집적 경제(Agglomeration economy)란 개념으로 접근한다. 집적 이익 또는 집적 경제란 어떤 지역에 산업이나 인구가 집중하면 서로가 분업되거나 노동력 및 소비의 시장이 이루어지면서 또한 도로 등의 시설도 마련되고 투자 효율 및 생활 효율이 좋아지는 것을 말한다. 반대로 이러한 것이 분산해 있으면 이러한 시설 같은 것도 이루어지지 않는다는 것이다.

집적 이익의 효과를 구체적으로 보자. 먼저 도시는 정보와 기술의 교환이 유리하다. 일단 집적하게 되면 거리가 가까워지고 교류하는 양도 많아지기 때문이다. 경제학에서는 탐색비용이란 것이 있다. 탐색비용(search costs)이란 고객이 제품을 찾는 데 소용되는 비용이다. 경제의 효율성을 높이려면 이러한 탐색비용을 최소화해야 하는데, 한 도시 내에 있을 때 탐색비용은 상대적으로 절감된다. 이러한 이유로 동종 혹은 이종의 기업들과 연구기관 그리고 교육기관이 집적되는 클러스터(Cluster)가 형성된다. 샌프란시스코의 실리콘 밸리, 프랑스 소피아 앙티폴리스가 대표적인 클러스터이다.

둘째로, 원료 획득이 용이한 것도 집적 이익의 좋은 예이다. 자동차 부품 회사와 완성차 회사는 대체로 가까이 있는 경향이 있다. 현대자동차가 미국이나 유럽에 진출하면 관련 부품 기업들도 동반 진출한다. 삼성 휴대폰 공장이 베트남 하노이 인근 박닌성 옌퐁에 가니 많은 휴대폰 부품 기업이 동반 진출하여 삼성 타운이 생겨났다.

마지막으로 집적되면 시장이 공동개발된다. 우리는 도시에 식당과 가구점 등이 집적되어 있는 것을 쉽게 본다. 그것은 소비자의 선택을 넓혀 주어 구성원 모두에게 이익이 되기 때문이다. 필자가 살고 있는 대구에는 150여 곳 이상의 식당이 밀집해 있는 '들안길 먹거리 타운'이 있다. 한국 전체적으로도 가장 큰 규모일 것이다. 필자도 약속을 정할 때 딱히 생각나는 곳이 없으면 무의식적으로 들안길에서 만나자고 한다. 들안길

대구 들안길

이라는 집적된 먹자 타운이 시장을 창출하는 것이다.

물론 도시에 좋은 점만 있는 것은 아니다. 범죄, 빈부 격차, 환경오염, 교통 및 주택 문제 등 많은 문제가 있는 것이 사실이다. 서울 쥐와 시골 쥐 이야기가 생각난다. 서울에 올라온 시골 쥐는 도처에 먹을 것이 많아서 놀라고 부러웠다. 그런데 어둠 속에서 반짝이는 무서운 고양이 눈빛을 보았다. 서울 쥐는 도망가면서 말했다. "도시에는 고양이도 많아."

그러나 이러한 도시의 문제에도 불구하고 하버드 대학 교수 에드워드 글레이저(Edward Glaeser)는 그의 저서 『도시의 승리(TRIUMPH OF THE CITY)』에서 인류의 발명품인 도시가 인류를 더 부유하고 영리하고 건강하고 행복하게 해 주고 있으며, 거기다 환경보호에도 기여하고 있다고 도시 특히 대도시를 예찬하고 있다. 그는 도시의 빈곤은 농촌의 빈곤과 비교할 수 없고 가난한 사람도 농촌에서는 얻지 못할 기회를 도시에서 얻을 수 있다고 본다. 또 도시 중심부에서 교외 지역으로 나지막하게 확산되는 저밀도 교외 지역보다 높은 고층 건물로 구성된 고밀도 도시 지역이 더 환경친화적이라고 주장한다. 따라서 그는 도시의 성장을 억제하는 규제 정책이나 이민 반대 정책들은 바람직하지 못하고, 도시가 성공하기 위해서는 사람 즉 인적 자본에 투자해야 한다고 설파한다.

3. 도시의 기원과 입지 조건

도시는 언제부터 생겨났을까? 현재까지 밝혀진 바로는 돌로 만든 성벽을 갖춘 가장 오래된 유적지는 성경에서 여리고라 불리는 팔레스타인의 예리코(Jericho)이다. 예리코는 BC 9000년경에 세워진 것으로 추정된다. 예리코는 BC 14세기경에 모세와 여호수아의 인도로 이집트를 탈출한 후 40년 동안 광야를 헤맨 히브리인들이 가나안을 정복하기 위한 첫 번째 정복지가 된다. 예리코 전투 이후 이 도시는 역사에서 사라진다.

본격적인 도시의 시작은 수메르의 우르이다. 수메르의 우르(Ur)에서 영어의 Urban이 파생되었다고 추정된다. 성경 창세기에서는 히브리인의

예리코

우르 지구라트 유적 BC 2100 수메르 Ur-Nammu 왕 시절에 처음 건설되었고, 지금 유적은 그 터 위에 BC 556-539경 네오 수메르 나보니두스(Nabonidus) 왕 시절에 건설된 것이다. 수메르인들은 당시로서는 우주인에 비견될 만큼 놀라운 문명을 자랑하고 있었다. 오늘날의 맥주, 수레바퀴 등이 수메르인들에 의해 개발되었다.

조상인 아브라함이 원래 갈대아 우르에서 살고 있었다 한다. 우르에 살고 있었던 아브라함은 집을 떠나 약속의 땅으로 가라는 여호와의 말씀에 순종하여 가족들과 함께 떠났다 한다(창세기 12장). 아브라함의 고향 갈대아 우르는 메소포타미아 남부 지역에 있는 유서 깊은 도시이다. 우르는 인류 최초의 문명인 수메르 문명 때부터 발달했으며 아카드 제국에서 중심도시였다. 우르 지구라트(Zigguart) 같은 유적이 아직 남아 있다.

근동에서 시작된 도시의 역사는 그리스-로마 시대에 새로운 방향으로 발전한다. 도시국가 아테네에서는 민주주의와 각종 학문의 꽃을 피웠다. 로마는 뛰어난 토목·건축 기술을 바탕으로 도로와 수로를 만들었고 세계를 정복했다. 로마 제국의 멸망 이후 도시는 파괴되고 영주가 농민들을 지배했다. 그러나 이러한 봉건 시대에 북부 이탈리아와 한자동맹 도시들은 무역을 중심으로 도시들이 발달하기 시작했다. 영국의 산업 혁명은 동력, 교통의 혁명을 가져와 도시가 폭발적으로 성장하게 만들었다.

도시는 어떤 곳에서 발달하게 되었을까? 도시의 입지 조건은 무엇일까? 현대 과학 기술은 자연의 한계를 극복할 수 있으나 고대로 갈수록 입지 조건은 중요했다. 물은 도시의 생명줄이다. 인류 4대 문명(메소포타미아, 이집트, 인더스, 황하) 모두 강 주위에서 시작되었다. 물은 식수, 교통수단, 방어수단, 식량 확보 차원에서 중요했다. 물은 현대 도시에도 공업용수, 관광 자원 측면에서 대단히 중요하다. 런던, 뉴욕, 서울 등 모든 대도시에는 강이 있다.

식량 확보 여부도 중요하다. 중국 서안이 오래전부터 주나라 이래 중국 왕조의 수도가 된 것도 관중(關中) 평야에서 생산되는 식량 때문이다. 물론 도시의 권력이 강하면 로마처럼 수입할 수도 있다.

교통도 대단히 중요한 요소다. 교통은 도시 내 시민들의 교통도 중요하나, 도시 간의 교통도 중요하다. 또한 육상 교통도 중요하나 해상 교통은 무역 측면에서 더 중요한 경우가 많다. 베네치아와 제노바 같은 이탈리아 도시들과 뤼베크와 함부르크 같은 한자동맹 도시들에게는 해상 교통이 생명줄이었다. 교통은 자연적인 요소도 있지만 끝없는 인간투쟁의 결과물이다. 지브롤터 해협의 존재는 이미 알고 있었지만 이를 이용해 지중해-대서양 직항로를 개척한 것은 제노바 상인들의 노력이었다. 맨체스터가 세계 섬유수도가 되고 디트로이트가 한때 자동차 산업을 호령한 것도 수출입에 따른 운하의 역할이 컸다.

안전은 도시 입지의 전제 조건이다. 과거 도시 형태의 가장 공통적인 사항은 성곽(Castle)이었다. 대포가 발달되면서 도시 안전에서 성곽의 중요성은 약해졌지만 오랫동안 성곽은 도시 안전에서 필수 조건이었다. 순수

위: 중국 만리장성 / 아래: 모로코 성벽

하게 안전을 이유로 세워진 도시도 많다. 베네치아와 두브로브니크가 좋은 예이다. 베네치아는 고트족, 훈족, 롬바르드족에게 쫓겨서 섬으로 도망친 로마의 후예들이 세웠다. 두브로브니크는 아바르족, 슬라브족 등에게 쫓긴 로마의 후예들이 만들었다. 파리도 갈리아인들의 침입을 막기 위해 안전한 시테섬에 로마인들이 거주하면서 시작되었다.

물, 식량, 교통, 안전이 세계 각국의 공통적인 도시 입지의 중요 요소라면 동양에만 해당되는 특수한 요인도 있다. 바로 풍수사상이다. 풍수(風水)사상은 산·수·방위·사람 등 네 가지의 조합으로 이뤄진다고 믿고 있다. 주역의 풍수 이론에 따라 건설한 전형적인 도시가 베이징이다. 베이징은 북쪽으로는 옌산이 있고 남쪽으로는 융딩강이 흐르는 전형적인 배산임수의 지형이다. 중국에서는 선전, 쿤밍, 이리, 원저우, 헝양 등이 풍수가 좋은 도시로 평가받는다. 한국에서도 고려의 개경, 조선의 한성 등도 도읍으로 정할 때 풍수를 고려했다.

베이징 자금성 북문

4. 역사를 배경으로 도시의 흥망성쇠를 경제적 관점에서 바라보다.

도시는 살아있는 유기체다. 도시는 사람이 만든 인공물이기도 하지만 끊임없이 발전하고 쇠퇴하는 측면에서 유기체적 성질을 갖고 있다. 같은 도시 내에서도 어떤 지역은 고층 건물이 들어서고 역세권이 되면서 갑자기 먹자 타운이 형성되어 사람들로 북적거린다. 반면에 한때 중심지였던 다른 지역은 슬럼화가 촉진된다. 역사적으로 보면 많은 도시들이 흥망성쇠를 거듭하고 있다. 한때 제국의 수도로서 세계를 호령하던 도시들은 사라져 유적으로만 남아 있거나(예를 들면 페르시아의 수사), 도시로 존재하기는 하지만 과거의 영광을 찾기 힘든 도시들도 많다. 그러나 중국 선전처럼 옛날에는 듣도 보도 못한 작은 어촌이 세계적인 도시가 되는 경우도 우리는 본다.

대구라는 도시에서 20년 이상을 공무원으로서 근무한 필자는 평소에 어떠한 요인에 의해 도시의 흥망성쇠가 좌우되는지 궁금하게 여겨 왔다. 이러한 궁금증이 이 책의 집필배경이다. 이 책에서는 역사를 배경으로 도시의 흥망성쇠를 경제적 관점에서 파악하고자 한다. 유기체로의 현대 도시는 지난 수천 년간 인류가 이루어낸 사회적, 기술적, 경제적, 정치적, 문화적 진화의 산물이다. 따라서 도시의 현재 시점만 봐서는 도시를 제대로 이해하기 어렵기 때문에 그 도시의 역사를 배경으로 살펴보아야 한다는 것이 필자의 소신이다. 또한 경제적인 관점에서 도시를 평가하고자 한다. 그 도시가 발전하고 있는 것인지 쇠퇴하고 있는 것인지의 결론은 보는 관점마다 다르다. 도시는 정치, 경제, 문화, 교육 등 다양한 기능을 수행하고 있기 때문이다. 경제적 측면에서 바라보는 것은 객관적인 수치가 있어 상대적으로 파악하기 쉽고 또한 경제가 다른 도시의 분야에도 많은 영향을 미치기 때문이다. 예를 들어 이러한 관점에서 본 오스트리아 빈(Wean)을 필자는 과거 화려한 합스부르크 왕가 시절에 비해서는 상대적으로 쇠퇴했다고 건방진(?) 평가를 내리게 된다.

도시의 흥망성쇠에 영향을 미치는 요소가 많이 있지만 이 책에서는 크게 네 가지 요인으로 분류하여 도시를 보고자 한다. 그 네 가지 요인은 전쟁을 중심으로 한 파워, 교역, 산업·경제력, 그리고 지도자·인력·도시 분위기 등의 요소들에 의한 창조적인 정책이다.

고대로 갈수록 도시는 전쟁과 같은 물리적 힘으로 번영하기도 폐허가 되기도 했다. 또한 절대 권위로 도시에 부족한 식량과 사람을 강제로 징발하기도 했다. 로마는 로마 내 인구가 많아지자 절대적으로 식량이 부족했고 이를 이집트 등에서 오스티아 항구를 통해 가져왔다. 또한 전쟁은 당시 세계 최대 도시 중의 하나였던 콘스탄티노플을 이스탄불로 바꾸기도 했고, 동프로이센의 수도이자 칸트의 고향인 쾨니히스베르크를 칼리닌그라드로 바꾸어 버렸다. 또한 러시아 절대적 왕정은 300년 전에 네바강 늪에 상트페테르부르크를 만들기도 했다.

교역 혹은 무역은 현대 도시에 있어서도 절대적으로 중요한 도시 발전의 요소지만 중세 유럽에서는 많은 도시가 교역으로 생존이 좌우되었다. '도시의 공기는 자유롭게 한다'(Stadtluft macht frei)는 말처럼 농노들은 도시로 몰려들었다. 지중해를 호령했던 도시국가 베네치아와 영원한 라이벌 제노바, 한자동맹 중심 도시 뤼베크와 브뤼헤 그리고 양 상권을 연결하는 샹파뉴는 교역에 목숨을 건 도시였다. 당시 교역 물품들은 생필품들도 있었지만, 비단·도자기·향신료 등의 사치품이 돈이 되는 중요한 거래 물품이었다. 이들 도시들은 지리상 대발견 이후 대항해 시대가 개막되자 대체로 역사의 뒤안길로 물러나게 된다.

영국 제임스 와트의 증기 기관 발명으로 촉발된 산업 혁명 이후에는 산업이 도시의 운명을 좌우하게 된다. 섬유의 맨체스터, 자동차의 디트로이트, 철강의 피츠버그가 산업 혁명 이후의 신데렐라였다. 산업 혁명의 흐름을 타지 못한 빈과 같은 도시들은 뒤처지게 된다. 그러나 산업 경쟁력의 변동에 따라 적응하지 못한 디트로이트 같은 도시들은 쇠퇴하게 된다.

마지막으로 창조적 정책에 의해 도시의 흥망성쇠가 좌우된 사례를 살펴본다. 도시의 창조성은 어느 한 사람 혹은 기관에 의해 만들어지는 것이 아니다. 대학에서 길러지는 인력, 관용성을 비롯한 도시 분위기, 규제 개혁 그리고 무엇보다 이를 담아내는 지도자의 리더십에 의해 창조성은 비롯된다.

도시를 선택하는 데 있어 고심이 되었다. 자료의 한계로 인해 필자가 쓰고 싶은 도시와 쓸 수 있는 도시들은 달랐다. 또한 상대적으로 유럽과 미국의 도시가 많고 아시아와 타 지역의 도시가 적다. 그 이유는 유럽의 도시들은 과거 도시가 아니라 도시 국가로 존재했을 정도로 도시 자체의 정체성 즉 아이덴티티(Identity)가 분명하다. 현재도 이탈리아 로마에 살고 있는 사람이 밀라노에 가면 이사가 아니라 이민 간다고 생각할 정도이다. 또한 미국이나 독일처럼 연방제 국가의 경우는 각 도시들의 역사적 배경이나 도시가 가진 권한이 강한 덕분에 접근하기가 쉽다. 예를 들면 뮌헨이 속한 바이에른은 과거 바이에른 왕국이었다. 이런 도시들의 발전과 쇠락은 중앙정부가 아닌 도시 자체의 책임 부분이 큰 것이다.

이에 반해 아시아 도시들은 중앙집권적인 역사 배경과 도시 자체의 권한이 미약하여 도시를 분석하기 어렵다. 예를 들어 일본은 도쿠가와 막부 시절에 쇄국 정책을 폈다. 유일하게 나가사키만 개항을 해서 네덜란드와 무역을 하게 했다. 따라서 나가사키의 개항은 도시가 아닌 막부의 결정이기 때문에 이를 통해 나가사키라는 도시를 분석을 하는 것은 적절치 못하다. 전체 세원의 80%를 국세로 거둬가는 한국 재정 구조는 더욱 분석이 어렵다.

이 책에서는 도시의 흥망성쇠를 이론적으로 보는 것이 아니라 각 도시의 사례를 살펴보면서 우리에게 필요한 최대한의 공통점을 찾고자 한다. 이 책을 쓰면서 많은 도시들이 옛날부터 지금까지 상호 협력하고 경쟁하면서 발전과 쇠퇴를 거듭하고 있다는 것을 알게 되었다. 중세 제노바와 벨기에 브뤼헤는 지중해-대서양 직항노선으로 연결되어 동반자가 되었지만 이는 곧 프랑스 샹파뉴 정기시에는 재앙이 되었다. 지중해 상권과 북부 유럽 상권을 연결하는 강력한 경쟁자가 되었기 때문이다. 맨체스터와 리버풀은 스티븐슨의 증기 열차에 의해 연결되면서 섬유 수출입의 우정이 깊어갔지만 맨체스터 운하가 개통되자 원수가 되어 버렸다. 실리콘밸리와 선전은 이제 창업에서 경쟁상대가 되어 버렸고, 두바이의 성공사례를 보고 아부다비와 카타르가 맹추격하고 있다.

도시 간의 경쟁은 곧 경제학에서 말하는 경쟁자와 대체재 개념과 유사하다. 경제학에서는 완전경쟁체제에서 초과이익이 발생하면 경쟁자가 항상 출현하여 초과이익을 빼앗아가서 적정이익으로 환원된다고 본다. 또한 특정 재화의 수요가 높아지거나 공급이 부족해져서 가격이 오를 때, 대체재가 있으면 가격 상승이 제한된다고 본다. 도시 정책에 있어서 이러한 점을 항상 유념할 필요가 있다. 그렇지 않으면 황금알 낳는 거위 샹파뉴 정기시를 죽여 버린 프랑스 필리프 4세와 같은 우를 범할 수 있다.

이제 수많은 사람들의 지혜와 피와 땀 그리고 눈물이 있는 세계적인 도시들로 저와 같이 여행을 떠나보자.

아부다비 그랜드 모스크

제2장

전쟁을 비롯한 물리적 파워와 도시

영원한 도시, 로마(Roma)

3000년 고도, 시안(西安)

예술과 자유의 도시, 파리(Paris)

콘스탄티노플이라 불렸던 이스탄불(Istanbul)

고대로 갈수록 전쟁과 같은 물리적 파워가 도시의 흥망을 좌우한다. 전쟁에 승리하여 수백 년 동안 지중해를 내해로 만든 로마 같은 도시가 있는가 하면 로마와의 전쟁에 패해서 역사 속으로 사라진 카르타고 같은 도시도 있다. 불행한 것은 '인류가 존재하는 한 전쟁은 사라지지 않는다'고 말한 알베르트 아인슈타인의 명언처럼 전쟁은 끊임없이 있어 왔다. 왜 그럴까? 이에 대한 답은 프로이센 천재 군인이었던 카를 폰 클라우제비츠(1780~1831)가 이미 한 바 있다.

그는 그의 명저『전쟁론』에서 '전쟁은 단지 다른 수단에 의한 정치의 연속'이고 '전쟁은 외교문서를 작성하는 대신에 전투로 하는 정치다'라고 갈파했다. 로마는 에트루리아, 삼비아, 그리스 식민도시들, 그리고 갈리아족들과 싸워서 이탈리아 반도를 통일한 후 카르타고와 국가의 운명을 걸고 일전을 벌인다. 한니발과의 전투에서 연속으로 패해 국가의 운명이 풍전등화인 적도 있었지만 로마 특유의 개방적 정책에 바탕을 둔 단결력과 노블레스 오블리주에 의해 위기를 극복하고 마침내 지중해 패자가 된다. 그러나 지금 로마는 경제적으로 발전된 도시는 아니다. '피핀의 기증'부터 1871년 이탈리아 공화국의 수도가 되기까지 소위 로마 교황령 시대에 산업 혁명의 흐름을 타지 못하고, 과학기술발전에 등한시했기 때문이다.

고대 로마가 서양을 대표하는 도시라면 동양을 대표하는 도시는 서안이었다. '중국의 100년을 보려면 상해를 보고, 1,000년을 보려면 북경을 보고, 3,000년을 보려면 서안을 보라'는 말이 있을 정도로 서안은 과거 중국 13개 왕조의 수도였다. 13개 왕조의 수도일 동안 서안에서는 많은 일들이 일어났다. 특히 당나라 수도로서 장안으로 불릴 당시의 도시계획은 한국, 일본 등 많은 동양 도시건설의 교과서가 된다. 그러나 서안은 당나라 그리고 오대 십국 시대 이후 다시는 중국의 수도가 되지 못한다. 왜 그랬을까?

파리가 처음부터 프랑스의 정치·경제의 중심지였을까? 아니다. 파리는 카페 왕조 이전까지는 작은 로마 병영도시 중의 하나였다. 카페 왕조부터 프랑스의 정치 중심도시는 되었지만 샹파뉴, 부르고뉴 등 파리보다 큰 도시들이 많았다. 파리를 명실공히 프랑스의 중심도시로 만든 건 백년전쟁을 비롯한 전쟁이었다. 그 후 파리는 낭트칙령, 계몽사상, 프랑스 대혁명으로 자유, 평등, 관용(박애)의 도시가 되어 인류에 큰 선물을 안긴다. 로마나 파리처럼 도시가 만들어진 이후 같은 이름으로 계속 이어지는 도시가 있는가 하면 이스탄불이나 상트페테르부르크처럼 이름이 바뀌는 경우도 있다. 특히 이스탄불은 과거 동로마제국의 수도 콘스탄티노플로서 동서양 중계 무역을 통해서 수백 년 동안 유럽에서 압도적으로 가장 큰 도시였다. 1,000년 이후 파리가 겨우 10만도 안될 때 콘스탄티노플은 100만 명이 거주하는 도시였다. 현대 동유럽의 문자인 키릴 문자를 만들고 정교회의 중심도시였지만 콘스탄티노플은 서유럽 세계에서는 평가절하되어 왔다. 1453년, 콘스탄티노플을 점령한 오스만 제국의 메흐메트 2세는 현명한 군주였다. 그는 이 위대한 도시를 파괴하지 않고 계승하여 오늘날 이스탄불에 이른다. 오스만 제국은 1차 대전 후 케말 파샤에 의해 터키로 개명하는데, 터키는 우리의 형제 국가로서 의미가 깊다. 상트페테르부르크는 1703년 피터 대제에 의해 '유럽의 창'으로서 건설되었다.

이 지역은 네바강으로 인해 습지가 많아 도시를 건설하기에는 지반이 약했다. 지반 강화를 위해 많은 공사를 해야 했고, 그 공사에는 수많은 농노들과 노예들이 동원됐다. 그래서 '해골의 도시'라고도 불린다. 현대에 와서 이 도시만큼 한국에 영향을 미치고 있는 도시도 없다. 보수와 진보의 이념 대립과 남북 분단의 이면에는 1917년 이 도시에서 일어난 볼셰비키 혁명의 사상이 있기 때문이다. 전쟁은 로마나 파리처럼 그리고 이스탄불처럼 몇 백 년 전에만 도시에 영향을 준 것은 아니다. 제2차 세계 대전으로 유서 깊은 도시가 없어지거나 극적으로 부활한 사례도 있다. 독일 기사단의 도시이자 칸트의 도시인 쾨니히스베르크는 독일 통일의 주역 프로이센의 수도였다. 1256년 이 도시가 건설된 이래 700년 동안 이 도시는 나폴레옹 전쟁 때는 프로이센 최후의 거점으로 활약했다. 제2차 세계 대전 후 소련이 점령하면서 독일인들을 내쫓고 과거의 흔적을 지우면서 현재는 칼리닌그라드로 변해버렸다. 쾨니히스베르크가 사라진 도시라면 폐허에서 극적으로 부활한 도시가 드레스덴이다. 드레스덴은 과거 작센의 수도로서 유럽 최초의 도자기인 마이센 도자기를 개발하는 등 문화와 경제가 발전된 도시였다. 제2차 세계 대전 때 도시는 공습으로 폐허가 된다. 독일 통일 후 막스 플랑크 등 연구소 설립을 통한 도시의 부흥 정책으로 드레스덴은 다시 일어선다. 특히 도시의 상징과도 같았던 프라우엔키르헤의 복구 과정은 큰 감동을 준다.

로마 시내 전경

ITALY

Roma

1. 영원한 도시, 로마 Roma

모든 길은 로마로 통한다(All roads lead to Rome). 로마에 가면 로마법에 따르라. 로마는 하루아침에 이루어지지 않았다. 주사위는 던져졌다. 건전한 육체에 건전한 정신이 깃든다. 로마와 관련된 격언의 예이다. 유럽을 중심으로 하는 서양 문화의 원류는 그리스와 로마에서 시작되었다고 본다. 그리스는 민주주의 정신이나 학문적인 측면에서 영향을 미쳤지만 로마는 종교, 언어, 문화, 도로 및 수로 등 훨씬 광범위한 분야에 영향을 미쳤다. 특히 도시 측면에서 유럽의 주요 도시들이 로마 시대 때 만들어졌을 정도로 도시 발전사 측면에서는 로마와 불가분의 밀접한 관련이 있다.

— 도시국가에서 세계 제국으로 그리고 이탈리아의 수도로

로마는 753년 로물루스 형제에 의해 건국되었다. 트로이의 후손들인 로물루스 형제는 양치기들에 의해 늑대 젖으로 양육되었다는 전설이 있다. 이때 이탈리아 반도의 북에는 갈리아인들이, 남에는 그리스 식민도시들이, 중부에는 에트루리아와 삼니움족들이 있었다. 로마는 인근의 지방과 라티움 동맹을 결성하면서 힘을 키워 에트루리아, 삼니움족, 그리스 도시들을 정복하고 마침내 기원전 270년경에는 마지막으로 포강 일대의 갈리아인을 축출함으로써 이탈리아반도를 통일한다.

이탈리아반도를 통일한 로마는 당시 지중해의 강국 카르타고와 숙명의 일전을 벌인다. 카르타고는 페니키아인들이 세운 도시였으나 본국인 페니키아가 멸망한 후에도 번성하여 오늘날 북아프리카, 스페인, 시칠리아, 사르데냐를 점령하면서 지중해 무역을 장악하고 있었다. 시칠리아의 지배권을 두고 시작한 제1차 포에니 전쟁을 시작으로 세 차례나 큰 전쟁을 벌인다. 결과적으로는 로마에 의해 카르타고가 멸망하지만(기원전 146년) 로마는 전쟁 중에 역사상 가장 큰 위기를 맞는다. 바로 카르타고의 한니발 바르카 장군 때문이다. 한니발 장군은 스페인에서 출발해 알프스 넘어 로마 본토를 공격해 왔다. 한니발은 병력과 보급이 불리한 조건에서도 트레비아, 트라시메누스 호수, 칸나의 전투에서 대승한다. 이러한 국가적 위기 속에서도 로마는 견뎌냈고 마침내 스키피오 아프리카누스가 아프리카 자마 전투에서 한니발을 이긴다.

카르타고를 멸망시키고 서지중해를 장악한 로마는 동지중해로 눈을 돌린다. 마케도니아의 지배에 항거한 그리스 도시국가들이 로마에 도움을 청하자 로마는 마케도니아를 정벌하고 시리아까지 점령하면서 아시아 속주로 만든다. 지중해 전체가 로마의 내해로 된 것이다. 그러나 단시간 내에 많은 전쟁을 통한 정복은 로마의 근간이었던 중소 자영농의 몰락과 빈부 격차 심화 등 사회 혼란을 유발했다. 그라쿠스 형제의 개혁이 실패로 돌아가면서 동맹시 전쟁, 마리우스와 술라의 싸움과 스파르타쿠스 같은 노예들의 반란이 일어난다.

율리우스 카이사르 동상

이러한 혼란을 수습하고자 영웅들이 나타났다. 크라수스, 폼페이우스, 카이사르가 그들이다. 크라수스는 스파르타쿠스 반란을 진압했고, 폼페이우스는 마리우스 파와 해적들을 진압했고, 카이사르는 한때 로마를 점령하기도 했던 숙적 갈리아를 완전 정복했다. 이들은 삼두정치로 협력하기로 했지만 결국 충돌하여 카이사르가 폼페이우스를 격파하고 독재관이 되나 암살당한다. 카이사르 사후 내전이 발발하고 옥타비아누스, 안토니우스, 레피두스의 2차 삼두정치가 시작된다. 카이사르 조카인 옥타비아누스가 안토니우스를 격파하고 아우구스투스 황제가 됨으로써 로마는 공화정에서 제정으로 변화한다.

제정 로마는 네로와 같은 폭군 황제도 있었지만 서기 180년까지는 오현제 등의 시대를 맞아 평화를 누린다(팍스 로마나). 그러나 2세기 이후 정복 전쟁 종식으로 인한 경제 침체, 게르만족 등 변방 위협의 증가, 군대 반란으로 인한 잦은 황제 교체 등으로 제국은 쇠퇴하기 시작한다. 330년, 콘스탄티누스 황제는 비잔티움을 콘스탄티노폴리스로 명명하면서 천도하였고, 395년 테오도시우스 황제 때 동로마제국과 서로마제국으로 분열된다. 서로마제국은 서고트족, 반달족 등에 의해 로마가 점령당하기도 했고 마침내 476년, 게르만 용병 장군 오도아케르가 서로마제국을 멸망시킨다.

서로마제국 멸망 이후 로마는 동로마제국의 유스티니아누스 황제 때 잠시 탈환하기도 하지만 게르만족인 랑고바르드족에게 빼앗긴다. 랑고바르드족이 롬바르드 왕국의 위협을 받자 교황은 이슬람으로부터 프랑크 왕국을 지켜낸 카를 마르텔의 아들 피핀에게 구원 요청을 한다. 피핀은 롬바르드를 내쫓고 자신이 점령한 지역을 교황에 기증한다. 이를 '피핀의 기증'이라 한다. 이것이 교황령의 기원이 된다(754년). 교황령은 교황의 세속적인 지배권이 미치는 유형의 영토이다. 교황령은 피핀이 기증한 이후 통일 이탈리아 왕국이 성립된 1870년까지 중부 이탈리아에서 주요한 도시국가 중 하나가 되었다. 중세는 물론이고 근세까지도 교황의 권위에 아무도 교황령을 침범하지 못했다. 이탈리아 통일을 추진하는 주세페 가리발디(Giuseppe Garibaldi) 등은 교황령을 통일을 방해하는 존재로 인식하였다. 통일 이탈리아 왕국은 1870년 로마를 이탈리아 수도로 정하고 점령하여 교황령은 천 년 만에 멸망한다. 1929년 이탈리아 정부와 교황청 간의 라

테라노 조약(Patti lateranensi)에 따라 로마시 안에 오늘날의 바티칸 시국을 건국한다.

— 로마가 강했던 이유

인류 역사상 로마보다 더 많은 영토를 지배한 국가는 있었다. 칭기즈칸의 몽골이 대표적이고, 알렉산더의 마케도니아와 티무르 제국도 영토 면에서는 로마와 비슷했다. 그러나 이렇게 큰 영토를 갖고 있는 국가가 로마만큼 오랫동안 멸망치 않고 운영된 곳은 없다. 로마는 서로마 멸망까지 약 1천3백 년 그리고 동로마제국 1천 년을 포함하면 2천 년 이상 존속했다. 당대 로마는 최강의 군대로 평가받았다. 그러나 로마의 군대가 훌륭하게 조직되었다 하더라도 그들은 누미디아처럼 뛰어난 기병대도 없었고, 갈리아처럼 신체적으로 우월하지도 않았다. 로마를 오랫동안 최강으로 만든 기반은 무엇일까?

- 놀라운 건축 토목 기술

현재 로마에는 수천 년의 시간이 지났어도 훌륭하게 보존되어 있는 건축물들이 많다. 모든 신들을 모신다는 판테온(아그리파가 최초로 건설하나 로마대화재 때 소실되고 후에 하드리아누스 황제가 재건), 네로 황제의 동상에서 이름이 유래되고 수많은 시합이 열렸던 콜로세움, 그리스 아고라처럼 정치 중심지였던 포로 로마노(Foro Romano), 그리고 바실리카와 공중목욕탕 등 현대 건축기술 관점에서 보더라도 훌륭한 건축물들이 많다. 로마는 그리스 문화의 영향

판테온 판테온은 모든(Pan) 신들(Theon)에 바쳐진 신전이란 의미로 아우구스투스 황제의 친구이자 사위인 마르쿠스 아그리파에 의해 처음 세워졌다. 이후 화재로 파손된 것을 하드리아누스 황제 때 재건되었다가 성당이 되었다. 지붕이 개방되어 있으나 내부 상승기류에 의해 비를 막을 수 있도록 설계될 정도로 놀라운 건축 기술을 보여주고 있다.

을 받았으나 더욱 발전시켜 나갔다. 그리스 건축이 형태 위주의 조각적인 면을 강조했다면 로마는 실용적 입장에서 공간 위주의 대규모 건축물을 추구했다.

또한 당시 로마인들은 사회기반공사 건축에도 달인들이었다. 약 2천 년 전에 만들어진 로맨틱 가도와 아피아 가도 등의 도로가 현재까지도 일부 사용되고 있다. 아피아 가도(Via Appia)는 고대 로마에서 가장 만들어진 도로로써 기원전 312년에 건설되었다. 도로 이름은 당시 로마 감찰관인 아피우스 클라우디우스 카이쿠스의 이름을 따서 만들어졌다. 가도는 로마에서 시작되어 남부 이탈리아 항구 브린디시(Brindisi)까지 이어진다. 크

아직까지 사용하고 있는 아피아 가도

라수스가 스파르타쿠스 반란에서 생포된 노예 6천여 명을 모두 십자가에 처형시키고 아피아 가도 변에 매달아 놓은 것으로 유명하다. 로맨틱 가도(Romantische Straße)는 바이에른 주에서 바덴뷔르템베르크주 사이에 놓여 있으며, 지금은 관광도로로 유명하다. 로마의 도로가 아직까지 남은 이유는 어디에 있을까? 아피아 가도를 보면 최상층의 돌 밑에 자갈을 촘촘히 깔고, 또 그 밑에는 잡석을 깔아두어 침하를 막았다. 도로의 포장 두께는 무려 1~1.5m에 이른다. 또한 가도의 유지를 위해 도로 중앙부를 높이고 가장자리는 낮게 하여 배수를 용이하게 하였다. 수목이 자라 뿌리가 도로에 영향을 줄 수도 있으므로 가급적 도로 바깥쪽에는 수목을 없앴다.

도로가 국가와 도시에서 신경망 역할을 한다면 상수도는 인체의 70%를 차지하는 수분의 역할을 한다. 고고학에서도 상·하수 시설을 도시의 가장 중요한 증거로 본다. 로마 시대에는 도시 근처 상수원에서 낙

세고비아 수도교(Segovia Aqueduct) 세고비아 수도교는 도시에서 15㎞ 떨어진 수원에서 물을 공급하기 위해 서기 1세기 경에 건설되었다. 총 길이 728m 높이 28m에 사용된 화강암만 2만 400개에 이른다. 이러한 엄청난 구조물이 시멘트 같은 접착재를 사용하지 않고 오직 중력으로만 2천년 넘게 버티고 서있다.

차를 이용해 도시까지 물을 끌어왔다. 중력에 의해 물이 위에서 아래로 흐르는 원리대로 수도를 건설하기 위해 골짜기 등에는 수도교(Aquaduct)를 만들어 놓았다. 현재 수도교 중에서는 스페인 세고비아 수도교가 가장 잘 보존되어 있다. 로마에는 적어도 11개 이상의 주요 수로가 있어서 이를 통해 식수를 공급받았다. 특히 로마에는 한번에 1,600명이 들어갈 수 있는 칼리굴라 목욕탕 등 공중목욕탕이 유행했는데, 이는 수로가 없었으면 꿈도 못 꾸었을 일이다. 고대의 건축물 중에서도 로마의 수로는 가장 경이로운 것으로 손꼽힌다.

로마가 거대하면서도 오랫동안 남아 있을 수 있는 건축물들을 건설할 수 있었던 이유는 무엇일까? 먼저 새로운 건축 재료를 만들었다. 콘크리트가 그것이다. 로마인들은 로마에서 생산되었던 화산재와 석회를 혼합하여 콘크리트를 제조했다. 콘크리트의 사용은 시공을 용이하게 하고 건축물의 내구성을 높였다. 석재와 벽돌도 이용했다. 벽돌의 이용을 통해 유럽 어느 도시에서나 로마가 세운 도시는 동일하게 보인다. 로마인들은 에트루리아로부터 아치와 볼트를 이용한 기법을 배워 대규모 건축물에 뛰어난 시공기술을 선보였다. 그러나 건축 재료와 시공기술보다 더 중요한 것은 그리스가 건축가들을 노예처럼 취급한 것과 달리 로마는 기술자들을 우대했다. 아피아 가도처럼 감찰관의 이름으로 도로명을 정하는 사실에서도 알 수 있다. 임진왜란 때 일본은 조선의 도공을 잡아가 도자기 산업을 발전시켰다. 심수관, 이참평이 대표적인 인물이다. 아직도 심수관 선생의 후손들은 그들의 선조 고향인 경상북도 청송을 잊지 않고 방문한다. 그러나 그들이 조선에 있었다면 장인계급을 멸시하는 당시 조선 풍토에서 일본에서처럼 도자기를 계속 만들 수 있었는지 의문이 든다.

로마의 이러한 놀라운 건축 토목 기술은 로마 시민들의 삶에도 많은 영향을 미쳤지만 군사력 측면에 미친 영향도 엄청나게 컸다. 잘 발달된 도로는 무기와 식량 등의 보급을 용이하게 했다. 처음 건설된 아피아 가도부터 삼니움족과의 전투에서 병력 수송과 보급을 위해 만들어졌던 것이다. 또한 로마 군대는 하룻밤만 머물러도 숙영지를 건설했다. 숙영지는 적들의 기습을 막을 수 있는 참호나 방벽, 망루 같은 방어수단들이 설치되었고 내부에는 도로와 수로, 막사, 화장실 등이 건설되어 작은 도시 같은 역할을 했다. 영국 런던, 독일 쾰른, 오스트리아 빈 등의 도시도 출발은 숙영지 즉 병영 도시였다. 숙영지에서 로마 군대는 편히 휴식을 취할 수 있어서 전투력을 높일 수 있었다. 그러나 숙영지 건설은 많은 수고가 필요하다.

보통 군대는 힘든 일일 것이다. 그러나 로마 군인들은 군인 이전에 훌륭한 기술자들이어서 힘들이지 않고 해낼 수 있었다.

로마군에는 당시 기준으로 보면 선진기술에 입각한 첨단 무기들을 보유하고 있었다. 성벽과 성문을 부수기 위한 아리에스(파성추), 유대 마사다 요새 공성전 때 위력이 입증된 공성탑, 투석기, 커다란 쇠뇌라 볼 수 있는 발리스타와 스콜피온 등은 적들에게 엄청난 공포를 불러왔다.

— 개방과 관용 정신

'로마인 이야기'로 유명한 시오노 나나미는 이 부분을 특히 강조한다. 필자도 전적으로 동의한다.

로마의 개방과 관용 정신 역사는 꽤 깊다. 동맹시 전쟁(기원전 91년~88년)을 계기로 이탈리아 반도 내에 비로마 도시민들에게 로마 시민권이 확대되었다. 또한 로마가 지중해를 내해로 만들자 제국 내 유럽에는 갈리아인, 게르만인, 슬라브인, 아프리카에는 누미디아인, 이집트인, 중동에는 파르티아인 등 다양한 종족과 종교가 있게 되었다. 로마는 정복지역의 종교를 인정하고 더 나아가 자치를 인정해 주기도 했다. 유대 지역을 점령했지만 유대에 헤롯왕 체제를 인정한 것이 그 예이다. 이들 피정복민에게도 만민법이 적용되어 일정 조건하에서 로마 시민권이 부여되었다. 심지어 원래 로마 시민이 아닌 속주에서 로마 황제가 배출되었다. 오현제 중 트라야누스는 속주 출신으로는 처음으로 황제에 올랐다. 그의 뒤를 이은 하드리아누스 황제도 속주 출신이다. 재미있는 것은 두 황제 모두 오늘날 스페인에 해당되는 히스파니아 출신이다. 제국 말기에 가서는 게르만 출신의 황제들도 등장한다. 속주 이민족 출신이 황제가 된다는 것은 지금 시각에서 봐도 참 대단한 것 같다. 아일랜드 이민자 출신인 케네디가 미국 대통령이 된 것이 비슷한 사례가 될 수 있다. 그러나 인디언을 제외하면 미국은 원래 주민이 없는 나라인 데 반해 로마는 엄연히 로마 시민이 있었다는 점에서 고대 로마가 현대 미국보다 더 개방적인 것이다. 극단적으로 비교를 하면 비슷한 시기 중국 진나라 시황제는 재상 이사의 말을 듣고 시끄러운 학자들의 입을 막고자 분서갱유를 저지른다.

로마의 개방정신은 다른 문화를 흡수하기 위한 노력에서도 잘 나타난다. 로마는 기본적으로 그리스의 문화를 수용했고, 이탈리아반도에서 정복한 에트루리아로부터는 아치와 볼트를 이용한 건축기술을 배웠다. 로마는 이탈리아반도 남부 아펜니노산맥 지역에서 살던 삼니움(Samnium)족과 기원전 4세기와 3세기에 걸쳐 약 50년 동안 세 차례 싸웠다. 결국 로마가 승리했지만 로마는 삼니움의 직사각형 방패 스쿠툼(Scutum)과 단검에 깊은 인상을 받았다. 로마는 이를 그대로 도입했고, 기원전 225년 골족의 2차 침입 때부터 스쿠툼과 단검은 전장에서 위력을 발휘했다. 삼니움의 단검은 보병들의 근접전에서 큰 칼보다 유리했던 것이다. 전통적으로 중무장 보병이 전력의 중심이었던 로마는 한니발과의 전투를 통해서는 누미디아의 경기병과 이베리아 기병대로 이루어진 카르타고의 기병대 운용을 많이 수용하게 되었다.

관용 정신은 카이사르의 클레멘티아(Clementia, 관용)에서 잘 나타난다. 그리스 파르살루스 전투에서 폼페이우스군을 완전히 궤멸시킨 카이사르는 당대 유명한 저술가이자 집정관이었던 키케로를 비롯해 많은 폼페이우스 부하들을 용서해 주었다.(후에 카이사르를 암살하게 되는 브루투스도 이때 풀려난다.) 폼페이우스 사후 로마 전권을 잡고 국가 개혁을 할 때도 클레멘티아를 내세워 부하들이 건네준 살생부를 버리고 오히려 상대편에 섰던 사람들도 등용했다. 물론 로마인들이라고 모두 관용을 베푼 것은 아니다. 예를 들어 술라는 수많은 마리우스파 사람들을 죽였다. 그러나 조선시대 사화나 당쟁에서 보듯 삼족 혹은 구족을 멸한 예는 없는 것 같다.

— 노블레스 오블리주(Noblesse Oblige)

노블레스 오블리주는 프랑스어로 '귀족 성(姓)은 의무를 갖는다.' 즉 고귀한 신분은 의무를 다해야 한다는 것을 의미한다. 14세기 백년전쟁에서 프랑스의 도시 칼레가 영국군에게 포위당해 항복을 청할 때 영국군은 도시 대표 6명의 목을 원한다. 이때 시장, 가장 부자 등이 자청한 데서 이 말이 시작되었다 한다. 로마에서 노블레스 오블리주는 병영의무에서 잘 나타났다. 로마인들은 군 복무를 당연하게 생각했고 자랑스럽게 생각했다. 로마에서 집정관이나 호민관 등 고위직으로 가기 위해서는 반드시 군대에 복무해야 한다. 이러한 경향은 자녀 교육을 통해서 주입되었다. 유력한 가문들은 어릴 때부터 아들들을 전장으로 데리고 나가 현장에서 교육을 시켰다. 예를 들어 자마 회전에서 한니발 군대를 격파한

스키피오 아프리카누스는 어릴 때부터 아버지를 따라 전장에 참여했다.

로마 귀족들처럼 국가 위기에서 상류층이 누구보다 앞장선다면 어떤 결과를 초래할까? 당연히 일반 시민들과 국민들도 동참할 것이다. 피로스와 한니발과의 전쟁이 좋은 예이다. 그리스 북서부 에페이로스의 왕 피로스는 알렉산더 대왕 이래 그리스에서 명장으로 이름 높았다. 이탈리아 반도의 그리스 도시들이 로마의 압력에 시달려 원군을 요청한다. 피로스는 명장답게 로마군을 연속으로 이긴다. 그러나 연전연승해도 로마군은 계속 보충된다. 보급의 문제와 병력의 손실로 피로스는 결국 철수한다. 이겨도 득이 되지 않는 승리를 의미하는 '피로스의 승리(Pyrrhic Victory)'는 여기서 비롯되었다. 2차 포에니 전쟁에서 한니발에 의해 로마군이 연전연패할 때 집정관을 비롯해 수많은 귀족들이 죽었다. 그러나 로마는 항복하지 않았고 오히려 시민들의 적극적인 참여로 군대가 강화되어 결국 승리한다.

노블레스 오블리주의 예는 기부 활동에서도 찾을 수 있다. 옥타비아누스 즉 아우구스투스의 오른팔이자 사위인 아그리파는 로마 시민들을 위해 자비로 로마 비르고 수도와 율리아 수도를 건설했다. 로마 귀족들은 도서관, 신전, 공중목욕탕, 도로 등의 건설에 기부하고 자신들의 이름을 붙이는 것을 영광으로 생각하였다.

— 로마의 유산

오늘날 유럽은 종교와 언어 같은 정신적인 측면, 사회의 법과 제도적 측면 그리고 도시 기초의 건설까지 로마를 빼고는 이야기 할 수 없을 것이다.

- 기독교

퓨 리서치 센터(Pew Research Center)에 따르면 2013년 기준 전 세계 종교인 구성에서 기독교인은 22억 명으로 31.5%라 한다.[5] 다음이 무슬림, 힌두교 순이다. 기독교가 세계 제1의 종교가 되는 데 가장 기여한 도시를 꼽는다면 로마가 될 것이다.

예수 사후 기독교는 사도들과 신자들에 의해 세계 곳곳으로 전파된다. 로마에서는 황제 숭배를 거부하는 기독교를 탄압했다. 네로 황제를 비롯한 로마인들의 박해를 피해 기독교인들은 지하 카타콤(Catacomb)에서 신앙을 지킨다. 313년 콘스탄티누스 황제가 밀라노 칙령으로 기독교를 공인하고, 테오도시우스 황제는 380년에 테살로니카 칙령으로 기독교를 국교로 삼는다. 초기 공의회를 통해 단성설을 주장하는 콥트 교회와 네스토리우스파는 이단으로 배척되어 분리된다.

로마 제국 내에 여러 교회가 무차별적으로 세워졌으나 베드로가 세운 베드로의 세 교회(로마, 안디옥, 알렉산드리아)와 예루살렘 교회가 지도자적 교회로 인정받았다. 특히 로마 교회는 베드로와 바울이 설교하고 순교한 곳이었으며 제국의 수도라는 상징성으로 모든 교회의 본보기가 되었다. 330년, 콘스탄티누스 황제가 비잔티움에 콘스탄티노폴리스를 만들고 수

5 〈세계인구 31.5%…기독교 인구 22억명으로 '최다'〉, 《LA중앙일보》, 2013. 01. 08.

베드로 대성당

도를 옮기자 교회의 수위권을 놓고 로마와 대립하게 되었다. 당시 교황 다마수스 1세는 마태복음 16장 18절 '너는 베드로이다. 내가 이 반석 위에 내 교회를 세울 것이다.'라는 성경 말씀을 근거로 최초로 '수도좌'에 대해 언급했다. 즉 로마교회 주교는 베드로의 후계자로서 로마 교회는 참다운 그리스도의 교회라는 것이다. 교황 레오 1세는 로마 교회의 명성을 크게 높였다. 교황은 452년 훈족의 왕인 아틸라를 만나 이탈리아를 침공하지 못하도록 설득했고, 455년에는 로마를 점령한 반달족의 왕 게이세리쿠스가 로마 시민들을 약탈하지 못하도록 약속을 받아냈다. 그는 '로마의 평화'를 '기독교의 평화'로 대체하고자 했다.[6]

---

6 프란체스코 키오바로, 제라르 베시에르/김주경, 『교황의 역사: 도시에서 세계로』, 서울: 시공사, 1998.

로마 교회의 포교 노력으로 5세기 후반 프랑크 왕국 메로빙거 왕조의 시조인 클로비스 1세가 로마 가톨릭으로 개종했다. 뒤이어 600년경에는 잉글랜드에 기독교가 전파되었고, 830년대에는 스칸디나비아 반도 노르만족에게 기독교를 전파하기 시작했다. 당시 교황의 권위를 볼 수 있는 대표적인 두 가지 사건이 일어난다. 성직자 임명권 즉 서임권(敍任權)을 두고 반발하는 신성로마제국 황제 하인리히 4세를 당시 교황 그레고리오 7세가 파문한 카노사의 굴욕 사건과 교황 우르바노 2세의 호소에 의해 시작된 십자군 전쟁이 그것이다.

그 후 콘스탄티노플리스 총대주교와의 투쟁과 상호 파문 그리고 마르틴 루터로 시작된 종교 개혁과 개신교의 분리 등 많은 사건들이 생기지만 로마로부터 시작된 기독교는 대항해 시대 이후 아시아와 신대륙으로 전파된다.

로마 멸망과 기독교 전파는 무슨 관계가 있을까? 기독교가 로마를 약하게 했을까? 다신론 국가 일본 출신인 시오노 나나미는 기독교의 배타성이 로마인 특유의 정체성을 상실하게 하여 로마 제국의 해체를 촉진시켰다고 비판한다. 로마제국 쇠망사를 쓴 에드워드 기번도 기독교의 내세사상이 로마의 가장 큰 장점인 현실에 바탕을 둔 실용주의를 훼손했다고 비판한다. 그러나 기번이 언급했듯이 로마의 쇠퇴는 제국의 거대함에서 비롯된 자연스럽고 불가피한 일이었다. 라인강에서 다뉴브강 그리고 동방의 페르시아와 대결로 인해 국력의 손실은 불가피한 것이었다. 오히려 기독교는 로마 말기 극성스러운 쾌락 풍토를 완화하고 사회기강을 잡는 데 도움되었던 측면이 많았다. 똑같은 기독교 국가인 동로마제국은 천 년 더 지속되었다는 점에서 시오노 나나미 주장의 오류를 찾을 수 있다.

- 정치경제제도와 로마법

현대의 많은 민주정치제도는 로마의 공화정에서 발전되었다. 현대 민주정부의 가장 중요한 정부 조직 원리인 권력의 분립과 견제와 균형 원칙 그리고 법치주의는 로마 공화정에서 기원한다. 물론 로마 공화정은 과두정의 성격으로 보통 선거권을 바탕으로 한 현대 민주주의와는 차이점도 분명히 있다.

로마 공화정은 오늘날 하원에 해당되는 민회와 상원에 해당되는 원로원이 있다.(로마 원로원 senatus와 미국 상원 senate는 단어가 똑같다). 집행기관으로 정무관이 있는데, 집정관과 법무관이 해당된다. 집정관은 민정과 군사 두 분야에서 최고의 권한을 보유한다. 이러한 막강한 권한을 가진 집정관을 견제하기 위하여 집정관은 두 명 이상이고, 임기가 정해져 있으며, 중요 사항은 원로원의 승인을 받아야 한다. 그 이외 집행기관으로 감찰관, 조영관, 재무관, 호민관 등이 있다. 이상과 같이 로마의 공화정은 현대 민주정부의 의회와 집행부 간의 권력 분립과 견제와 균형이라는 측면에서는 거의 차이가 없다.

현대 국가들의 법체계는 common law에 바탕을 둔 영미법 체계와 독일과 프랑스를 중심으로 하는 대륙법 체계로 대별된다. 그런데 대륙법은 로마법의 영향을 절대적으로 많이 받았다. 시민권, 재산, 소유, 계약과 같은 오늘날의 법적 개념은 모두 로마법에서 나왔다. 로마법의 발달단계는 먼저 로마 시민들을 대상으로 하는 12표법과 시민법, 영토가 확장됨에 따라 늘어나는 이민족에게 공통적으로 적용되는 만민법으로 발전한다. 마지막으로 개별성과 특수성을 초월한 영원불변한 보편적 법률이라는 자연법이 발달한다.

시민법, 만민법, 자연법으로 구성되는 로마법은 6세기 전반 유스티니아누스 황제에 의해 학설집, 법학제요, 칙령집 등으로 이루어진 로마법 대전으로 집대성된다. 로마법 대전은 대단히 중요한 의미를 가지게 된다. 프랑스와 독일 등은 로마법 대전의 내용을 계수하여 자국 법률을 만들었다. 독일법을 계수한 한국도 로마법 체계 속에 있다.

- 유럽의 식민도시들

현재 유럽 내 주요 도시들은 로마 시대 때 만들어진 도시와 그렇지 않은 도시들로 구분할 수 있다. 프랑스의 파리, 리용, 마르세유, 독일의 쾰른, 아우구스부르크, 스페인의 사라고사, 톨레도, 영국의 런던, 오스트리아 빈, 터키의 이스탄불 등 동유럽을 제외한 모든 도시들은 로마 시대에 만들어졌거나 확장되었다.

유럽 대부분의 도시들은 로마의 도시계획과 도로 등에 여전히 영향을 받고 있다. 로마 도시계획은 그리스의 도시계획에 근간을 두고 있다. 특히 히포다무스(Hippodamus)의 격자형 도시계획은 로마의 도시계획에 많은 영향을 주었다. 히포다무스는 정방형의 격자형 가로망을 바탕으로 엄격한 질서를 부여하는 것을 특징으로 하는 도시계획 이론을 체계화했다.

로마는 그리스 도시계획처럼 도시 내에 포럼을 중심으로 두고 주변에 바실리카, 공중목욕탕, 원형경기장을 건설하고 주변에 주거지역을 배치했다. 또한 로마는 도로와 수도 건설에 많은 노력을 기울였다. 로마 유적이 남아 있는 웬만한 도시는 유네스코 헤리티지로 정해져 있다. 유럽의 도시들은 로마에 빚을 지고 있는 것이다.

— 관광으로 먹고 사는 로마

로마 제국 시대에서 로마는 세계 최고 수준의 도시이지만 지금 상황은 그렇지 않다. 물론 교황청이 있어 기독교의 중심지이고 세계적인 관광도시이지만 경제 산업적으로는 낙후되어 있고 치안도 불안하다. 소매치기의 천국이라는 오명도 덮어쓰고 있다. 왜 이런 결과가 초래 되었을까? 피핀의 기증(754년)에서부터 1870년 통일 이탈리아 왕국이 로마를 수도로 정하기까지 로마와 그 일대 지역은 로마 교황령이었다. 교황령 기간 동안 다음과 같은 문제가 있었다.

주인 의식 부재였다. 비록 중소 영주들이 로마 교황령을 실질적으로 지배했다 하더라도 이들의 지위는 다른 지역의 영주들과는 달랐다. 즉 로마 교황에 의해 영향을 받다보니 자신들의 영지를 발전시킬 동기부여가 되지 않았다.

로마 가톨릭은 상업 활동에 대해 전통적으로 부정적인 의식을 갖고

바티칸 도서관 세계 최고의 도서관 가운데 하나이며 역사적 가치가 있는 귀중한 서적과 문서를 소장하고 있다. 한편 움베르토 에코의 소설 '장미의 이름'은 바티칸 도서관에서 모티브를 얻었다 한다.

있었다. 특히 금융업은 죄악시했다. 유대인들에 대해서도 배타적이었다. 그 결과 베네치아나 제노바 같은 다른 이탈리아 도시들처럼 지중해 무역의 이익을 누리지 못했다. 과거 교황령에도 훌륭한 항구가 있었다. 로마시대 외항 역할을 했던 오스티아가 그것이다. 오스티아는 천혜의 항구도시로 예로부터 소금이 유명했다. 오스티아는 로마의 전성기 100만의 인구를 먹이기 위해 엄청난 곡식을 실어 날랐다. 교황령 지역에서는 이러한 항구의 이점을 활용하지 못했다.

교황령은 르네상스 발전에는 상당히 기여했다. 또한 니콜라오 5세(재위1447~1455)처럼 바티칸 도서관을 건립하고 학문을 진흥한 교황도 있었다.[7] 그러나 대체로 과학기술의 발달과 계몽사상에는 무관심하거나 박

7 존 줄리어스 노리치/남길영, 임지연, 유혜인, 『교황 연대기』, 서울: 바다출판사, 2014.

해했다. 갈릴레오가 지동설을 주장했다가 교황청의 종교 재판을 받아 감금되었고, 석방되어 나오면서 '그래도 지구는 돈다.'라는 이야기는 유명하다. 18세기 이후 진행된 산업 혁명에도 무관심했다. 그 결과 현재 이탈리아 산업은 밀라노, 토리노, 제노바 등에 집중되어 있고 과거 교황령과 나폴리를 비롯한 남부 지역은 낙후되어 있다.

그러나 로마에 경제 산업을 이야기하는 것은 웃기는 일인지도 모르겠다. 왜냐하면 로마제국의 영광과 찬란한 문화유산 그리고 바티칸은 이 모든 것을 상쇄할 수도 있을 것이다.

로마의 대표적인 관광유적지 콜로세움

CHINA

Xian

2. 3000년 고도, 시안西安

중국에는 '중국 100년의 역사를 보려면 상하이로 가고, 1000년의 역사를 보려면 베이징으로 가고, 3000년의 역사를 보려면 시안으로 가라'는 말이 있다. 시안의 역사성을 잘 설명하고 있는 말이다. 유럽에 로마가 있다면 중국에는 시안이 있다. 시안은 또한 동양의 주요 도시들에도 많은 영향을 미쳤다.

— 3000년 고도, 시안

시안(西安)은 중국 서북 내륙 산시성(陝西省)의 성도로 13대 왕조들의 수도였다. 시안은 과거 함양 혹은 장안으로도 불렸다. 시안은 주(周), 진(秦), 한(漢)에서부터 수(隋), 당(唐)에 이르기까지 연속적이지 않지만 거의 2천 년 가까이 중국 왕조의 수도 역할을 했다. 산시성은 시진핑 주석의 고향으로도 알려져 있다. 중국에는 중국고도학회(中國古都學會)가 정하는 8대 고도(古都)가 있다. 중국 왕조 역사에서 수도로 정해졌던 대표적인 도시들이다. 8대 고도에는 시안, 베이징, 뤄양(낙양), 난징(남경), 카이펑(개봉), 항저우, 안양, 정저우를 말한다.(1920년대 시안, 베이징, 뤄양, 난징, 카이펑 등 5대 고도에서 후에 3개 도시가 추가되었다 한다). 그러나 시안은 8대 고도 중에서도 역사적으로는 단연 중요한 도시이다. 최근에는 서부대개발의 중심도시로서 중국 정부는 개발을 위한 여러 정책을 펴고 있다.

그러면 왜 중국 역대 많은 왕조들은 시안성 혹은 장안성에 도읍을 정했을까? 다른 도시들도 마찬가지지만 특히 수도는 두 가지 요건이 가장 중요하다. 도시의 안전과 백성(시민)들을 먹여 살릴 수 있는 경제력이 기반이 되어야 한다. 그러한 면에서 시안이 속한 관중 지방은 수도로서는 천혜의 지역이었다. 관중(關中) 지방은 위로는 위수가 흐르고 주변에는 산으로 둘러싸여 있는 분지 지형이다. 관중으로 들어가기 위해서는 북쪽의 소관, 동쪽의 함곡관, 남쪽의 무관, 서쪽의 대산관을 통과해야 한다. 관중의 지명도 이러한 여러 관(關)들의 중앙에 있다는 뜻이다. 외부에서 대군이 와도 방어하기에 굉장히 유리한 지형인 것이다. 또한 관중 내부에는 비옥한 충적

평야가 상당히 넓게 있어 식량보급에도 문제가 없었다. 따라서 관중을 두고 '금성천리(金城千里) 천부지국(天府之國)' 즉 '천연의 요새가 철옹성처럼 길게 뻗어 있고, 토지가 비옥하며 물산이 풍부한 지역이다'라는 말이 있다.

현재 시안성은 명나라 때(1370년) 건축한 성이다. 높이가 12m, 폭이 12~14m, 총 길이 13.74㎞에 달한다. 성의 폭이 워낙 넓어 자동차가 다닐 수 있을 정도이다. 현재 시안성은 최고의 전성기인 당나라 시절에 비해서는 규모가 많이 축소되었다. 시안이 역대 중국 왕조의 수도였지만 도성의 위치는 조금씩 달랐다. 시안에 있었던 각 왕조의 도성들은 축성과 파괴가 반복되었다.

주나라 이후 춘추전국시대로 분리된 중국은 진왕 정에 의해 통일된다. 진왕 정은 한나라를 시작으로, 조나라, 위나라, 초나라, 연나라를 멸망시키고 마지막으로 제나라를 점령하여 통일을 이룬다(기원전 221년). 중국을 통일한 진왕 정은 국왕이란 호칭이 맘에 들지 않아 중국 고대 삼황오제의 '황'과 '제'를 합쳐 황제라 칭한다. 시황제는 현재 시안성 부근에 있었던 함양궁을 증축하여 웅대한 궁전을 짓고 황제의 권위를 과시하였다. 그러나 그의 사후 분서갱유, 대토목 공사 등의 폭정으로 인해 각지에서 반란이 일어났다. 초나라 복원을 목표로 거병한 항우도 반란군의 하나였다. 항우는 함양을 함락시키고 진나라의 궁궐에 불을 지르고 모든 것을 불태워 버렸다.

해하 전투에서 초나라를 물리치고 중국을 제패한 유방은 시안을 버리고 팽성[8]에 도읍을 정한 항우의 전철을 밟지 않고자 시안에 도읍을 정한다. 유방에 의해 건국된 한나라는 한 무제 때 전성기를 맞는다. 한 무제는 장건을 파견하여 실크로드를 개척하고, 장군 곽거병은 흉노를 제압했다. 그러나 왕망(제위 8년~23년)이 권력을 장악하여 한나라를 폐하고 신(新)나라를 건국한다. 왕망은 주나라 정치제도를 모방한 각지에서 농민 반란이 일어난다. 이 중에서 적미군이 가장 컸다. 그들은 눈썹을 붉게 칠한 것으로 자기들을 표시하였다. 적미군은 장안을 점령하고 황릉을 도굴하고 약탈했다. 이들의 약탈로 장안은 폐허가 되었다. 광무제 유수가 공격해 와 항복한다.

이민족이 중국에 들어온 5호 16국의 혼란기에도 장안의 고난은 계속된다. 여기서 5호(胡)란 흉노, 선비, 저, 갈, 강 다섯 오랑캐 이민족을 말하고 16국은 이들이 북중국 지역에 세운 나라를 의미한다.[9] 장안은 수나라의 뒤를 이어 중국을 다스리게 되는 당나라 태종 이세민의 시대에 전성기를 맞는다.

수나라 대흥성에 바탕을 둔 당나라 장안성은 완벽한 도시계획에 따라 건설되었다. 동서 9.7㎞, 남북 8.6㎞에 달하는 장안 전체가 바둑판처럼 구획되어 있었다. 장안 내부에 바둑판처럼 구획된 공간을 방(坊)이라고 하는데, 이 방들은 높이 2m의 담으로 둘러싸여 있었다. 이러한 방들이 장안성에 108개 있었다. 이러한 방을 통해 조세 징수, 통행금지 등 통제가

8 현재의 소주 부근. 팽성 전투로 유명하다.

9 오랑캐란 중국 시각에서 이민족을 통칭하는 표현이다. 자기중심적 사고에서 나온 우스운 단어이다. 수나라와 당나라 왕족들도 선비족 후예이다.

이루어졌다. 정궁인 대명궁의 남문(주작문)에서 외성의 남문인 명덕문까지 남북 중심을 가로지르는 도로를 주작대로라 하는데, 장안의 메인 도로였다. 주작대로는 폭이 155m, 길이가 5,020m이었다. 현재 한국에서 가장 넓은 서울 세종로의 폭이 16차선 100m인 걸 감안하면 그 규모가 대단함을 알 수 있다. 주작대로를 기준으로 동쪽에는 주로 지배 계급을 중심으로 하는 주거 지역이, 서쪽에는 시장이 배치되었다. 당나라 전성기에 장안성에는 100만 명이 거주했다. 당시 장안성은 당나라 사람들뿐만 아니라 실크로드를 통해 온 유럽 사람들과 서역 사람들 그리고 한반도, 일본, 북방 등의 사람들이 상업과 학문을 위해 몰려드는 진정한 국제 도시였다.

당시 장안 규모와 비슷한 도시는 로마와 바그다드 정도밖에 없었다. 그래서 동양의 장안과 서양의 로마는 종종 비교된다. 그러나 규모면에서는 비슷할지 몰라도 내용면에서는 큰 차이가 있다. 로마시민들은 로마의 공공시설물 즉 공중목욕탕이나 도로를 아무 제한 없이 쓸 수 있고 이동 통제가 거의 없었다. 그러나 장안에서는 백성들을 위한 공공시설물은 거의 없었고 주작대로도 황제나 군사용으로 주로 사용되었다. 또한 장안은 성내 사람들을 방(坊)을 기준으로 철저하게 통제했고 부와 신분에 따라 삶의 공간이 전혀 달랐다. 장안에 살았던 당나라 시인 두보는 '부잣집에서는 술과 고기냄새 진동하는데, 길에는 얼어 죽은 뼈가 나뒹구는구나'고 한탄했다.[10]

10 〈중국 도읍지 이야기 4〉, 연세대학교 중국연구원, 2016. 12., URL: http://yonseis inology.org/archives/1405

— 시안에서의 역사적인 사건과 인물들

- 이민족 융합 정책이 부메랑으로 돌아와 몰락한 부견(재위 357년~385년)

부견은 저족이 바탕이 된 전진(前秦)의 3대 황제로서 전진을 최고 전성기로 올려놓았다가 비수대전 한 번의 패배로 망한 사람이다. 부견은 5호 16국 시대의 혼란한 시대에서 보기 드문 명군이었다. 그는 왕맹 같은 인재를 등용하고[11] 학문을 진흥하고 불교 진흥에 힘썼다. 부견은 순도를 통해 고구려에 불교를 전해주기도 했다. 또한 모용 씨의 전연을 멸하여 화북 지방을 통일하였다. 자신의 성취감에 자만심에 빠져 천하통일을 하고자 동진을 무리하게 침공한다. 그러나 그는 오늘날 안휘성 합비 근처에서 동진에게 참패당한다(비수대전).

부견은 화북을 통일하고 정복하는 과정에서 상당히 관대한 정책을 취했다. 한족의 인재를 널리 등용했고, 이민족 출신들도 후대했다. 선비족 출신인 모용수와 강족의 요장은 특히 부견의 사랑을 받았다. 그러나 이러한 정책은 부견의 전진이 힘이 있을 때에는 좋은 정책이었지만 비수대전으로 국가가 어려움에 처하자 부메랑으로 돌아왔다. 모용수는 후연을 건국하고 요장은 후진을 건국한 후에 부견을 공격해 왔다. 이들은 장안성을 포위 공격하였다. 부견은 1년 이상 버텼으나 식량 부족 등으로 장안성을 빠져나오다가 죽고 말았다.

---

11 부견에게 왕맹은 한 고조 유방의 장량, 유비의 제갈량 같은 존재였다.

- 패륜과 폭정의 대명사 수양제(재위 604년~617년)

수나라 양제는 5호 16국을 통일한 수 문제의 아들이다. 원래는 태자가 아니었으나 태자인 형 양용을 모함하여 태자에서 몰아내고 태자가 되었다. 태자가 된 양광은 아버지 문제의 병을 간호하고 있는 문제의 후궁인 남조 진 효선제의 딸인 선화부인을 강제로 범했다. 이 사실을 안 문제는 양광을 벌하려 했지만, 양광이 먼저 반란을 일으켜 문제를 인수궁 대보전에서 살해하고 황제에 올랐다. 황제에 오른 양광은 기어코 선화부인을 후비로 삼았다.[12]

엄청난 패륜을 저지르고 황제에 오른 양제는 어마어마한 토목 공사를 진행한다. 만리장성을 보수하고 장강과 황하를 연결하는 대운하 공사를 한다. 또한 낙양과 대운하 옆에는 수십 개의 행궁을 만들었다. 이러한 대공사에 수많은 백성들이 동원되었음은 물론이다. 백성들의 불만이 고조된 가운데 양제는 고구려 원정을 감행한다. 북방의 돌궐 등은 굴복했지만 고구려는 굴복은커녕 오히려 요서 지역을 선제공격해 왔기 때문이다. 그러나 양제의 고구려 원정은 대실패로 끝난다. 특히 100만 명을 동원한 1차 원정에서는 요동성 등의 강력한 방어에 막혀 30만 별동대를 파견했다가 을지문덕에게 청천강에서 전멸하기도 했다.

백성들의 혹사와 기근, 무리한 고구려 원정 그리고 가뭄으로 인한 기근으로 많은 반란이 일어난다. 양제는 수도를 장안, 낙양, 양주 세 곳으로

---

12 그러나 선화부인은 이듬해 29살에 죽었다 한다.

나누고 각각 서경, 동경, 강도라 불렀다. 반란군 중 당나라를 세운 이연은 장안을 점령하고 낙양은 왕세충이 점령한다. 양제는 강도에 있다가 고구려 원정군 총사령관 우문술의 아들인 우문화급과 우문지급 형제 반란에 의해 가족들과 함께 죽었다.

- 현무문의 변

당나라 태종 이세민(재위 626년~649년)은 중국 역사상 가장 위대한 황제 중 한 명이다. 밖으로는 돌궐, 토번 등을 제압하였고, 안으로는 합리적인 조용조(租庸調)제도의 운용을 통하여 백성들의 의무를 가볍게 했다. 여기서 조용조란 현대의 납세와 국방 그리고 노동의무를 말한다. 조(租)란 토지를 기준으로 내는 토지세 혹은 재산세, 용(庸)은 장정을 기준으로 각종 요역이나 군역의 의무, 조(調)란 특별한 사업소득을 호구별로 내는 세금을 의미한다. 또한 과거제도를 통해 공정한 인재 등용을 통해 당의 전성기를 열었다. 이러한 당태종에게도 지우고 싶은 흑역사가 있었으니 그것이 '현무문의 변'이다.

당태종은 아버지 당고조 이연을 도와 당의 건국에 결정적인 공헌을 했다. 그는 왕세충, 두건덕, 설인고, 유무주 등 반란군들을 연이어 격파함으로써 당고조 이연은 이세민에게 하늘이 내린 장수 즉 천책상장이라는 칭호를 내렸다. 그러나 태자는 장남인 이건성이 되었다. 태자 이건성과 이세민의 알력과 다툼은 심해져만 갔다. 태자 이건성은 고조의 사남 이원길과 신하인 위징 등과 함께 이세민을 제거하려 하였다. 그러나 이세민은 먼저 선수를 쳐 당고조 이연에게 태자 이건성과 이원길의 입궁을 명하라 요청하였다. 황제의 명을 받은 태자 이건성과 이원길이 황궁의 현무문에 들어오자 매복해 있던 이세민의 군사들이 태자 이건성과 이원길 그리고 그의 수하들을 모두 몰사시켰다.

현무문의 변이 있은 지 3일 뒤에 당고조 이연은 이세민에게 양위하였고 이세민은 황제에 오르니 그가 당태종이다. 태자 이건성 가족들과 그를 따르는 신하들 대부분이 죽었지만 위징은 살아남아 승상에 오르며 당태종이 '정관의 치'라는 전성기를 여는 데 큰 공헌을 세운다.

- 당 현종과 양귀비의 사랑

당 현종은 당나라 6대 황제로 '개원의 치'라고 불리는 당나라 중흥기를 이끌었다. 현종은 요숭 등 명재상들의 도움을 받아 민생정치, 애민정치를 펼쳐 백성들의 많은 사랑을 받는다. 그러나 그의 현명한 치세는 양귀비를 만나면서 끝난다. 양귀비의 본명은 양옥환으로 본래 당 현종의 며느리 중 하나였다. 그러나 현종은 그녀의 미색에 빠져 아들에게서 빼앗아 자신의 귀비로 삼아버린다. 양귀비는 중국 4대 미인 중 하나로 태어날 때부터 피부가 옥과 같고 이 세상사람 같지 않은 풍모를 가졌다 한다. 당시의 미인 기준은 지금과는 달라서 마른 체형이 아닌 풍만한 여인상을 미인으로 보았다. 양귀비는 당시 기준의 미인이었고 음악과 문학에도 소질이 있으니 당 현종은 양귀비에게서 헤어 나오지 못하게 된다. 화청지(華清池)가 현종과 양귀비의 사랑의 놀이터였다.

양귀비가 현종의 사랑을 독차지하자 그녀의 친척들도 대거 조정에 나간다. 그녀의 친척 오빠 양국충은 재상이 되어 환관 고력사 등과 함께 전횡을 휘두른다. 현종이 정사를 멀리하고 세상이 어지럽게 되자 양귀비의 양자인 절도사 안녹산이 양국충 처단 명목으로 반란을 일으키고 장안을 점령한다. 756년, 현종은 백성을 속이고 장안을 몰래 빠져나온다. 그러나 마외라는 곳에 도착하자 지친 병사들의 분노가 폭발하여 현종에게 양국충과 양귀비를 죽일 것을 요구한다. 병사들의 험악한 분위기를 수습하기 위해 현종은 눈물을 머금고 요구를 허락하니 환관 고역사가 비단으로 양귀비의 목을 졸라 죽였다.

- 장학량과 시안 사변

장학량은 일본군에 의해 죽은 만주 군벌 장작림의 아들이었다. 장작림이 죽고 일본군이 만주를 장악하자 장학량은 장제스에게 의탁하였고, 장제는 그를 동북군의 사령관으로 삼고 공산당 홍군과의 국공내전에 선봉장을 삼았다. 그러나 그를 비롯한 동북군은 공산당과의 국공내전보다는 일본으로부터 만주 회복을 더 기대하였다. 따라서 장제스의 '선 통일, 후 저항' 정책에 불만을 가지게 되었다. 그때 중국 공산당은 국민당과의 국공내전에서 국민당군의 포위망을 뚫고 강서성에서 섬서성 옌안까지 2만 5천 리를 이동하여 힘들게 버티고 있었다. 이를 중국 공산당 대장정(大長征)이라 한다. 강서성에서 출발한 공산당 군대는 옌안에 도착할 때는 6천여 명에 불과했다. 따라서 공산당군은 이러한 위기상황을 타개하기 위해서 국공내전에 앞서 항일연합을 하자고 계속 장학량의 동북군을 회유하고 있었다.

1936년 12월, 장제스는 직접 시안을 방문하여 동북군의 공산당 토벌을 독려하였다. 그러나 장학량은 동북군과 서북군 일부를 이끌고 시안을 점령하고 장제스와 그의 참모들을 구금하였다.[13] 장학량은 내전을 전면적으로 중지하고 무력항일 정책을 채택할 것을 장제스에게 요구하였다. 장제스는 요구조건을 수용하고 풀려났고 국민당은 공산당과 2차 국공합작을 맺었다. 1937년 7월 노구교 사건으로 시작된 일본과의 전쟁에서 1945년 일본이 패망할 때까지 국공합작은 지속되었다. 이 사건으로 당시 절대 열세에 있던 중국 공산당이 기사회생하여 1949년 중국 대륙 전체를 공산화할 수 있는 전기가 되었다.

— 국 왕조 도읍에서 멀어지는 시안

주나라에서부터 당나라까지 거의 모든 왕조가 시안에 도읍을 정했지만 당나라 와 오대십국 이후에는 시안을 도읍으로 정한 왕조는 없고 산시성의 지방 도시로 전락한다. 시안이 도읍에서 멀어진 이유는 뭘까?

왕조의 도읍이 되기 위해서는 식량 문제가 해결되어야 한다. 예나 지금이나 먹고 사는 문제 해결이 가장 중요한 것이다. 시안 주변의 관중 지방은 비옥하기로 소문이 날 정도로 많은 식량을 생산할 수 있었다. 그러나 당나라 전성기 시절 장안 인구가 100만이 되어 버리자 식량 공급에 차질이 생겨버린다. 더 큰 문제는 관중 지역이 워낙 오랫동안 개발되고 농

13 이때 장제스가 구금된 장소는 당 현종과 양귀비의 사랑의 놀이터였던 화청지였다.

사를 짓다보니 농지의 지력이 약화되어 버렸다. 약화된 지력을 보존하기 위한 퇴비사용의 지속적인 증가는 토지의 염화현상을 불러일으켜 관중 지역은 더 이상 비옥한 토지가 아니었다.

식량을 주변 지역에서 생산하지 않더라도 황제의 명령으로 수송하게 할 수도 있다. 고대 로마에서도 많은 로마 시민들을 먹이기 위해 이집트 등에서 오스티아 항구를 통해서 많은 식량을 들여왔다. 시안에 도읍을 둔 역대 황제들도 이 문제에 대해 많은 고심을 했다. 수양제의 대운하도 식량 수송 문제를 해결하기 위해서 시작되었다. 그러나 수양제의 대운하도 험난한 지형 때문에 시안으로 직접 수송이 불가능했고 낙양 혹은 개봉 등에서 육상으로 다시 운송해야 했다. 그나마 수양제의 대운하는 안사의 난 등 당나라 말기 혼란으로 파괴되어 그 기능을 발휘하지 못하게 되었다.

북방 민족의 계속되는 지배도 수도의 위치를 정하는 데 있어 큰 영향을 주었다. 북송이 개봉 즉 카이펑에 도읍을 정한 이후로 금나라, 원나라, 청나라 등 계속 북방 이민족들이 중국을 지배했다. 개인적으로 이사할 때도 그렇지만 민족이 이동할 때도 자신들의 고향 혹은 원거주지와 가까운 지역에 머물려는 속성이 있다. 북한에서 월남한 사람들이 강원도와 경기도 휴전선 가까운 지역에 많이 살고, 미국 교포들이 가장 많은 도시가 태평양 연안 로스앤젤레스인 것도 같은 이치이다. 시안이 수·당의 도읍이 된 것도 수나라나 당나라 모두 선비족 출신이라 그들의 고향에 가까운 이유도 그들이 도읍을 정하는 데 참고가 되었을 것이다. 시안 다음으로 중국 역사상 오랜 기간 수도가 되었던 도시는 북경이다. 북경(베이징)은 춘추

전국시대 연나라가 도읍을 정한 이후로 연경이라 불렸다.[14] 금나라가 송나라 화북지방을 점령하고 연경에 도읍을 정한 이후로 몽골족의 원나라도 북경 근처의 대도에 도읍을 정했고 만주족의 청나라 역시 북경에 도읍을 정한다. 북경이 수도가 되었던 이유는 몽골고원이 본거지인 몽골족이나 만주가 본거지인 만주족에게는 그들의 고향에 가깝기 때문이다. 예외적으로 한족인 주원장이 세운 명나라 역시 남경(난징)에 도읍을 정하고 건국했으나 명나라 영락제 때 북경으로 옮긴다.

경제적으로 강남 지역의 부상은 중국내 도시 상호 간의 역학관계에서 큰 영향을 미치게 되었다. 현재 중국의 대도시는 상해를 비롯하여 대부분이 동남부 해안에 집중되어 있다. 물론 이러한 이유는 1978년 등소평의 대외개방 이후 광둥성의 선전, 주하이, 복건성의 하문 등에 경제특구가 동남부 해안도시에 설치되어 경제 발전이 이루어졌기 때문이다. 그러나 청나라 이전부터 강남 지역은 발전이 이루어져 왔다. 원래 양자강 이남의 강남 지역은 한나라 시대 이전까지는 변방에 불과했다. 그러나 이민족의 침입으로 한족이 강남 지방으로 이주하면서 강남 지역이 발전하기 시작했다. 5호 16국 시대의 동진이나 금나라 침입을 피해 간 남송이 이에 해당된다. 강남 지역은 원래 황하 유역보다 양자강의 풍부한 수량과 온화한 기후 그리고 비옥한 토지를 갖고 있었다. 그런데 동진 시대 강북에서 온 한족이 철제 쟁기 등을 활용하여 땅을 깊게 갈아엎어서 농사를 짓는 '심경법(深耕法)' 등의 선진 농업기술을 접목하자 경제력이 비약적으로 성장하였다.

14 아직도 북경의 최고 인기 맥주는 연경맥주다.

특히 남송시대에는 경제적인 부분만 본다면 산업 혁명 일보 직전까지 갔었다고 평가받는다. 송나라는 물을 대기 위한 수차, 이앙법 등을 본격적으로 활용함으로써 농업 경제력이 비약적으로 발달하기 시작한다. 또한 세계 최초로 나침반을 이용해 대외 교역이 증가되었고, 화약을 이용해 철강 생산이 크게 증대되었다.[15] 당시 송나라는 1인당 국민소득이 오늘날의 화폐 가치로 환산하면 2,280달러였다. 이는 당시 세계 경제력의 3분의 2에 해당한다.[16] 역사가 아놀드 토인비는 송나라는 인류의 생활에 가장 적합한 왕조라고 평가한 바 있다. 이러한 경제력을 배경으로 남송은 세계 최강 원나라에 강력하게 저항을 한 것이다. 강남 지역의 경제력을 배경으로 명나라 주원장은 남경(난징)에 도읍을 정했다. 그러면 강남의 경제력 성장과 북경은 어떤 관계가 있을까? 수나라 양제의 대운하가 파괴된 이후 중국 왕조는 복구를 위해서 노력을 해왔다. 원나라 때 북경과 항저우를 잇는 '경항대운하'가 완성되었다. 이를 통해 북경은 강남으로부터 물자를 공급받을 수 있었던 것이다.

— 장안이 동양 도시들에 미친 영향

시안 특히 당나라 시대 장안은 고대는 물론 동양의 도시들에 많은 영향을 미쳤다. 장안의 도시계획을 모범으로 하여 동양의 국가들은 도시를

---

15 송나라에 의해 나침반과 화약이 서양에 전래된다.

16 〈세계사에서 중국 경제력의 위엄〉, 《월드넷》, 2016. 06.

건설했다. 대표적인 사례가 현재 교토의 예전 이름인 헤이안교(平安京)다. 백제 후손이라고 알려진 간무 천황은 794년에 도읍을 나라에서 지금의 교토인 헤이안교로 옮겨 헤이안 시대를 연다. 그는 장안을 모방하여 도읍을 건설한다. 헤이안교는 장안을 본 따 동서 4.5㎞, 남북 5.2㎞의 외성을 쌓고 황궁에서 남북으로 뻗은 주작대로를 건설한다. 그러나 지금의 교토는 당시의 모습과는 다르다. 헤이안교는 1467년에서 1477년 사이에 일본에서 일어난 전국시대의 내란인 '오닌의 난' 때 불타버렸기 때문이다. 현재의 교토는 그 후 도요토미 히데요시에 의해 중건되어진 것이다. 교토는 천 년이 훨씬 지난 도시이지만 장안의 도시계획 덕분에 바둑판 같은 도시구조를 갖고 있고, 주소보다는 교차로 이름으로 장소를 찾는다.

당나라 장안의 도시계획은 수백 년이 훨씬 지난 조선 시대 한성을 건설하는 과정에서도 중요한 잣대가 되었다. 조선 태조 이성계는 조선을 개국하면서 1394년 새로운 도읍지로 풍수 도참사상을 참고하여 한성을 정한다. 새로운 왕조의 궁궐의 위치를 현재 신촌 부근의 무악과 경복궁 두 가지 안 중에서 현재 경복궁의 위치를 택한다. 새로운 수도 건설 책임을 맡게 된 정도전은 조선의 정궁인 경복궁을 짓고 좌묘우사(左廟右社) 원칙에 따라 경복궁 좌측에 왕실의 사당인 종묘를, 우측에 곡신과 토신에 제사를 올리는 사직단을 설치하였다. 궁을 보호하기 위하여 북악산, 낙산, 남산, 인왕의 내사산의 능선을 따라 총 길이 18.6㎞에 이르는 외성을 쌓고 숭례문, 흥인지문, 숙정문, 돈의문의 4대문과 광희문, 혜화문, 창의문, 소의문 등 4소문을 만든다. 정도전은 유교의 경전에 따라 경복궁을 비롯한 궁궐과 성문 이름을 붙인다. 한양 도성 안의 각 구역을 52방으로 만들어 궁궐에 가까운 광화문 부근에 의정부와 6조를 비롯한 관아부터 배치한다. 그리고 양반을 비롯한 주거지역과 상업지역인 시장[17]을 배치한다. 장안의 주작대로와 같은 세종대로가 광화문에서 도성 남문인 숭례문까지 건설된다.

당나라 장안의 도시계획은 서울이나 교토 같은 수도에만 적용되는 것이 아니라 지방 거점도시는 물론 작은 도시에도 적용되었다. 예를 들어 경상감영이 있었던 대구의 경우에도 경상감영이 대구읍성의 중앙에 있고 경상감영에서 남문에 이르는 주도로 사이에 양반 주거 지역과 시장이 있었다. 이 시장은 조선 최초 약령시인 대구 약령시의 기원이 된다.

도시 구조와 관련된 슬픈 일화가 있다. 병자호란 때 남한산성으로 피

남한산성 북문 전승문 이름과는 다르게 병자호란 때 이곳에서 조선군은 최대의 피해를 당한다.

---

17 오늘날의 명동시장과 동대문시장이 이에 해당한다.

신한 인조는 청군에 맞서 47일간 버티지만 강화도의 함락, 식량 부족 등으로 결국 항복하고 만다. 인조는 항복의 예를 올리기 위해 남한산성 남문을 통해 청 태종이 있는 삼전도로 나선다. 그러나 청나라는 남문은 제왕의 문인데 인조는 왕이 아니라 항복을 하는 죄인인 신분이기 때문에 남문이 아닌 서문으로 나올 것을 명한다. 결국 인조는 곤룡포를 벗고 평복으로 서문으로 나와서 삼전도로 가게 된다.

세계 역사에서 잊혀져가던 시안이 한 농부에 의해 다시 관심을 끌게 된 사건이 발생한다. 1974년 3월 29일, 양신만 등 시안에 사는 농부들

진시황릉

이 우물을 파다가 진시황 병마용 갱을 발견한다. 병마용 갱은 발견되자마자 세계문화유산으로 등재되고 세계 8대 불가사의로 불리게 된다. 병마용 갱은 3호까지 발굴되었고, 안에는 병사와 말 등의 테라코타 모형이 8000점이나 발견되었다. 놀라운 점은 병사 모형 한 사람 한 사람의 표정이 다르고 실제 크기와 모습이 유사하다는 것이다. 아직도 발굴할 곳이 많은데, 그 이유는 주은래가 지적했듯이 시간이 갈수록 발굴 및 보존 기술이 발달하기 때문에 무리하게 발굴할 필요가 없기 때문이다.

시안에서는 '부자가 되려면 땅을 파라'는 말이 있다. 지금 이 순간에도 시안 어디에선가는 우리가 상상도 못할 유물이 살아 숨 쉬고 있을지 모른다. 시안은 21세기 중국 몽(夢)을 실현하기 위한 중국 정부의 원대한 계획인 일대일로 정책의 중심도시가 되어 또 한 번의 웅비를 준비하고 있다.

FRANCE

Paris

3. 예술과 자유의 도시, 파리 Paris

파리는 프랑스의 수도이자 최대의 도시이다. 파리는 예술과 문화적인 면에서 세계의 수도라 할 수 있고 프랑스 대혁명을 통해 자유와 인권을 인류에 선물한 도시이기도 하다. 파리는 또한 경제적인 측면에서도 세계적인 도시이다. 파리에 본사를 두고 있는 대기업만 해도 BNP 파라바, 토탈, 악사 등 무수한 세계적인 기업이 있는데, 이는 뉴욕과 런던보다 많다고 한다.[18] 그러면 파리가 처음부터 프랑스를 주도하는 도시였을까?

---

18 <포춘 글로벌 500(2011년)>, URL: http://fortune.com/global500/2011/

— 프랑스의 중심 도시가 되기까지

파리(Paris)의 이름은 고대 파리 지역에 살았던 갈리아 부족(혹은 골족)의 일파인 파리시(Parisii)에서 나왔다 한다. 파리를 비롯한 지금의 프랑스와 주변 지역은 갈리아로 불려졌다. 갈리아 일대는 로마 카이사르에 의해 점령당한다. 카이사르 정복 이후 갈리아 지역은 급속도로 로마화가 진행 되었고 이를 갈로-로망 문화라고 한다. 로마인들은 센강에 있는 시테(Cite) 섬을 중심으로 정착하면서 파리를 개발한다. 로마 제국이 약화되면서 게르만족의 일파인 프랑크족이 갈리아 지역을 점령하고 프랑크 왕국을 세

몽마르트르 언덕 몽마르트르(Montmartre)는 272년 성 도니와 그 제자가 순교한 것에서 유래되어 순교자(Martyrs)의 언덕(Mont)이란 뜻이다. 현재는 근대미술의 발달을 촉진한 많은 예술가들이 살았던 곳으로 유명하다. 18세기 이래로 많은 예술가들이 이 곳에 모인 이유는 주세가 적용되지 않아 파리 시내에 비해 술값이 쌌기 때문이라고 한다.

클로비스 1세

운다. 로마 다음으로 서유럽 지역에 영향을 많이 미친 나라가 프랑크 왕국이다. 프랑크 왕국에서 프랑스, 독일, 이탈리아가 분화되었고, 프랑스, 프랑크푸르트 등의 지명도 프랑크 왕국에서 유래된다.

프랑크 왕국은 클로비스 1세가 프랑크족을 통합하면서 건국되었다. 클로비스 1세는 가톨릭으로 개종하면서 메로빙거 왕조를 창시한다. 그러나 메로빙거 왕조는 왕위 계승은 남자만 할 수 있다는 살리카법(Lex Salica) 때문에 분열과 통합을 반복하면서 세력이 약화되고 실권은 왕국의 재상인 궁재가 가지게 된다. 732년 투르-푸아티에 전투에서 우마이야 왕조를 격퇴한 칼 마르텔도 궁재 출신이다. 마침내 칼 마르텔의 아들 피핀 3세는 메로빙거 왕조를 대신해서 왕위에 올라 카롤링거 왕조를 개창한다. 그의 아들 카롤루스 대제(혹은 샤를마뉴 대제)는 교황 레오 3세에게 로마 제국 황제의 호칭을 받고 신성 로마 제국을 건국하게 된다.

그러면 파리는 처음부터 프랑스에서 중심도시였을까? 대답은 'NO'다. 당시 파리는 메로빙거 왕조를 개창한 클로비스가 가톨릭으로 개종하며 세례를 받은 대관식의 도시 랭스에도 밀리고 있었다. 중세시대까지 프랑스의 왕들은 랭스에서만 대관식을 해야만 정통성과 권위를 인정받았

오늘날의 파리로 만드는 데 공헌한 위그 카페

다. 또 카롤루스 대제 이후 카롤링거 왕조의 수도는 현재 독일의 아헨이었다. 이렇게 당시에는 파리보다 크고 정치적으로 경제적으로 중요한 도시가 많았다.

파리가 프랑스 수도로서 역할을 하게 되는 것은 카페 왕조 이후다. 서프랑크 왕국 카롤링거 왕조의 마지막 왕인 루이 5세가 후계자 없이 사망하자 살리카법에 의하여 파리 백작이었던 위그 카페(Hugues Capet)가 서프랑크 왕국의 왕으로 추대되면서(987년) 카페 왕조를 개창한다. 그러나 당시 위그 카페는 명분상 왕이었으나 세력이 약했다. 영토는 파리와 오를레앙 정도에 그쳤다. 노르망디, 부르고뉴, 아키텐, 플랑드르 지역에 파리보다 더 강한 영주들이 많이 있었다. 파리가 프랑스의 명실상부한 수도가 되기 위해서는 카페 왕조의 많은 왕들의 노력이 있었다.

존엄왕 필리프(Philippe August)라 불린 필리프 2세(재위 1180년~1223년)는 재위 기간 내내 잉글랜드 플랜태저넷(Plantagenet) 왕가와 싸우면서 영토를 넓혔다. 당시 잉글랜드 플랜태저넷 왕가는 노르망디와 아키텐 공국 등 많은 프랑스 영토를 보유하고 있었다. 필리프 2세는 노르망디와 아키텐 영토를 점령하여 왕의 직할지로 삼았다. 잉글랜드 존 왕은 영토를 되찾고자

노트르담 대성당 지난 4월 15일 노트르담 대성당에서 화재가 발생해서 첨탑과 지붕이 무너져 내렸다. 파리의 상징이자 인류 문화유산의 화재로 많은 이들이 놀라고 안타까워 하고 있다.

신성로마제국과 플랑드르와 연합군을 구성해 프랑스 필리프 2세를 공격하지만 패배하고 만다. 필리프 2세는 영토 확장뿐만 아니라 파리의 기능을 크게 강화시킨다. 그는 1200년에 파리 대학교를 공식적으로 인정하고 육성한다. 파리 대학교는 볼로냐 대학교, 옥스퍼드, 케임브리지 대학교 등과 함께 유럽의 1세대 대학으로 수많은 인재를 육성해낸다. 그는 또한 파리 도시 미관 개선에도 힘을 썼고, 루브르궁의 공사가 시작되었고, 노트르담 대성당의 주요 공사도 그의 치세 중에 이루어졌다.

존엄왕 필리프 2세의 노력이 있었지만, 프랑스왕은 여전히 큰 귀족 중 하나였다. 잉글랜드 또한 프랑스 내에 여전히 큰 영토를 보유하고 있었다. 파리가 프랑스 중심도시가 되고 프랑스 왕권이 강화된 결정적 계기는 바로 백년전쟁이다. 잉글랜드와 프랑스가 싸운 백년전쟁은 중세까지 프랑스 지역에서 일어난 가장 크고 장기간의 전쟁이었다. 백년전쟁은 봉건 영주들의 몰락을 통해 프랑스 국가 형성과 왕권 강화가 되는 계기가 된다. 백년전쟁은 카페 왕조의 뒤를 이어 방계인 발루아 왕조가 들어서면서 잉글랜드 에드워드 3세가 왕위계승권을 주장하면서 발생한다. 미남왕이라 알려진 필리프 4세(1285년~1314년)[19]의 세 아들들(루이, 필립, 샤를)은 모두 왕위에 오르지만 하나같이 아들을 남기지 못한다. 살리카법에 따라 필리프 4세의 동생인 샤를 드 발루아의 아들인 필리프 드 발루아가 왕위에 오르면서 발루아 왕조를 개창한다. 그러나 당시 잉글랜드 왕 에드워드 3세도 샤를 4세의 누나인 이자벨의 아들로서 샤를 4세의 조카가 된다. 촌수로는 발루아 왕조의 필리프 드 발루아가 샤를 4세의 4촌이므로 에드워드 3세의 주장도 타당하나 프랑스 귀족들은 아자벨이 여자라 애초부터 왕위계승권이 없었다는 논리로 발루아 편을 들게 된다.

잉글랜드 플랜태저넷 왕가와 프랑스 발루아가 사이에 프랑스 왕위계승권을 둘러싸고 백년전쟁(1337년~1453년)이 벌어진다. 두 나라뿐만 아니라 양모를 통해 잉글랜드와 관계가 깊은 플랑드르는 잉글랜드 편에, 스페인 카스티야는 프랑스 측에 가담하는 국제전이 되었다. 백년전쟁이라 계속 전쟁이 있었던 것은 아니고 중간 중간에 휴전과 전투가 반복된다. 전투는 크게 세 차례에 걸쳐 일어난다. 백년전쟁 당시 잉글랜드와 프랑스의 국력을 보면 프랑스가 앞섰다. 당시 국력의 척도인 인구를 보면 프랑스는 약 1000만, 잉글랜드는 약 200만이었다. 농업을 중심으로 한 경

19 샹파뉴 지방의 정기를 쇠퇴하게 만든 왕이기도 하다. 그리고 왜 미남왕으로 불리는지 이해가 안 되는 왕이기도 하다.

제력도 프랑스가 훨씬 앞서 있었다. 또 잉글랜드는 스코틀랜드와도 싸우고 있었다. 그러나 프랑스 역시 영주들이 통일되지 못하고 분열된 약점이 있었다. 개전 초기에는 이러한 약점을 딛고 잉글랜드군이 크레시, 푸아티에 전투에서 연전연승했다. 잉글랜드 장궁(Longbow)이 전투에서 위력을 발휘해 프랑스 기사단을 무력화시켰다. 프랑스의 많은 지역을 점령하고 발루아가의 프랑스를 남부로 몰아낸다. 그러나 극적으로 오를레앙에서 잉글랜드에 반격을 가하는 이가 나타났으니 바로 잔 다르크(Jeanne d'Arc)이다. 잔 다르크는 비록 잉글랜드 편에 있던 프랑스 귀족들에 의해 잉글랜드에 넘겨져 종교재판의 결과 마녀라는 이유로 화형에 처해 지지만, 프랑스가 승리하는 반전의 계기를 만들었다. 또한 전쟁 말기 무렵, 프랑스의 대포 도입과 사용도 백년전쟁에서 승리하는 데 일조한다.

백년전쟁은 잉글랜드와 프랑스라는 국가 형성에 큰 영향을 미친다. 잉글랜드는 칼레를 제외하고 프랑스 내 영토를 모두 잃고 그 책임소재 문제로 장미의 전쟁이 일어난다. 프랑스에서는 국내에서 전쟁이 벌어져 많은 봉건 영주들이 몰락하고 그들의 도시와 영지는 피폐해졌다. 반면에 프랑스 왕의 권력이 막강해진다. 파리는 이제 명실상부한 프랑스의 중심도시가 되고 프랑스는 유럽에서 가장 중앙집권적 국가가 된다.

— 어떻게 파리는 자유, 평등, 관용의 도시가 되었나?

파리를 수식하는 말은 많지만 자유, 평등, 관용의 도시 이미지가 가장 강한 것 같다. 파리에 오면 주위 사람들의 시선을 별로 개의치 않는 일종의 해방감(리베라시옹, Libération)을 느낀다. 실제로 파리에는 레닌을 비롯해 많은 사람들이 망명해 왔었고, 등소평과 호치민 등은 파리에서 유학을 하면서 혁명의 꿈을 키웠다. 그러면 파리는 언제부터 어떻게 자유의 도시가 되었을까?

파리를 비롯한 프랑스는 다른 문화에 개방적인 로마의 전통과 골족, 라틴족, 게르만족, 노르만족 등 다양한 민족 구성으로 인해 다른 문화와 국가에 대해 처음부터 크게 배타적이지는 않았다. 그러나 두 가지 요소, 즉 카페 왕조 이후의 파리를 중심으로 한 절대 왕정의 추구와 가톨릭은 중세 프랑스를 배타적으로 만들었다. 특히 마르틴 루터의 종교 개혁이후 프랑스에는 극심한 종교적 갈등이 있었다. 프랑스는 전통적으로 '가톨릭의 맏딸'이라는 애칭이 있을 정도로 가톨릭세가 강한 국가였다. 그러나 프랑스에도 개신교가 점차 확대되고 있었다. 위그노(Huguenot)는 프랑스의 개신교 신자를 가리키는 말이다. 프랑스에서는 개신교 중에서 루터보다는 칼뱅의 사상을 추종하는 사람들이 많았다. 칼뱅은 "하나님은 인간 개개인을 태초부터 예정하고 계시지만 우리 인간을 그것을 모른다. 우리가 하나님의 예정을 알 수 있는 유일한 길은 직업에 있다. 우리의 직업은 하나님의 소명이다."[20] 따라서 칼뱅주의자 중에는 상공인들이 많았다. 프랑스에서 위그노의 수가 확산되자 가톨릭 귀족들은 위그노들을 박해하면서

20 그래서 하나님의 부름 즉 Calling이 직업이라는 의미를 가지게 되었다. 이를 직업소명설이라 한다.

위그노 전쟁(1562~1598)이 시작된다. 위그노 전쟁 중 1572년 성 바르톨로메오 축일에 파리에서 대대적인 위그노 학살 사건이 발생한다.[21]

이러한 프랑스 내 신·구교 간의 전쟁을 잠재우고 종교적 자유를 보장한 왕이 앙리 4세였다. 발루아 왕조의 앙리 3세가 아들이 없어 후계자로 앙리 4세가 즉위하면서 부르봉 왕조를 열게 된다. 앙리 4세는 원래 신교도였다. 앙리 4세는 신·구교와의 전쟁에서 계속 승리하여 파리를 제외하고 프랑스 전역을 거의 점령한다. 파리 점령 직전에 앙리 4세는 "파리는 미사를 드릴 가치가 있지!" 하고서는 가톨릭으로 개종해 버린다. 앙리의 개종은 신·구교 갈등 봉합의 중요한 계기가 된다. 1598년, 앙리 4세는

앙리 4세 동상

21 성 바르톨로메오 축일의 학살.

낭트 칙령을 반포하고 공식적으로 종교의 자유를 보장하고 위그노 전쟁을 종식시킨다. 비록 앙리 4세는 1610년 가톨릭 광신도에게 암살되나, 독일 30년 종교전쟁보다 빨리 일어난 종교 전쟁으로 인한 학습효과는 프랑스의 개방성을 높이는 데 중요한 전기가 된다.

앙리 4세는 "일요일에는 반드시 모든 백성들이 닭고기를 먹을 수 있는 나라를 만들겠다"고 맹세할 정도로 국민을 사랑한 군주였다. 그래서 닭이 프랑스의 상징이자 국조가 되었다 한다. 앙리 4세는 현재 프랑스인들이 가장 존경하는 프랑스 왕이기도 하다. 재미있는 것은 앙리 4세는 이혼도 여러 번 하고 정부(情婦)도 여럿 있었다 한다. 그러나 공식적인 왕비와 비빈이 수십 명인 동양의 왕들과는 달리 기독교를 믿는 유럽은 왕의 권한이 아무리 막강해도 공식적인 부인은 한 명밖에 둘 수 없었다.

파리 사람들은 스스로 파리를 빛의 도시(La Ville Lumiere)라 부른다. 여기서 빛이란 야경이 될 수도 있겠지만 계몽사상가로부터의 인류 문명의 빛이 더 와 닿는다. 계몽(영어 Enlightenment, 불어 Lumières)사상이란 17, 18세기 유럽에서 일어난 사상으로 인간의 지성 혹은 이성을 바탕으로 자연을 이해하고 문명을 발전시키기 위한 것을 의미한다. 계몽사상은 영국, 독일 등 유럽 각국에서 발생되었지만 특히 파리를 중심으로 하는 프랑스가 가장 활발했다. 프랑스 계몽사상에는 삼거두가 있다.

볼테르(Voltaire)의 본명은 프랑수아 마리 아루에이고, 볼테르는 필명이다. 그는 급진주의자이면서 자유주의자로 평생을 지배계급과 기독교를 공격하고 비판했다. 그는 독단을 버리고 이성을 통해 사유할 것을 주장했다. 프랑스 대문호 빅토르 위고는 "이탈리아에 르네상스가 있다면 프랑스에는 볼테르가 있다."고 말했다.

몽테스키외(Montesquieu)는 귀족이면서 계몽 사상가였다. 그는 1748년 '법의 정신'을 출판하면서, 인간의 자유란 국가 권력이 행정, 입법, 사법으로 나뉘어 서로 견제함으로써 보장된다고 보았다. 몽테스키외는 오늘날의 3권 분립의 이론을 제공한 것으로 평가된다.

루소(Rousseau)는 사회계약론을 주장했다. 사회 계약이란 각각의 구성원들이 자신의 모든 특권을 포기하고 만인이 대등한 입장에서 정치체제를 만들어 개개인의 이익 보호를 넘어 공동체의 선을 위해서 맺는 계약이라고 보았다. 따라서 국가란 이러한 사회 계약에 의해 만들어진 정치체제이고 이러한 힘, 즉 주권은 군주가 아니라 국민에게 있다고 보았다. 그는 사회계약에 의거 선거에 의한 직접 민주주의를 주장했다.

장 자크 루소의 사회계약론 등 계몽사상에 의해 프랑스 국민들과 특히 파리 시민들은 시민의식이 무장되어 갔다. 당시 프랑스는 소수의 고위성직자와 귀족이 국가 권력을 독점하고 면세 등 각종 혜택을 받고 있는 앙시앵 레짐(Ancien Régime)에 대한 불만이 고조되고 있었다. 18세기 중엽, 프랑스는 태양왕 루이 14세가 오랫동안 프랑스를 다스리는 동안 많은 해외 식민지를 확보하기도 했지만 재

장 자크 루소

정이 파탄날 지경이었다. 미국 독립전쟁 지원, 낭트 칙령의 폐지로 인한 상공업자들의 국외 탈출로 산업은 크게 위축되었다. 루이 16세(1774~1792)는 이러한 위기 상황을 타개하기 위하여 1계급(고위성직자), 2계급(귀족), 3계급(평민)으로 이루어진 삼부회를 소집했다. 삼부회에서 재정 개혁을 위한 합의가 도출되지 않자 평민대표들은 별도로 제헌국민의회를 구성한다. 마침내 1789년 7월 14일, 파리 민중들은 바스티유 감옥을 습격하고 프랑스 대혁명이 시작된다.[22]

이 시기의 혁명 세력은 유명한 학자이자 문필가인 미라보, 미국 독립전쟁의 영웅 라파예트가 이끄는 입헌군주파와 공화파로 구성되어 있었다. 공화파 내에서도 상대적으로 온건파인 지롱드파와 당통, 마라, 로베스피에르가 이끄는 강경파인 자코뱅파가 있었다. 혁명 초기에는 입헌군주파가 우세하여 1791년 입헌 군주제를 골자로 하는 헌법이 제정되었으나, 루이 16세와 그의 왕비 마리 앙투아네트의 오스트리아 탈출 사건이 발각되어 분위기가 변한다. 혁명은 과격화, 급진적이 된다. 1792년 9월 21일 마침내 국민공회는 공화정을 선포한다. 공화국 정부는 루이 16세를 혁명 재판에 회부하여 국가를 배신했다는 이유로 처형하고, 몇 달 뒤 마리 앙투아네트도 단두대에서 사라진다.

지롱드파를 몰아내고 정권을 잡은 자코뱅파 로베스피에르(Robespierre)는 공포정치를 편다. 그는 반대파는 물론이고 같은 자코뱅 인물들인 당

22 바스티유 감옥은 현재 바스티유 오페라 극장이 됐고, 정명훈이 잠깐 음악감독을 맡기도 했다.

단두대(Guillotine)

통, 에베르 등을 단두대로 보낸다. 수많은 사람들이 단두대로 끌려갔다. 법에 의한 보호와 신체의 자유, 소유의 권리를 담은 인권선언은 휴지 조각이 되고, 전제 군주 때보다 더 인권은 말살되었다. 공포정치를 통해 수많은 사람을 단두대에 보낸 로베스피에르 역시 그가 애용했던 단두대에서 사라진다. 공화국 정부는 1799년 나폴레옹에 의해 전복되고 공화국은

10년 만에 막을 내린다. 공화정은 막을 내리지만 이 기간 동안 자유, 평등, 박애라는 혁명정신은 프랑스에 확고하게 뿌리내리게 된다. 1830년, 당시 단두대가 설치된 광장의 이름을 화합, 일치란 의미의 콩코르드 광장(Place de la Concorde)으로 바꾼다. 이는 어두운 역사를 넘어 평화와 화합으로 나가자는 프랑스인들의 염원이 담겨져 있다.

프랑스 대혁명 이후 시민의 인권과 톨레랑스(관용) 즉 다른 문화를 포용하고자 하는 측면에서는 세계에서 가장 앞선다고 자부하던 프랑스에 부끄러운 사건이 발생한다. 드레퓌스 사건이 그것이다. 1894년 프랑스 육군 정보국은 프랑스 주재 독일 대사관의 우편함에서 프랑스 육군의 기밀문서를 발견했다. 당시에는 보불전쟁에서 프로이센에게 치욕적인 패배를 당하여 독일에 대한 감정이 매우 좋지 않았고 패배의 희생양을 찾고 있었다. 군 정보국은 조사 끝에 유대인이었던 프랑스 육군 포병 대위 알프레드

콩코르드 광장 과거 단두대가 설치된 곳에 광장을 만들면서 콩코드(Concorde, 화합)라 명명하였다

드레퓌스(Alfred Dreyfus)를 스파이로 지목하였다. 증거가 충분치 않은 상황인데도 드레퓌스는 반역죄로 무기징역을 선고받았다. 드레퓌스가 진범이 아니라고 주장하는 사람에게도 박해를 가했다. 대문호 에밀 졸라도 드레퓌스를 옹호했다가 런던으로 망명해야 했다. 그러나 국내외 여론에 밀린 프랑스 정부는 재심을 했고, 마침내 1906년 프랑스 최고재판소는 드레퓌스에게 무죄를 선고했다. 이 드레퓌스 사건은 인권이 어처구니없게 쉽게 국가권력에 짓밟히고도 진실을 밝히는 것이 얼마나 어려운지를 보여주어 프랑스 지성인들에게 큰 반성의 계기가 되었다. 또한 이 드레퓌스 사건은 유대인의 시오니즘 운동이라는 나비효과를 만들어 내기도 했다.

— 파리가 인류에 준 선물들

- 오스만 남작의 도시계획

상대적으로 좁은 면적에 많은 사람들이 거주하는 도시에는 토지의 효율적 이용이 중요하다. 그래서 그리스, 로마 시대 때부터 도시를 계획적으로 개발했다. 동양에서는 당나라 시안이 좋은 본보기가 되었다. 오늘날 우리에게 직접 영향을 미치는 근대 도시계획은 파리에서 시작되었다. 나폴레옹 3세는 파리를 세계적인 도시로 만들고자 했다. 그래서 당시 파리 시장이었던 조르주외젠 오스만(Baron Georges-Eugène Haussmann)에게 파리 개조 사업을 명한다. 당시 파리는 우리가 현재 보는 파리가 아니었다. 도로는 좁고 구불구불했고 상하수도가 없어서 길에는 오물이 넘쳐났다. 하이힐을 만든 계기가 도로의 오물이 옷에 튀지 않기 위해 굽을 높였다는 이야기가

파리 개조 사업 조르주외젠 오스만 파리 시장의 도시계획

있을 정도이다. 반면에 산업 혁명의 영향으로 새로운 기술들과 교통수단들이 등장했다. 기차가 등장했고 자동차가 다니기 시작했다. 인구도 급속도로 증가하고 있었다. 새로운 파리의 등장이 필요했던 것이다.

오스만 남작은 1853년에 파리 시장으로 취임하여 1870년까지 파리 대개조의 사업을 진행한다. 오스만의 주요 도시개발 사업은 도로, 상하수도, 공원 등 인프라스트럭처 조성과 대형 공공 건설물, 일반 건물의 건축으로 대별된다. 그 중에서도 도로 건설이 가장 중요하고 어려운 작업이었다. 당시 도로는 마차 정도가 다니는 좁은 도로가 대부분이었고 그나마 직선도로도 아니었다. 오스만은 열차와 자동차가 다닐 수 있는 넓은 직선도로로 만들고자 했다. 그러기 위해서는 일반 민간 가옥을 매수해서 길을 만들어야 했다. 조성된 도로에는 차도와 인도가 나뉘어졌고 인도에는 많은 가로수를 심었다. 도로 지하에는 상하수도 관을 설치하여 개개인의 주택으로 연결되었다. 이렇게 조성된 도로는 150년이 지난 오늘날에도 파리의 메인 도로로써 활용되고 있으니 오스만 남작의 안목을 평가할 수 있다. 상하수도 연결로 위생 문제가 해결되었을 뿐만 아니라 도로와 더불어 설치된 인도에는 많은 카페가 설치되어 파리 시민들이 여가를 즐길 수 있는 귀중한 공간을 마련해 주었다. 파리의 철학과 예술의 발전에 지대한 공헌을 한 파리 노천카페가 탄생한 것이다.

공공시설물뿐만 아니라 민간 주택에도 많은 규제를 가하여 규격화를 통한 건축의 미적 획일성을 구하고자 하였다. 따라서 지금도 파리에서는 주택 내부 리모델링은 비교적 자유로우나 건물 외부 수리는 당국의 허가를 받아야 한다.[23] 오스만 남작의 도시계획과 도시 개발은 현대 도시들에게 중요한 본보기가 되었고, 오늘날의 파리를 만들게 되었다.

- 예술과 과학 기술 그리고 에펠

프랑스는 예술의 나라다. 그러나 장르(genre. 장르도 프랑스 말이다.)별로 프랑스가 세계에 미친 영향력은 많이 다르다. 건축 분야에서는 프랑스가 주도했다 할 수 있다. 시대별 건축 양식의 대표적인 건축 기념물들이 모두 파리에 있다. 중세 고딕 양식의 랭스 대성당과 파리 노트르담 대성당은 유럽 국가들의 성당 건축의 본보기가 되었다. 바로크와 로코코 양식의 베르

23 〈파리를 파리로 만든 사람, 유젠 오스만〉, 브런치, URL: https://brunch.co.kr/@parisboucher/1

사유 궁전은 전 유럽 왕실의 모델이 되었다. 빈의 합스부르크가, 바이에른의 비텔스바흐가, 작센가 모두 베르사유 궁전을 보고 영감을 받아 궁전을 건설했다. 대혁명 이후 신고전주의 건축에서는 나폴레옹 개선문이, 왕정복고 이후의 보자르 방식으로는 파리 오페라 하우스가 유명하다.

미술 분야에 있어서는 프랑스 미술사가 세계 미술사가 될 정도이다. 로코코, 신고전주의, 사실주의, 인상주의, 후기인상주의, 야수파, 입체파, 초현실주의 등의 사조는 프랑스 미술계를 중심으로 형성되었다. 파리를 중심으로 활동한 예술가만 해도 「풀밭 위의 점심」, 「올랭피아」, 「작업실의 점심」 등으로 당시에는 과격한 여성을 활용한 감각적인 작품들을 선보인 에두아르 마네, 「해돋이」로 유명한 클로드 모네, 피에르 오귀스트 르누아

모네의 해돋이 모네가 그의 고향 르아브르(Le Havre)항구 호텔에서 해돋이를 표현한 그림으로 인상파의 모태가 된 작품.

르, 에드가 드가, 폴 세잔, 카미유 피사로 등 수많은 인상파와 후기인상파 화가들이 있었다. 이들은 감각, 특히 빛에 의한 시각적인 감각을 중시했다. 야수파의 앙리 마티스 등 현대 미술에 와서도 영향력 있는 미술가들을 배출한다. 피카소, 후안 미로 등 프랑스 출신이 아닌 화가들도 파리에서 주로 활동한다. 최근에 와서는 뉴욕이 세계 미술을 주도하고 있으나 여전히 파리의 잠재력은 무시할 수 없다.

이에 반해 음악 분야에서는 프랑스가 예술의 나라답지 않게 최고라고 자부할 수는 없다. 독일, 오스트리아, 이탈리아, 러시아 등에 밀리는 느낌이다.

장르별로 차이는 있으나 파리를 중심으로 프랑스가 예술의 나라임을 부정할 수는 없고 많은 사람들이 인정하고 있다. 그러나 과학 기술이 발전했음은 많은 사람들이 모르고 있다. 산업 혁명은 영국에서 시작되었지만, 프랑스도 대혁명 이후 영국을 따라잡기 위하여 많은 노력을 하였다. 주사기, 자전거, 네온사인, 열기구, 공기압 타이어, 증기 자동차, 질량보존의 법칙, 철근 콘크리트 등 인류사에 중요한 발명과 발견이 많았다. 영국의 인치나 야드에 대항하여 미터법을 최초로 정립한 나라도 프랑스이다.[24] 이러한 과학 기술의 전통을 기반으로 하여 미국 항공사 보잉에 대항할 수 있는 유일한 항공사라고 평가받는 에어버스, 전투기 미라지에서 시

24 프랑스 10. 1. 과학 기술, 나무위키, 2019. 02. 07. 검색, URL: https://namu.wiki/w/프랑스#s-10.1

작해 3D 분야에서 유명한 다쏘(Dassault) 등의 기업 본사가 파리에 있다.

파리에서 공부하고 활동한 과학자들은 많다. 퀴리 부인이라 불리는 마리 퀴리(Marie Curie)는 폴란드 출신으로 본명이 마리아 살로메아 스크워도프스카이다. 프랑스인 물리학자 피에르 퀴리와 결혼하여 마리 퀴리로 불린다. 여성의 입학을 허가하지 않는 폴란드 바르샤바 대학교를 떠나 프랑스로 유학을 가 소르본 대학교에 입학하여 평생을 연구에 매진한다. 라듐과 폴로늄[25]을 발견하여 1903년 남편과 함께 노벨 물리학상을 수상하고, 1911년에는 금속 라듐을 분리한 업적으로 노벨화학상을 수상한다. 그녀의 딸 이렌 퀴리와 사위 프레데리크도 1935년 노벨화학상을 수상한다.[26] 당시의 여성을 경시하는 사회분위기에서 그녀의 노벨상 2회 수상은 얼마나 대단한 것인지 상상하기조차 어렵다. 그러나 그녀의 말년은 마냥 행복하지만 않았다. 남편은 일찍 마차에 치여 죽고 본인은 오랫동안의 실험으로 인한 방사능 노출로 사망했다. 그러나 퀴리 부인은 모국 폴란드와 프랑스의 영웅으로 두 국가 모두의 화폐에 얼굴이 있다.[27] 퀴리 부인이 살던 파리의 집에는 지금도 많은 관광객이 방문하고 있다.

우리가 매일 마시는 맥주나 우유와 관련이 많은 사람이 있다. 바로 루이 파스퇴르(Pasteur, 1822~1895)다. 그는 파리에서 대학을 졸업하고 스트라스부르 대학교 교수로 주로 활동하면서 세균학의 아버지로 불린다. 파스퇴르는 광견병 백신을 개발했고, 질병 세균설에 입각한 파스퇴르식 저온

25 그녀의 모국 폴란드에서 이름을 따왔다 한다.

26 이들의 공식 성은 졸리오퀴리.

27 폴란드는 구 즈워티 지폐.

살균법을 개발했다. 저온 살균법이란 100℃ 이하 온도에서 박테리아나 곰팡이 등 일부 병원균을 부분적으로 살균하는 가열 살균법으로써 이는 맥주와 포도주 그리고 우유 등 식품의 부패를 방지하여 장기 보관과 수송을 가능케 하였다. 또한 파스퇴르는 효모와 젖산균의 차이에 의해 알코올이 만들어지는 것을 증명하여 프랑스 맥주·포도주·식초 산업계에 큰 기여를 했다. 말년에는 프랑스 정부의 도움으로 파스퇴르 연구소를 만들었고(1888년), 프랑스 과학이 독일에 밀리는 것을 극복하기 위하여 '프랑스 과학의 성찰'이란 제목의 팸플릿에서 과학자들의 연구를 방해하는 자연 과학에서의 겸직의 금지를 주장하였다.[28]

프랑스 정부는 발전된 과학 기술과 산업을 전 세계에 과시하기 위하여 영국 정부가 그랬던 것처럼 만국 박람회를 파리에서 개최했다. 파리 만국 박람회는 1855년, 1867년, 1878년, 1889년, 1900년 총 5회에 걸쳐 개최되었다. 그중에서도 가장 유명한 것이 1889년 파리 만국 박람회였다. 프랑스 대혁명 100주년을 기념하여 개최한 이 만국 박람회 때 에펠탑이 처음으로 세계에 선보였다.

에펠탑은 프랑스 공학자 구스타브 에펠(Gustave Eiffel)이 파리 마르스 광장에 만든 탑이다. 에펠탑은 높이가 324m이고 81층 빌딩과 비슷한데 당시는 물론 현재도 파리에서 가장 높은 건축물이다. 에펠탑은 18,038개의 철제 부품을 50여만 개의 리벳을 이용하여 조립한 철제 격자 구조의 건축

---

28 오진곤, 『틀을 깬 과학자들』, 서울: 전파과학사, 2002.

물이다. 오늘날 파리의 상징과도 같은 에펠탑이지만 초기에는 시커먼 철제 기둥이 도시 미관을 해친다고 많은 비판을 받았다. 특히 모파상의 일화는 유명하다. 모파상은 탑 안의 식당에서 자주 식사를 했는데, 그 이유를 모파상에게 물으나 그는 그곳이 파리에서 유일하게 에펠탑을 볼 필요가 없기 때문이라고 말했다.

- 파리 외방전교회

파리 외방전교회는 한국에 가톨릭을 전파하는 데 중요한 역할을 담당했다. 1658년에 설립된 파리 외방전교회는 특히 아시아 지역에 가톨릭을 전파할 목적으로 설립되었다. 파리 외방전교회는 신부를 파견하기에 앞서 해당 지역의 역사와 문화 특히 언어를 배우도록 교육을 하였다. 1836년에 모방 신부, 1837년에 앵베르, 샤스탕 신부가 조선에 입국해 포교를 시작한다. 그리고 김대건 신부 등을 마카오에 보내 교육을 시킨다. 그러나 당시 조선은 전례 문제 등을 들어 유교의 근본을 흔든다고 생각해 가톨릭을 박해했고, 세 신부도 기해박해(1839년) 때 순교 당한다. 1887년, 한불조약이 있기 전까지 많은 파리 외방전교회 신부들과 김대건 신부 그리고 교인들이 순교 당한다. 현재 한국 가톨릭의 신앙은 이들 파리 외방전교회 신부들에게 많은 빚을 지고 있다.

— 인류의 피난처가 흔들리고 있다

제2차 세계 대전 막바지, 연합군이 노르망디에 상륙하여 전황이 불

2015년 파리 테러(Paris terror) 희생자 추모

리해지자 히틀러는 당시 파리에 주둔한 독일군 사령관 디트리히 폰 콜티츠 중장에게 파리를 파괴하라고 명령한다. 그러나 콜티츠 장군은 히틀러의 배신자가 될지언정 파리를 불바다로 만들어 인류의 죄인이 될 수는 없다며 히틀러의 명령을 거부하고 항복하여 파리를 전쟁에서 구한다. 파리의 위대함은 에펠탑이나 루브르 박물관, 노트르담 성당 등 유적에도 있지만 자유, 평등, 박애를 앞세운 인권의 고향으로 인류의 피난처가 되어 왔다는 점이다. 그러나 최근 이러한 인류의 피난처가 흔들리고 있다. 2015년 11월 13일 이슬람 극단주의에 의한 파리 동시다발 테러로 127명이나 사망했다. 극장, 축구장, 식당, 카페 등에서 시민들에 의한 동시다발 테러로 톨레랑스의 고장 파리가 흔들리고 있다.

파리 에펠탑 전경

TUREKY

Istanbul

4. 콘스탄티노플이라 불렸던 이스탄불 Istanbul

세계적으로 도시 이름이 많이 바뀐 도시들은 꽤 있다. 대표적으로 러시아의 상트페테르부르크와 불가리아의 플로브디프[29]가 그렇다. 그러나 이스탄불처럼 오랜 역사 동안 바뀐 이름과 관계없이 많은 영향력을 미친 도시는 많지 않다. 정복자들은 대체로 피정복국의 수도를 파괴해 왔기 때문이다. 그러나 이스탄불은 동로마제국이 수도로서 콘스탄티노폴리스로

---

29 풀푸데바→필리포폴리스→트리몬티움→필리베→플로브디프. 플로브디프는 필리포폴리스처럼 알렉산더 대왕의 아버지 필리포스 2세에 의해 만들어졌다는 의미이다.

보스포르스 해협 흑해와 지중해를 잇는 해협으로 터키 뿐만아니라 러시아 등 주변 국가들의 전력적 중요성은 매우 크다. 현재 3개의 다리가 있고 제3대교는 현대건설과 SK건설이 건설했다.

불릴 때는 유럽 최고의 종교적, 경제적 중심지였고, 그 후 이스탄불 시절에도 오스만 제국의 수도로서 종교적, 경제적 중심지였었다. 제1차 세계대전 이후 터키와 그리스가 영토 분쟁 때 가장 치열한 쟁탈 지역도 이스탄불이었다. 이처럼 시대가 변하고 나라가 변해도 이스탄불이 전략적 중요성을 가지게 된 이유는 보스포루스 해협을 끼고 동서양을 잇는 천혜의 지정학적 위치와 도시의 유구한 역사와 문화를 승계하려는 정복자의 의지 때문이었다.

— 천년 동로마 제국의 수도, 콘스탄티노폴리스 (Constantinopolis. 영어로는 Constantinople)

콘스탄티노폴리스는 원래 고대 그리스인들이 만든 도시였고 비잔티움(Byzantium, 그리스어로는 비잔티온)이라 불렸다. 콘스탄티노폴리스는 이름 그대로 로마 황제 콘스탄티누스에 의해 건설되었다. 콘스탄티누스(306~337년)는 로마 사두체제에서 마지막 정적이었던 리키니우스를 물리치고 로마 황제가 되었다. 리키니우스와 비잔티움에서 싸우면서 비잔티움의 군사적 가치와 아시아 유럽의 교역 중심지란 것을 알게 된 콘스탄티누스는 제국의 수도를 로마에서 비잔티움으로 옮긴다. 로마와 같은 도로, 상하수도, 극장 등 많은 인프라 공사를 마친 후, 330년에 비잔티움을 로마 제국의 새로운 수도로서 뉴 로마(Nova Roma)라 칭하지만 사람들은 이 도시의 애칭인 콘스탄티노폴리스로 인식한다. 콘스탄티누스 황제는 기독교와도 인연이 깊은 사람이다. 313년 밀라노 칙령으로 기독교를 공인하고, 니케아 공의회(325년)를 통해서 삼위일체의 교리를 확립하고 아리우스파를 이단으로 정리했다.

테오도시우스 1세 이래 로마는 동로마와 서로마로 고착되고, 476년 오도아케르에 의해 서로마제국이 멸망할 때도 동로마 제국은 건재하게 된다. 동로마제국은 유스티니아누스 황제(527~565년) 때 전성기를 맞는다. 황제는 유스티니아누스 법전을 편찬하고 북아프리카, 이베리아, 이탈리아 등 과거 로마 시대의 많은 영토를 회복하게 된다. 이때 맹활약한 사람이 벨리사리우스(Belisarius) 장군이다. 그는 사산조 페르시아, 북아프리카의 반달족, 이탈리아의 고트족 등을 적은 병력으로 무찔러 과거 로마 제국의 영토 중 상당 부분을 회복한다. 그러나 유스티니아누스 황제는 너무 인기 많은 벨리사리우스를 시기 질투하여 벨리사리우스는 불행한 말년을 보낸다. 비슷한 사례는 중국에도 많이 있다. 초나라와의 싸움에서 승리한 이후 한고조 유방이 한신, 팽월, 영포 등을 죽이거나, 원나라를 내쫓은 후 명 태조 주원장이 서달, 이선장, 호유용, 이문충 등 개국 공신 10만 명을 숙청한 토사구팽의 사례는 동서고금 불문하고 있는 것 같다. 유스티니아누스

벨리사리우스 프랑스 화가 프랑소아 제라르(Francois Gerard)의 1797년 작품

성 소피아 성당(하기야 소피아) 성당 주변 첨탑은 원래 건축 시에는 없었으나 오스만 투르크 점령 이후 이슬람 사원으로 사용하기 위해서 건축되었다.

황제의 또 다른 업적은 성 소피아 성당을 재건한 것이다. 6년의 공사 끝에 완공된 대성당의 웅장함에 감동한 황제는 '솔로몬이여, 내 그대를 이겼노라'고 외쳤다는 일화가 있다. 성 소피아 성당은 동로마제국 건축의 최고 걸작이자 정교회의 총본산이었다.

유스티니아누스 시대 이후 동로마제국은 계속 내리막길을 걷는다. 동로마 제국이 어려움을 겪은 결정적 이유는 슬라브족, 페르시아, 아랍 등 주변에 온통 비기독교 세력이 있었기 때문이다. 그러나 동로마제국 또한 만만치 않았다. 로마의 전성기 시절에도 항상 괴롭혀 왔던 사산조 페르시아와는 장기간의 전투 끝에 헤라클리우스 황제 때 마침내 승리했다(니네베 전투, 627년). 그런데 동로마제국에 짙은 암운이 중동에서 몰려들었다. 무함마드에 의해 중동 지역에 이슬람이 급속히 성장하게 되자 전황은 불리하게 된다. 632년과 638년 사이에 이슬람의 명장 할리드 이븐 알 왈리드에 의해 시리아, 예루살렘 지역이 순식간에 함락된다. 예루살렘의 함락은 기독교 국가인 동로마제국 입장에서는 큰 충격을 주었다. 곧이어 곡물창고 역할을 하던 중요한 이집트(642년)[30]와 카르타고(696년)가 무슬림에 함락되어 동로마제국은 북아프리카 전체를 잃어버린다.

그러나 동로마제국의 저력도 무서웠다. 717년, 동로마제국을 멸망시키기 위하여 대규모의 군대를 파견해 콘스탄티노폴리스를 포위한 우마이야 왕조 군대를 격파하였다. 비슷한 시기, 732년 투르-푸아티에 전투에서 프랑크 칼 마르텔이 우마이야 왕조 군대를 격퇴한다. 이후 니키포로스 2세, 요한니스 1세, 바실리오스 2세 시대에는 크레타, 시리아, 예루살렘, 남부 이탈리아를 재정복하기도 한다. 이 시기가 동로마제국의 중흥기였다. 그러나 귀족들 간의 대립으로 약화된 동로마제국을 1071년 셀주크 튀르크가 만지케르트(Manzikert) 전투에서 대파한다. 이 전투의 후유증은 대단히 커서 제국의 군사력 원천이었던 소아시아 지역을 상실하게 되었다. 뒤이어 벌어진 4차 십자군에 의한 콘스탄티노플 함락(1204년)은 동로마제국에 치명타를 가했다.

망명 귀족들이 세운 국가 중 하나인 니케아 제국이 콘스탄티노폴리스를 회복하고 동로마제국을 재건했으나 이는 과거의 동로마제국이 아니

30 이집트 지역이 쉽게 이슬람에 점령된 이유는 콘스탄티노폴리스의 정교회와 대립하던 알렉산드리아 중심의 콥트 교도가 무슬림에 협력했다는 이야기도 있다.

었다. 군사력은 약화되고 재정은 무너졌다. 제국은 용병에 의해 유지되었다. 이 시기에 오스만 제국이 튀르크 세력을 규합하면서 등장했다. 오스만 제국은 1354년 처음으로 유럽 갈리폴리에 상륙한 후 발칸반도 지역을 야금야금 잠식했고 동로마제국은 사실상 콘스탄티노폴리스 지역만 남게 되었다. 이처럼 국력이 약화되어도 100년 가까이 버틸 수 있었던 이유는, 아니 동로마제국이 천 년 이상 지속될 수 있었던 이유이기도 한 까닭은 콘스탄티노폴리스의 천혜의 지형적 이점에 있다. 콘스탄티노폴리스는 삼각형 모양의 지형인데, 두 면이 바다에 접해 있고 육지에 접한 곳은 테오도시우스 황제 때 만든 삼중 성벽이 있었다. 키예프 루스와 불가리아의 슬라브족, 사산조 페르시아, 우마이야 왕조 등 수 많은 군대가 이 성벽을 넘어서지 못했다.

테오도시우스 황제의 삼중 성벽 413년 테오도시우스 황제 때부터 건설된 이 성벽은 해자를 갖추고, 해자 뒤에 흉벽, 내성벽, 외성벽의 삼중 구조로 이루어져 있다. 삼중 성벽은 매우 견고해서 이민족 침입을 막고 동로마 제국이 천 년 이상 존속할 수 있는 중요한 기반이 되었다.

술탄 메흐메트의 대포

1453년 술탄 메흐메트(Mehmed) 2세는 콘스탄티노폴리스를 함락시키기 위해 15만 대군을 동원한다. 당시 최첨단 무기인 헝가리 대포 제작자인 우르반의 대포도 동원한다. 콘스탄티노폴리스 공성전은 역사상 최초의 포격전이 되었다. 이에 반해 동로마제국은 용병을 합쳐 동원 가능한 병력이 1만 명도 되지 않는다. 당시의 황제 콘스탄티누스 11세가 유럽 각국에 SOS를 보냈지만, 각국의 사정으로 군대를 보내지 못한다. 당시 영국과 프랑스는 백년전쟁 중이었고, 스페인은 레콘키스타가 한창 진행 중이었다. 신성로마제국은 제후국 내부 전쟁이 있었고, 키예프 루스는 콘스탄티노폴리스가 로마가톨릭과 화해하는 것이 못마땅해 군대를 보내지 않았다. 그래서 성에는 시민들과 제노바 용병만이 있었다. 그래도 성은 2개월이나 버티다 1453년 5월 29일 마침내 함락된다. 성 안으로 오스만 제국 군대로 물밀듯이 들어올 때 동로마제국의 마지막 황제 콘스탄티누스 11세는 전장으로 뛰어들어 사라진다.[31] 1453년은 영국과 프랑스의 백년전쟁이 종료된 해이기도 하다.

---

31 콘스탄티노폴리스에서는 동로마제국이 언젠가는 멸망하는데, 멸망 시의 황제 이름이 도시를 만든 콘스탄티누스와 같을 거라는 전설이 있었다 한다.

— 콘스탄티노폴리스는 역사에서 어떠한 역할을 했었나?

과거 유럽 서방 세계에서는 동로마제국과 콘스탄티노폴리스를 무시하고 저평가하는 경향이 있었다. 무시의 증거는 이름에서도 나온다. 그들은 동로마제국을 노바 로마 혹은 동로마제국으로 부르지 않고 비잔틴 제국 혹은 그리스 제국으로 인식하고 불렀다. 이는 오늘날 뉴욕을 뉴 암스테르담이나 인디언 이름으로 부르는 것과 같다. 그러면 과거 유럽 서방세계는 왜 동로마제국을 무시했을까? 그 이유는 먼저 오스만 제국에 의해 멸망당해서 역사에서 망각되어 버려서 옹호할 세력이 없었기 때문이다. 또한 오랫동안 가톨릭과 정교회가 성상 논쟁 등 여러 이유로 대립되는 과정에 종교적으로 불신하게 되었다. 정치적으로도 동로마제국의 전제군주주의와 신비주의는 봉건 사회인 유럽과는 이질적인 것으로 보였을 것이다.

이스탄불 바자르

이러한 이유로 동로마제국과 콘스탄티노폴리스의 중요성과 가치는 저평가 되어 있다. 존 줄리어스 노리치(John Julius Norwich)는 그의 저서『비잔티움 연대기』에서 동로마제국이 유럽을 넘어 인류에 미친 영향을 잘 설명하고 있다. 콘스탄티노폴리스는 유럽의 방파제와 동방무역의 중심지 역할을 훌륭히 수행했다. 콘스탄티노폴리스가 얼마나 유럽의 방파제와 동방과의 무역 활성화에 기여했는가는 멸망 이후의 상황을 보면 잘 알 수 있다. 1453년 콘스탄티노폴리스 멸망 이후 오스만 제국은 발칸 반도와 동유럽을 유린하고 중부 유럽으로 진출한다. 그리하여 두 차례나 빈을 포위 공격한다.(1529년과 1683년) 비록 두 번 모두 실패했지만 유럽이 받은 충격은 대단했다. 그런데 만약 콘스탄티노폴리스가 1453년이 아닌 일찍 무너졌다면 상황은 훨씬 더 심각했을 것이다. 즉 우마이야 왕조(661~750년) 때나 셀주크 튀르크(11세기 중반에서 12세기 중반) 때 무너졌다면 유럽은 이슬람 국가가 될 가능성도 있었다. 왜냐하면 빈 공방전 때만 하더라도 유럽이 군사적으로나 경제적 문화적으로 상당히 발전했지만 그 이전에는 이슬람 지역이 여러 측면에서 유럽보다 발전했기 때문이다. 우마이야 왕조 일부가 이베리아 반도 지역을 손쉽게 점령한 데서도 증명이 된다고 본다.

동방 무역도 마찬가지다. 콘스탄티노폴리스가 건재할 때 베네치아와 제노바 등의 이탈리아 도시들이 동방 무역으로 발전하게 되었다. 동방 무역은 향신료, 비단 등을 통해 이탈리아 도시들에 엄청난 부를 가져다주었을 뿐만 아니라 선진 기술도 많이 전수되었다. 중국으로부터 제지 기술과 나침반·화약이, 아랍으로부터 의료 기술이 유럽에 전파되어 유럽의 발전에 큰 기여를 하게 된다. 콘스탄티노폴리스의 멸망과 이탈리아 도시들의 지중해 식민지 상실은 동방 무역의 몰락과 이탈리아 도시들의 쇠퇴를 불러온다. 제노바가 가장 먼저 영향을 받았고 베네치아가 뒤따랐다.

문명 발달에 있어서 언어와 문자는 결정적이다. 현재 동유럽 슬라브권과 그 영향을 받은 국가들의 문자는 키릴 문자이다. 러시아, 우크라이나, 벨라루스, 세르비아, 불가리아, 마케도니아 등과 러시아의 영향을 받은 몽골, 카자흐스탄 등이 이에 해당된다. 그런데 이 키릴 문자를 만든 이는 슬라브족이 아닌 동방 정교회의 선교사 성 키릴로스와 그의 형 성 메토디오스이다. 키릴로스(827~869)와 메토디오스는 콘스탄티노폴리스에서 신학, 천문학, 언어학 등을 배웠는데 특히 언어학에서 뛰어났다 한다. 이들 형제는 당시의 황제 미카일 3세의 명에 의해 슬라브족을 기독교로 개정하기 위해 파송되었다. 이들은 선교를 위해 성서를 슬라브어로 표현하기 위해 새로운 문자가 필요했고, 그 고민의 결과물로 만든 것이 키릴 문자였다. 이들 키릴로스 형제 선교사가 없었다면 오늘날 우리는 톨스토이의 『전쟁과 평화』, 『안나 카레니나』 등의 소설을 볼 수 없었을 것이다.

콘스탄티노폴리스는 정교회의 중심지로서 중요한 도시였다. 오늘날 정교회(Orthodox)는 그리스 등 발칸 반도와 러시아 등 동부 유럽의 대부분 국가들이 믿고 있다. 정교회란 가톨릭에 비해서 초기 교회의 순수성을 갖고 있다는 자부심으로 정교회라 스스로 부르게 되었고, 로마 가톨릭의 수장이 교회인 데 반해 정교회 수장은 총대주교이다. 정교회 혹은 동방정교회는 콘스탄티노폴리스의 적극적인 선교로 동유럽에 전파되었고 지역별로 그리스 정교회, 러시아 정교회 등으로 불려진다. 가톨릭과 정교회의 분열은 오랜 역사를 갖고 있다. 초기 기독교에는 5대 주교 도시가 있었다. 로마, 콘스탄티노폴리스, 예루살렘, 안디옥, 알렉산드리아가 주교 도시였다. 5대 주교 도시 중에서도 베드로에 의해 세워지고 로마 제국의 수도라는 상징성으로 로마 주교가 서열이 제1주교의 성격을 가졌다. 그러나 서로마 제국이 망하고 콘스탄티노폴리스가 정치, 경제, 문화의 중심지로 부상하자 로마와 콘스탄티노폴리스 간에 주도권 경쟁이 벌어진다. 마침내 1054년 상호 파문하고 교회는 둘로 분열된다.

로마 가톨릭과 동방 정교회간의 가장 큰 차이는 동일한 삼위일체론 내에서 성령의 인식 차이에서 출발한다. 동방 정교회는 니케아 공회의회에서 결의한 대로 성령은 성부 하나님에게서만 나온다고 믿는 반면, 로마 가톨릭에서는 성령은 성부 성자 하나님 모두에서 나온다고 믿는다. 그 외에도 사제 결혼 가능 여부, 성상(聖像, icon) 인정 여부, 성찬 예식을 비롯한

성 소피아 성당 내부에 있는 성상

예배 예식 등에서 다소 차이가 있다. 특히 성상 파괴 행위는 상호 파문의 주요 이슈가 된다.[32] 그러나 기독교 신앙의 가장 핵심인 성부 성자 성령 삼위일체론에서 차이가 없고, 가톨릭과 정교회 모두 사제권을 인정하는 등 유사성이 월등히 많다. 최근 1965년, 교회 대분열 900년 만에 상호 파문을 철회하는 공동선언문을 발표하였다.

콘스탄티노폴리스의 함락 전후에 많은 학자와 예술가들이 도시를 떠난다. 동로마제국 학자와 예술가들은 그리스-로마의 문헌들을 가지고 도망쳤고, 이들에 의해 중세와 근세를 이어준다고 평가받는 문예부흥운동인 르네상스가 이탈리아 도시들에서부터 일어나게 된다.

콘스탄티노폴리스가 오랫동안 이슬람의 압박을 받으면서도 유럽의 방파제 역할을 하고 동방 무역을 중개하여 이탈리아 도시들의 경제적 발전을 이루게 하고, 키릴 문자와 정교회를 통해 동유럽 큰 영향을 미칠 수 있었던 배경은 무엇일까? 먼저 당시 콘스탄티노폴리스는 경제적으로 대단히 부유했다. 콘스탄티노폴리스는 쇠퇴기였던 12세기에도 인구가 100만 명이었고, 당시 유럽 어느 도시보다도 동방 무역으로 인해 부유했다.[33] 도시의 부는 도시 방위에도 중요하다. 왜냐하면 외국 용병들을 고용할 수 있기 때문이다. 콘스탄티노폴리스에는 외국 용병대들의 역할이 컸

---

32 성상이란 성인들을 그린 그림, 조각, 모자이크 등을 말한다. 성상은 문맹인 야만족을 개종하는 데 효과가 있었다. 그러나 문제는 기독교리 자체보다는 성상을 경배하는 경향이 심해지고 있었다. 이런 이유로 동로마제국 레온 3세 때인 726년 첫 성상파괴령이 내려진다.

33 당시 유럽에는 10만 명 이상의 도시가 거의 없었다.

다. 노르만 계통의 바랑기안 친위대(Varangian Guards)와 도시의 마지막까지 운명을 함께 한 제노바 용병들이 대표적이었다.

콘스탄티노폴리스는 또한 교육과 기술이 당시 유럽 어느 지역보다 발달했다. 일반적으로 볼로냐 대학교를 최초의 대학교로 보지만 이 콘스탄티노폴리스에 최초의 대학교가 있었다고 보는 견해도 있다. 판디다크테리온(Pandidakterion)이라 불렸던 콘스탄티노폴리스 대학교는 425년 테오도시우스 2세 때 설립되었다. 이 대학교에서는 그리스어, 라틴어, 법학, 철학, 신학, 의학, 천문학, 음악학, 기하학 등을 가르쳤다. 콘스탄티노폴리스 대학교에서는 고대 그리스 로마의 학문을 가르쳤고, 이는 콘스탄티노폴리스 함락 후 이곳 학자들로 인해 르네상스를 촉진하게 되었다. 이 대학교는 메흐메트 2세에 의해 이스탄불 대학교로 재탄생하게 되었다.[34]

현재의 이스탄불 대학교

34 콘스탄티노폴리스 대학교, 위키피디아, 2019. 02. 08. 검색, URL: https://ko.wikipedia.org/wiki/콘스탄티노폴리스_대학교

그리스의 불 혹은 그리스의 화약이라 불리는 당시 첨단 무기가 콘스탄티노폴리스를 방어하는 데 큰 역할을 했다. 그리스의 불이란 액체 성분으로 펌프나 관을 이용하여 적함에 뿌리거나 항아리에 담아 터뜨리면 불이 계속 타오르는 특성을 가지고 있었다. 화약이 전래되기 전에는 중세 최강의 무서운 화공 무기였다. 동로마제국은 제조방법을 철저하게 비밀로 부쳤다. 어쨌든 그리스의 불은 717년 우마이야 왕조의 콘스탄티노폴리스 포위전을 비롯한 이슬람과의 전투와 슬라브족들과의 전투에서 큰 효과를 발휘했다.

— 오스만 제국의 이스탄불과 케말 파샤

콘스탄티노폴리스를 함락한 오스만 제국의 메흐메트 2세는 현명하게도 동로마제국의 문화와 역사를 파괴하지 않고 계승한다는 정책을 폈다. 정교회 본산인 성 소피아 성당을 파괴하지 않은 것은 계승 정책의 대표적 사례이다. 물론 계승한다 해도 종교가 다르기 때문에 기본적인 이슬람화는 불가피했다. 메흐메트 2세는 이 도시를 오스만 터키어로 음치한 콘스탄티

성 소피아 성당 본당 내부
오스만 투르크는 이슬람 사원으로 사용하기 위해 성당 내부의 십자가를 제거하고 성상을 보이지 않게 회칠했다. 케말 파샤 이후 현재는 박물관으로 개방되어 있다.

돌마바흐체 궁전으로 옮기기까지 오스만 제국의 정궁이었던 톱카프(Topkapi) 궁전 문

니예라 부르고 스스로 로마 황제(룸 카이세리. 즉 카이사르의 후계자)라 칭했다.[35] 오스만 제국의 황제들은 도시를 부흥시키기 위해 종교적 관용, 각종 면세 혜택 등 각종 당근책을 실시하여 인구가 빠져 나가는 것을 막았다. 오스만 제국의 전성기에는 유럽과 아시아 대륙을 지배하는 중심도시로 다시 떠올랐다. 이 시기 콘스탄티니예에는 수많은 건축물들이 건설되었다.

그러나 18세기 들어 제국 내 국가들의 독립 문제, 무능한 황제들과 예니체리들의 전횡 그리고 경제 산업의 낙후성으로 오스만 제국은 쇠퇴하기 시작한다. 특히 러시아와는 13차례나 러시아-튀르크 전쟁이 일어나 흑해와 카스피해 방면의 제국의 많은 영토를 빼앗기면서 '유럽의 환자'

35 물론 유럽 국가들은 인정하지 않았다.

로 전락한다. 러시아 세력이 급속히 성장하자 유럽 세력의 균형자 역할을 자임하던 영국과 프랑스 등은 러시아 세력을 견제하고자 오스만 제국을 돕게 되었다. 크림 반도를 둘러싼 크림 전쟁에서 영국과 프랑스는 오스만 제국을 도와 러시아의 남진을 저지했다. 1883년 오리엔트 특급(Orient Express)이 개통되기도 했다. 오리엔트 특급은 파리에서 출발해 스트라스부르, 뮌헨, 빈, 부다페스트, 부쿠레슈티와 마지막으로 이스탄불을 잇는 특급 열차이다. 애거사 크리스티의 추리 소설 『오리엔트 특급 살인』의 배경이 되기도 했던 이 열차는 2009년까지 운행되었다. 오리엔트 특급 열차는 유럽 기독교 국가들과 이스탄불의 인적 교류에 큰 역할을 했고, 관계 정상화의 상징적인 존재였다.

1914년 제1차 세계 대전이 일어나자 오스만 제국은 독일을 중심으로 하는 동맹국 편에서 참전을 하게 된다. 1차 대전이 연합국의 승리로 끝나자, 파리 강화 회의에 따라 영국과 프랑스 그리고 그리스가 오스만 제국의 영토를 분할 점령한다. 연합국은 오스만 제국을 해체하려고 했다. 특히 그리스는 동로마제국 부활을 명분으로 유럽에서는 이스탄불, 소아시아에서는 앙카라 부근까지 점령해 나간다. 오스만 제국의 운명은 풍전등화의 순간이었다. 이때 등장한 사람이 현대 터키의 국부인 무스타파 케말 아타튀르크였다.

아타튀르크는 앙카라를 거점으로 해서 그리스와 3년 동안 싸워 병력과 장비의 열세를 딛고 기적적으로 승리한다. 영국이 그리스-터키 전쟁을 중재하면서 터키에 이스탄불과 지중해 섬들 중 택일하라고 압력을 가

한다. 아타튀르크는 이스탄불을 선택하여 오늘날의 국경선이 만들어진다. 키프로스 등 지중해 섬들보다 이스탄불이 중요했던 것이다. 독립 전쟁 후, 아타튀르크는 오스만 제국을 폐지하고 터키 공화국을 선포한다. 터키 공화국 초대 대통령이 된 아타튀르크는 수도를 앙카라로 옮기고 강력한 정교분리, 세속주의 정책을 펼친다. 여성 교육 및 근대 교육을 정착시키고, 히잡 착용을 금지하고 아랍 문자 대신에 알파벳을, 이슬람력을 폐지하고 유럽식 그레고리력을 쓰는 등 서구식 제도를 적극 도입했다.

아타튀르크는 1938년 사망했는데, 아직까지도 터키 국민들은 그를 국부로서 어마어마하게 존경하고 있다. 이스탄불의 공항 공식 명칭이 이스탄불 아타튀르크 국제공항이고, 터키 형법에는 아타튀르크 모욕죄까지 있을 정도이다.[36]

100리라에 있는 아타튀르크 모든 터키 화폐에 아타튀르크가 있을 정도로 터키 국민은 그를 존경한다.

---

36 한국에서는 공과를 평가할 때 공보다는 과를 지나치게 중시하여 평가 절하하는 경향이 있다. 문화혁명 이후 집권한 중국 등소평이 마오를 평가할 때 과도 30%가 있지만 공이 70%라고 평가하면서 천안문에 마오쩌둥 초상화를 계속 걸게 한 것을 생각해 볼 필요가 있다.

— 형제의 국가 터키

현대 이스탄불은 인구 1,400만 명의 대도시이다. 과거 콘스탄티노폴리스 시대보다 면적이 확대되어 유럽 쪽의 구시가지와 아시아 쪽의 신시가지로 나뉜다. 자동차, 기계, 농업이 발달했으나 여전히 관광업이 중요한 위치를 차지하고 있다. 아야 소피아(성 소피아 성당), 제노바 식민지였던 갈라타 타워 등 과거 콘스탄티노폴리스 유적에다가 술탄 아흐메트 모스크, 쉴레이마니예 모스크 등 이슬람 유적도 많아서 세계적인 관광 명소가 되어 있다.

터키는 한국과 특별한 인연이 있는 나라이다. 물론 학계의 이견이 있기는 하지만 투르크족은 알타이족의 하나로 오래전부터 한민족과는 특별한 관계를 맺고 있다. 투르크(Turk)는 돌궐의 중국어 음역이다.[37] 따라서 터키인들의 직접적인 조상은 돌궐에서 출발된다고 볼 수 있다. 터키 역사서에서도 이렇게 언급하고 있다. 투르크는 삼국 시대부터 우리나라와 우방 관계였다. 수나라와 당나라 시절에 투르크는 고구려와 협력하여 중국 왕조들을 견제하였다. 수나라 시절에는 투르크와 고구려의 북방 세력과 수나라 간에 세력 균형이 이루어졌으나 당나라 시절에는 달랐다. 당나라 이세민 때문이었다. 뛰어난 군주이기 이전에 뛰어난 장군이었던 이세민은 동돌궐을 먼저 정복하고(630년) 뒤이어 서돌궐도 정복한다(657). 강력한 우군이 사라진 고구려도 당나라의 공격으로 망한다(668년).

---

37 투르크보다는 튀르크가 좀 더 정확하다 한다. 여기서는 혼용한다.

술탄 아흐메트 모스크 세상에서 가장 아름다운 모스크로 평가받고 있다. 모스크 안 벽면이 온통 푸른빛 도자기 타일이라 블루 모스크라 불린다. 이슬람 사원에서 첨탑은 건축 주인공이 누구인지를 상징한다. 첨탑이 1개인 것은 공공기관이, 2개인 것은 귀족이 4개인 것은 왕이, 6개인 것은 술탄이 건축 주인공임을 의미한다.

돌궐은 683년 무렵에 봉기를 하여 독립을 하지만 이번에는 위구르족의 공격을 받아 완전히 붕괴되고 투르크족들은 서쪽으로 이동하기 시작한다. 서쪽으로 계속 이동하면서 일부는 중앙아시아에 정착하기도 하고, 나머지는 더 이동하여 아나톨리아에 나타난다. 바로 셀주크 투르크이다. 셀주크 투르크의 토후국 중의 하나였던 오스만 튀르크가 오스만 제국이 된다. 투르크는 이동 과정에 다른 민족들과 섞이기도 하고 종교적으로는 이슬람을 받아들여 이슬람화 된다. 따라서 현재 터키는 언어적, 문화적, 역사적으로 우리와 가까운 민족이나 오랫동안 중동과 유럽 지역에 있으면서 외관상으로 그리고 종교적으로 다른 점도 많다. 그러나 터키 국민들은 우리가 상상하는 이상으로 아시아 그것도 한국 옆에서 왔다는 사실을 강조한다.

한국이 '형제의 나라'라는 터키 국민감정은 한국 전쟁에서도 나타났다. 한국 전쟁 때 터키는 미국, 영국 다음으로 많은 병력을 보내왔다. 터키군은 군우리, 금양장리 등에서 열심히 싸웠다. 필자도 한-터키 우호관계에 기여했다고 나름 자부하고 싶다. 2002 FIFA 월드컵 때 한국과 터키는 대구월드컵경기장에서 3·4위 결정전을 갖게 되었다. 경기는 터키가 3:2로 이겼지만 경기 결과가 중요한 것은 아니었다. 당시 대구에서 월드컵을 담당했던 필자는 손으로 흔드는 작은 태극기와 터키 국기를 3만 장씩 제작하여 관중들에게 나누어 주었고, 양 국가의 대형 걸개그림을 제작하여 관중들이 열광적으로 흔들게 했다. 이러한 장면이 터키 전역에 방영되자 터키 국민들은 우리나라보다 더 열광했다. 경기 후 우리나라 선수와 터키 선수들이 어깨를 얼싸안고 운동장을 도는 장면은 지금도 가끔 터키

2002 FIFA 월드컵 3·4위전이 대구에서 열렸을 때 대구 시민들이 대형 터키 국기를 제작하여 열렬히 환영하는 모습들

TV에 나온다 한다.

몽골 고원 및 중앙아시아에서 이동한 적은 수의 투르크가 세계적인 대제국 오스만 제국을 이루고, 1차 대전 이후 망할 뻔한 상황에서 현재 터키 공화국을 만들 수 있었던 배경에는 튀르크의 정신이 있었기 때문이다. 유럽과 중동 사이에 위치하면서도 자신들의 정체성을 잃지 않는 튀르크의 정신. 튀르크족이 서진하면서 함께 가져온 꽃이 튤립과 차였다.

콘스탄티노폴리스로 불렸던 이스탄불은 아직도 많은 사람들에게 다양한 이야깃거리를 제공해 주고 있다.

제3장

매력적인 교역과 도시

세상의 보석상자, 베네치아(Venezia)

한자동맹의 여왕도시, 뤼베크(Lübeck)

국제박람회장이었던 샹파뉴(Champagne)의 정기시 도시들

대항해의 도시, 리스본(Lisbon)

예나 지금이나 상업적 교역 혹은 무역은 개인적으로나 도시 입장에서나 중요한 발전 요인이다. 영국의 경제학자 애덤 스미스나 리카도 같은 학자들은 절대 우위론 혹은 비교우위론을 통해 무역이 어떻게 국가 경제 발전에 기여하고 있는지 잘 설명하고 있다. 오늘날 우리가 먹는 바나나 같은 열대 과일이나 소고기, 콩 등은 대부분 수입에 의존하고 있다. 반대로 반도체, 휴대폰, 자동차 등의 수출을 통해 한국 경제는 지탱되고 있다. 그러면 중세 시대에는 어떠한 물품을 주로 교역했을까?

중세 시대 유럽에는 크게 두 개의 상권이 존재했다. 이탈리아 도시들을 중심으로 하는 지중해 상권과 한자동맹 도시들과 플랑드르 지방의 도시들을 중심으로 하는 북해 상권이다. 지중해 상권 도시들은 주로 사치품들을 교역했다. 그들은 향신료, 도자기, 비단 등 동방에서 생산되는 물품을 아랍과 콘스탄티노플을 통해 가져와 유럽 다른 지역에 팔아서 많은 이득을 얻었다. 이에 비해 북해 상권에서는 한자동맹 도시들을 중심으로 청어, 목재, 호박 등 소비재를 주로 교역했고 플랑드르 도시들은 모직물을 생산해서 팔았다. 유통된 상품 중에서 향신료와 청어는 많은 도시들에 영향을 미쳤다. 향신료 Spice는 우리나라 용어로는 양념이라고도 한다. 현재 한국에서 필수적인 향신료는 마늘, 고추, 생강 등인 데 반해 당시 유럽에서 인기 있었던 향신료는 후추, 정향, 육두구 등이었다. 동양의 향신료를 가져다 팔면 수백 배의 이익을 올릴 수 있었다. 당시 유럽에서 동양의 향신료에 열광한 이유는 무엇일까? 당시 유럽의 주식은 육식, 고기와 생선이었다. 냉동 저장 시설이 없었던 당시에는 오래된 고기에 잡냄새가 많이 났다. 그런데 후추를 비롯한 향신료에는 부패를 방지하는 기능에다 잡냄새를 잡아주고 풍미를 더해주니 유럽 사람들이 향신료에 열광할 수밖에 없었다. 향신료 무역을 누가 주도하느냐에 따라서 도시의 운명이 결정되었다.

지중해 무역에서 향신료가 도시의 운명을 좌우했다면 북해 무역에서는 청어가 그 역할을 한다. 청어의 경우 금요일에는 육식을 하지 못하는 기독교의 영향 등으로 인기 있는 생선이었다. 청어의 서식지가 발트해 연안에서 북해로 이동하는 것은 한자 중심도시 뤼베크에겐 재앙이, 네덜란드 도시들에게는 축복이 되었다. 게르만족 대이동의 광풍이 지나가고 10세기부터 북부 이탈리아의 도시들이 성장하기 시작했다. 베네치아, 피렌체, 밀라노, 제노바가 앞장섰다. 이들 도시들은 초기에는 동로마제국과의 향신료 무역을 통해 성장하기 시작했다. 특히 세계의 보석상자 베네치아는 이민족에 쫓겨 사람이 살기 어려운 지역에서 시작하지만 수백 년 동

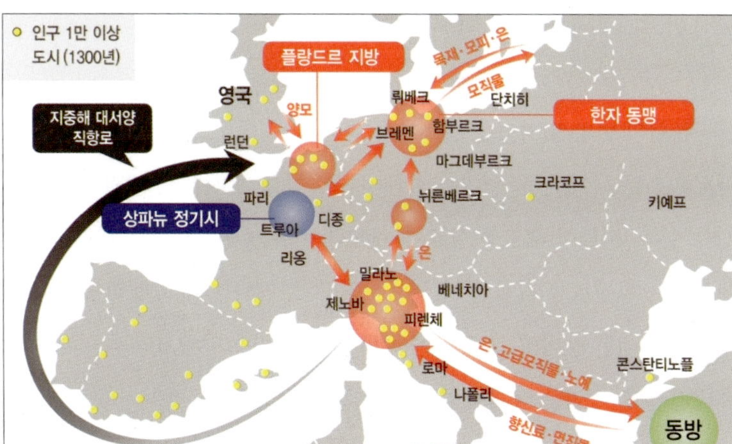

중세 도시 간의 무역과 지중해 북해 직항로

안 지중해의 패자로 군림한다. 바로 이웃 동네 제노바와는 네 차례나 큰 전쟁을 벌이고, 당대 최강대국 오스만 제국과도 일곱 차례나 전쟁을 한다. 이 책에서는 사람이 살 수 없었던 곳에서 시작한 조그만 도시 국가 베네치아가 지중해의 패자로 군림할 수 있었던 배경을 살펴본다.

제노바는 뛰어난 항해술의 도시답게 1278년 지브롤터 해협을 통과하는 '지중해-북해 직항로'를 개척한다. 이 직항로는 지중해 상권과 북해 상권의 중계 무역으로 톡톡히 재미를 보고 있던 '샹파뉴 정기시' 도시들에게는 마른하늘에 날벼락이었다. 지중해에는 이들 도시 외에도 두브로브니크가 줄타기 외교를 통해서 달마티아 해변에서 발전하고 있었다.

한자 무역의 중심도시 뤼베크는 한자동맹의 와해로 쇠퇴하게 된다. 그러나 같은 한자동맹 도시들인 함부르크나 브레멘은 계속 발전하게 된다. 왜 같은 동맹 도시들에게 다른 결과가 발생한 것일까? 플랑드르 지방의 브뤼헤는 토사의 축적으로 항구의 기능이 약화되고 그 기능을 네로의 도시 안트베르펜(영어로는 앤트워프)이 대신한다.

유럽의 변방 도시였던 리스본은 항해 왕자 엔히크와 바스쿠 다 가마, 바르톨로뮤 디아스 등 위대한 항해자들로 대항해 시대를 열면서 선도도시가 된다. 이들이 새로운 항로를 개척한 이유는 인도와 인도네시아에서 생산되는 향신료를 직접 얻기 위해서였다. 그러나 지나치게 확장된 해양 무역로에 대한 방어와 그로 인한 국력 손실 그리고 알람브라 칙령 이후의 유대인 탈출로 인한 경제력 약화로 리스본의 번영은 오래가지 못한다.

교역에 있어서 교통은 대단히 중요하다. 과거에는 특히 해상 교통이 중요했다. 육상 교통은 미비한 도로망과 경계 지점마다 세금을 내야했기 때문이다. 해상 교역에서는 지정학적 위치도 중요하지만 인위적인 노력도 필요하다. 인위적 노력의 결과물로 가장 중요한 것은 운하였다. 쯔윈만이 막힌 브뤼헤는 1907년 제브뤼헤 항구를 잇는 운하를 만들어 극적으로 부활한다. 중국에서도 일찍이 운하에 관심을 가져 북경과 항저우를 연결하는 '경항대운하'를 만들었다. 중국에서 운하와 관련된 재미있는 도시는 아시아의 폼페이, 개봉이다.

이처럼 중세에는 도시 상호 간에 치열한 경쟁을 통해 발전과 쇠퇴를 거듭한다. 기업 간의 경쟁과 마찬가지로 다른 도시와의 경쟁에서 이기기 위해서는 그 도시만의 기술과 비즈니스 모델이 있어야 한다. 중세 도시의 구성원은 봉건 영주의 수탈을 피해 온 상인과 수공업자 그리고 농민이었다. '도시의 공기는 자유를 준다(Stadtluft macht frei).'는 말처럼 많은 사람들이 자유를 찾아서 도시에 모여들었다. 도시를 둘러싸고 있는 울타리(burg) 안에 있는 사람들을 부르주아지(bourgeoisie)라고 불렀다. 따라서 현대 자본주의와 민주주의의 근원은 중세도시라 할 수 있다.

ITALY

Venezia

1. 세상의 보석상자, 베네치아 Venezia

베네치아는 현재는 이탈리아 일개 도시에 불과하나 과거에는 엄연한 공화국이었다. 영어로 베니스(Venice)라고도 하는 베네치아(Venezia)는 천 년 이상 지중해의 패권국으로 엄청난 부를 쌓았고, 당시의 거대 제국 오스만 튀르크와 수백 년에 걸쳐 싸운 나라였다. 우리에게는 셰익스피어의 희극 작품 베니스의 상인의 배경 도시로도 알려져 있다. 유럽의 대항해 시대를 열게 만든 『동방견문록』의 저자 마르코 폴로도 베네치아 출신이다. 또한 세계 3대 영화제인 베니스 영화제로 전 세계인의 이목을 끌

고 있기도 하다.[38]

— 위대한 바다의 제국

베네치아의 역사는 5세기 이후 고대 로마가 쇠락하고 있을 당시 이탈리아 반도에 계속적으로 침입해 온 이민족들[39]에게서 도망친 사람들이 이탈리아 동북부 석호(lagoon)[40]의 섬들에 모이기 시작하면서 시작되었다. 7세기경 규모가 발전해 동로마 황제에게 자치를 인정받게 되었으며, 왕이 없이 귀족연합체인 공의회에서 도시 수반인 도제(Doge)를 선출하여 자치적으로 다스렸다.

1000년경에는 아드리아해를 장악하면서 실질적으로는 독립적인 공화국이 되지만, 베네치아는 동로마제국 비잔티움과의 끈끈한 유대 관계 속에서 지중해 무역을 통하여 발전하였다. 특히, 1081년에는 노르만과의 전쟁에서 동로마제국을 도와준 대가로 알렉시오스 1세로부터 항구개방, 세금 감면 등의 무역특권을 허락하는 금인칙서를 받음으로써 베네치아는

---

38 한국은 1987년 임권택 감독의 「씨받이」로 강수연이 여우주연상, 2002년 「오아시스」로 이창동이 감독상, 2004년 「빈집」의 김기덕이 감독상을 수상했고 김기덕 감독의 「피에타」는 2012년 황금사자상을 수상했다.

39 고트족, 훈족, 랑고바르드족 등. 랑고바르드족 Langobardi에서 현재 이탈리아 롬바르디아주의 어원이 됨.

40 석호란 해안에 있는 만의 입구에 조류가 운반해 온 모래와 암석에 의해 만과 바다가 분리되면서 만들어진 호수를 말한다. 우리나라에도 화진포, 경포호 등이 있다.

베네치아 엔리코 단돌로 도제는 그의 소원대로 사후 소피아성당에 묻혔으나 라틴제국의 멸망 후 콘스탄티노플 시민들에 의해 그의 시체는 버려졌다.

동방무역을 장악하게 된다.[41] 베네치아의 선박들은 유럽과 아랍인들 사이의 교역뿐만 아니라 인도, 남아시아, 중국과의 무역도 지배하면서 막대한 부를 쌓게 된다.

십자군 전쟁 중에 베네치아는 새로운 전기를 맞게 된다. 프랑스나 독일 등지의 십자군이 중동 지역에 가기 위해서는 베네치아나 제노바 등의 이탈리아 도시 국가들의 배를 이용해야만 했다. 엔리코 단돌로가 도제였던 제4차 십자군 전쟁 때, 베네치아는 계약 위배로 빚을 진 십자군의 변제 조건으로 비잔티움을 공격케 했다. 베네치아와 십자군 대표단 사이

41 금인칙서(Golden Bull)란 실 대신 금으로 봉인한 문서를 의미한다. 금인칙서는 동로마제국에서 사용하기 시작했다. 역사적으로 1356년 신성로마제국 카를 4세가 황제를 선출하는 선제후를 결정한 금인칙서가 유명하다.

의 운송계약에 따르면 2만 명의 보병, 4,500명의 기사와 9,000명의 종자, 4,500필의 말을 수송하기로 되어 있었다. 아무리 베네치아가 해운산업이 발달했다 하지만 이 정도 규모를 수송하기 위해서는 상선을 징발하고 선박을 건조하는 등 국가적 역량을 집중해야 했다. 막대한 채무를 진 제4차 십자군은 베네치아의 요구대로 콘스탄티노플을 함락시키고 베네치아의 위성 국가격인 라틴 제국을 세우게 된다. 베네치아는 지중해의 패자로 등극한다.

당시에는 유럽의 어떤 도시도 베네치아를 능가하지 못했다. 웅장한 대운하와 로지아, 리알토를 갖춘 이 도시는 사학자 유콥 부르크하르트가 말한 것처럼 '세상의 보석 상자'가 되었다.[42] 베네치아는 당대 유럽에서 가장 부유한 도시였다. 이때 베네치아 공화국의 영토는 베네치아 배후의 이탈리아 포강 일대와 발칸반도 해안지방, 그리스, 키프로스, 크레타 등에 달했다. 또한 동로마제국의 선진문화를 서유럽에 소개하기도 했다. 그래서 르네상스의 발원지 역할을 했고, 포크와 냅킨, 손가락 씻는 접시 등을 전파했다고 한다.

특히 베네치아는 출판의 메카였다. 최초의 히브리어『탈무드』와 아랍어『코란』도 베네치아에서 인쇄되었다. 베네치아에서 최초의 근대식 출판사를 창업한 알도 마누치오(Aldo Manuzio)는 출판의 르네상스를 이끈 인물

---

42 조엘 코트킨/윤철희,『도시의 역사』, 서울: 을유문화사, 2013, 149쪽.

로서 오늘날의 문고본, 이탤릭체 인쇄도 그의 업적이다.[43]

베네치아 공화국은 지중해 무역을 둘러싸고 두 나라와 오랫동안 싸웠다. 먼저 같은 이탈리아 도시이자 지중해 무역의 라이벌 도시 제노바였다. 제노바와 베네치아는 네 차례에 걸쳐 크게 싸웠다. 지중해 무역은 양 도시 모두 명운에 걸린 사항이었기 때문에 충돌은 피할 수 없었다. 제노바와의 전쟁은 키오자(Chioggia) 전투에서 구국 영웅 베토르 피사니(Vettor Pisani)의 분투로 베네치아의 최종적인 승리로 결판난다. 1381년, 베네치아와 제노바는 토리노 강화를 맺고 지중해에서 베네치아의 지배권이 인정된다.

그러나 베네치아에는 차원이 다른 강적이 기다리고 있었다. 콘스탄티노플 공방전 이후 오스만 제국에 의해 동로마제국이 멸망했을 때(1453)부터 베네치아는 오스만 제국과 힘겨운 싸움을 하게 된다. 초기에는 오스만 제국이 아무리 대국이라 해도 유목민의 특성상 바다에 약해 베네치아 해군이 버틸 수 있었다. 그러나 셀림 1세(1515~1520) 치세 중에 함대의 수를 늘리고 북아프리카의 해적들을 해군으로 편입시키는 등 해군력을 크게 강화하면서 상황은 달라지기 시작한다.

베네치아는 거대 제국 오스만 튀르크에 맞서 무려 7차례나 전쟁을 벌인다. 1571년, 베네치아는 스페인과 함께 동맹함대를 구성해 레판토 해전에서 오스만 해군을 격파하기도 했지만 오스만 제국의 막대한 물량 공세

43 알레산드로 마르초 마뇨/김정하, 『책공장 베네치아』, 서울: 책세상, 2015, 55쪽.

에 밀려 지중해 요충지들을 차례로 잃는다. 그리스 네그로폰테(1470년), 키프로스 섬(1570년)과 1669년에는 크레타 섬까지 오스만군에 빼앗겨 지중해 제해권을 상실하게 된다. 그러나 베네치아가 호락호락 물러난 것은 아니었다. 동지중해 최후의 기독교 거점인 크레타에서는 오스만군이 공격한 1644년부터 25년 동안이나 버텼다. 크레타를 지켰던 장군 프란체스코 모로시니(Francesco Morosini)는 후에 베네치아 사령관이 되어 오스만에게 빼앗긴 그리스 영토를 되찾는 등 만만치 않은 전력을 과시한다.

프란체스코 모로시니 모로시니는 오스만제국과의 승리로 베네치아 시민들의 영웅이 되었고, 시민들은 모로시니 생전에 두칼레 궁전에 동상을 만들었다. 모로시니는 오스만제국군의 전투에서 아테네 파르테논 신전을 포격하여 파괴했다.

천 년을 이어왔던 베네치아 공화국은 나폴레옹에 의해 멸망하고(1797년) 이후 합스부르크가의 오스트리아에 의해 지배를 받게 된다. 1861년, 가리발디(Garibaldi)에 의해 이탈리아 반도가 통일될 때도 베네치아는 오스트리아의 일부였다. 1866년 프로이센-오스트리아 전쟁에서 이탈리아는 프로이센 편에 서서 오스트리아를 공격하고 전쟁의 결과로 베네치아는 이탈리아의 한 도시가 된다.

현재 이탈리아 해군기 중앙의 문양은 중세 이탈리아 네 개 도시인 아말피, 피사, 제노바, 베네치아 공화국 문양의 조합이다.

— 바다의 제국 베네치아의 성공요인

베네치아의 중심인 산마르코 광장에는 도시의 수호성인 산마르코(San Marco)를 상징하는 사자상이 있다. 산마르코는 성경 「마가복음」의 저자 마가(영어 Mark)이다. 마가는 예수의 제자로서 당시 이집트 최대 도시였던 알렉산드리아를 선교하는 도중에 순교하면서 그곳에 묻혔다. 7세기 이후 이집트 지역이 이슬람화 되면서 기독교가 박해 받을 때, 베네치아 두 상인 보노와 루스티코는 그곳으로부터 마가의 유골을 훔쳐왔다고 한다(828년). 그 후 마르코는 베네치아의 수호성인이 되고, 유골을 모신 '산마르코 대성당'이 세워지게 된다. '산마르코 대성당'에는 마르코의 유골뿐만 아니라 예수가 못 박힌 십자가 조각 상자, 여러 성인들의 팔뼈와 소지품

산마르코 대성당 베네치아에서 관광객들이 가장 많이 방문하는 산마르코 대성당. 대성당 앞에는 산마르코 광장과 옆에는 도제의 집무실인 두칼레 궁전이 있다. 산마르코 대성당은 성경 4대 복음서 중 하나인 마가복음의 저자 마르코(마가)의 유해 일부를 가져오면서 건축이 시작되었고 마르코는 베네치아의 수호성인이 되었다.

비운의 청동말 네 마리
오벨리스크 다음으로 불행한 문화재가 산마르코 대성당 안에 있는 청동말이다. 원래 이 청동말 네 마리는 로마 개선문에 있던 것을 콘스탄티누스 대제가 콘스탄티노플을 건설할 때 가져왔다. 그러나 1204년 4차 십자군 전쟁에서 베네치아가 가져와 현재의 산마르코 성당에 두게 된다. 현재 성당 외부에 있는 것은 가품이고, 진품은 성당 내 전시실에 있다.

등 성물이 슈퍼마켓의 물건처럼 쌓여있을 정도로 많다. 또한 산마르코 광장에는 베네치아 공화국의 정부종합청사라 할 수 있는 두칼레 궁전(Palazzo Ducale)이 있다. 궁전 안에는 역대 도제의 초상화가 있는데 과거의 번영을 증언하고 있는 듯하다.

많은 사람들은 베네치아의 성공요인을 지리적 위치에서 찾는다. 베네치아의 지리적 위치는 지중해를 통해 동방과 서방을 연결하는 주요한 무역 통로가 될 수 있었다는 것이다. 또한 물의 도시 베네치아는 육상 침입자들로부터 방어하는 데 유리했다. 랑고바르드족이나 서고트족 등 이민족들은 베네치아의 육상 쪽은 점령했으나 베네치아 구시가지가 있는 섬 쪽은 침략하지 못했다. 샤를마뉴 대제의 아들 피핀은 이 도시의 섬도 점령하고자 공격했지만 결국 실패했다. 그러나 베네치아의 성공 요인을 지리적 위치에서만 찾을 수 없다. 지중해에는 베네치아보다 훨씬 조건이 좋은 항구도시가 많기 때문이다. 오히려 베네치아는 아드리아해 깊숙이 있어 아드리아 입구 봉쇄에 대한 위험 부담이 항상 존재한다.

이탈리아를 사랑하는 일본인 시오노 나나미가 저서 『바다의 도시 이야기』에서 밝힌 비결은 불굴의 개척정신, 전 국민을 하나로 만든 공동체 정신, 사기업처럼 경영한 국가 경영 그리고 적과도 손을 잡는 유연한 적응력을 베네치아의 성공요인으로 꼽고 있다. 그녀의 의견에 대체로 공감하면서 몇 가지 성공요인을 살펴본다.[44]

베네치아는 도시 건설 초기 단계부터 자연과 싸움을 하면서 시작한다. 베네치아는 섬 혹은 대부분 개펄이라 지반이 연약하다. 인구가 적을 때는 관계없지만 이민족으로부터 도망쳐온 피난민들이 많을수록 연약한 지반에 주택을 건설할 수밖에 없었다. 그래서 베네치아 인들은 개펄에 통나무를 촘촘히 깊이 박아 넣고 나무로 된 기단을 그 위에 얹고, 그 위에 다시 돌을 얹어 건물을 지었다. 이러한 건축하기 어려운 여건에서도 베네치아에는 뛰어난 건축물이 많지만, 그 중에서도 압권은 현재 최고의 관광명소인 산타 마리아 델라 살루테 성당(Santa Maria della Salute, 영어로는 Saint Mary of Health)이다. 살루테 성당은 1630년 흑사병이 완전히 물러난 데 감사하기 위해 착공하여 1687년 축성식이 이루어졌다. 베네치아의 거장 발다사레 롱게나가 지휘했다. 이 성당 건설에는 1,106,657개의 나무 말뚝이 사용

---

44 시오노 나나미/정도영 『바다의 도시 이야기』, 경기: 한길사, 2002.

산타마리아 델라 살루테 성당

되었다는 하는데, 나무 말뚝은 4미터 길이였고, 베네치아의 식민지였던 크로아티아 등 아드리아해 연안도시들에서 나무를 실어왔다 이 성당을 건설하기 위해 기초를 만드는 데만 무려 2년 2개월이 걸렸다 한다.[45]

일반적으로 나무는 돌이나 시멘트 등에 비해 내구성이 약한 건축자재로 여겨진다. 잘 부러지고, 뒤틀리고, 부식된다. 하지만 물속에 나무를 박아 넣으면서 공기와의 접촉이 없게 되면 곰팡이나 벌레가 끼지 않아 나무가 썩지 않는 원리를 베네치아 사람들은 이용했다.

45 베네치아 3. 1. 도시건설과 유지보수(베네치아 공학), 나무위키, 2019. 2. 11. 검색. URL: https://namu.wiki/w/베네치아#s-3.1

빗물 모으는 장치

베네치아의 가장 큰 문제는 마실 물이다. 사방이 바닷물인 데다 땅은 진흙이어서 지하수가 나오지 않는다. 이에 베네치아인 사람들은 빗물을 모아 우물을 만들게 된다. 광장을 건축할 때 경사지게 만들어 빗물이 모여 광장 지하로 흘러가도록 하고 자갈과 굵은 모래로 여과하여 식수로 사용했다.[46]

베네치아의 건축 토목 기술을 잘 보여주는 또 하나의 좋은 사례가 베네치아 섬의 대운하(Canal Grande)이다. 베네치아 산타루치아역에서 출발하여 산마르코 광장까지 S자 모양의 대운하는 길이 3.3㎞로 당시 물 위의 고속도로 역할을 하였다. 세상에서 가장 아름다운 자연풍광을 제공해주

46 베네치아 3. 1. 도시건설과 유지보수(베네치아 공학), 나무위키, 2019. 2. 11. 검색. URL: https://namu.wiki/w/베네치아#s-3.1

대운하
베네치아 대운하에는 곤돌라를 비롯해 많은 배들이 다닌다. 이들에게 곤돌라는 중요한 운송수단이다. 곤돌라 사공 허가는 엄격히 통제되고 1인에 한해 세습이 허용된다.

는 이 대운하는 당시 기술 공학의 정수였다. 베네치아를 점령한 나폴레옹도 대운하를 보고 감탄했다 한다.

이러한 뛰어난 건축술은 그들이 로마인들의 후예라는 것을 잘 보여준다. 오늘날 관광객들이 보는 낭만적인 베네치아는 과거 베네치아 사람들의 피와 땀이 서려 있는 것이다.

척박한 석호에서는 농사를 지을 수 없었고 천연자원도 나지 않았으며 인구도 적었다. 심지어 그들이 발 디딘 땅조차 단단하지 않았다. 베네치아인들은 육지에서 바다로 눈을 돌렸고 거기서 번영의 열쇠를 찾았다.[47] 바다로 나가기 위해서는 배와 강력한 해군이 필요했다. 베네치아가

47 로저 크롤리/우태영, 『부의 도시, 베네치아』, 서울: 다른세상, 2012.

지중해의 지배자가 될 수 있었던 가장 큰 요인은 해군이었다. 인구가 많지 않았음에도 불구하고 베네치아가 강력한 해군을 보유할 수 있었던 이유는 그들이 뛰어난 조선능력을 보유하고 있었기 때문이다. 그들에게는 아르세날레 디 베네치아(Arsenale di Venezia)가 있었다.

아르세날레 디 베네치아는 조선소이자 무기고인 복합단지이다. 아르세날레 디 베네치아의 건설은 1104년 베네치아 공화국 시기에 시작되었다. 아르세날레는 산업 혁명 이전까지 유럽 최대 규모의 산업시설이었으며, 면적이 45ha로 베네치아 시가지의 15%를 차지하였다. 아르세날레가 진짜 무서운 이유는 생산방식의 혁신을 가져온 점이다. 베네치아 공화국에서는 당시 대부분의 국가들이 하고 있었던 선체를 우선 조립하는 방식

아르세날레 디 베네치아

대신에 뼈대를 먼저 조립하는 방식을 택했다. 생산은 크게 뼈대 작업, 판재와 선실 작업, 총 조립의 3단계로 이루어졌다. 각 단계마다 개별 공정에 숙련된 노동자들이 표준화된 부품으로 생산을 진행하는 조립 라인 공정이 이루어졌다. 즉, 중세 당시 일반적인 길드 방식이 아닌 생산라인에서 표준부품을 조립하는 방식을 채택했다. 또한 아르세날레의 이동 조립 공정(moving assembly line)은 노동자들이 이동하는 것이 아니라 갤리가 이동하면서 건조하는 방식이다. 당시에 어떻게 이 방식이 가능했을까? 바로 운하를 이용하여 갤리를 조립했기 때문에 가능했다. 이 방식은 천년 후의 미국 헨리포드 모델 T 생산방식과 흡사하다. 운하가 헨리 포드의 컨베이어 벨트시스템을 대신한 것이다. 이러한 생산혁신으로 아르세날레에서는 작업 효율이 높아 16,000명의 노동자들이 매일 갤리 한 척씩을 생산할 수 있었다. 같은 크기의 선박을 당시 다른 유럽 나라에서는 보통 1달이 소요되었다고 한다.[48] 베네치아의 생산 혁신은 하버드 대학에서도 다루었다.

베네치아는 강력한 해군과 조선 산업을 바탕으로 해운업도 발전시켜갔다. 베네치아는 1255년부터 정기상선로 '무다(Muda)' 운영을 통해서 해운업을 발전시켜갔다. 당시 지중해에는 아무리 베네치아가 바다를 지배한다 하더라도 제노바 그리고 해적들이 베네치아 상선들을 끊임없이 공격했기 때문에 베네치아 해군이 모든 상선들을 보호할 수는 없었다. 따라서 베네치아 정부는 4개의 루트를 정해서 주어진 시간에 주어진 물량

---

48 아르세날레 디 베네치아, 위키백과, 2019. 02. 12. 검색, URL: https://ko.wikipedia.org/wiki/아르세날레_디_베네치아

을 수송토록 했다. 그들은 정기상선단의 출항 시간, 규모, 선박 크기, 선원 수, 정박 항구와 운송료까지 규제했다. 무다 4개의 노선에 해군을 집중했으므로 상선의 안전성을 확보하고 더 나아가 정시성을 확보할 수 있었다. 따라서 베네치아 해운업은 다른 국가들에게 인기가 높았고, 물품을 운송하는 화물선과 성지 순례를 비롯한 여객선 분야에 베네치아가 지배할 수 있었다.

이러한 해운업의 바탕 때문에 유리산업 등 제조업도 베네치아에서 발전할 수 있었다. 베네치아 유리산업이 발달한 이유는 유리 재료인 강바닥에서 나오는 자갈과 소다회의 조달이 용이했기 때문이다. 즉 워낙 해운산업이 발달하여 배 밑바닥에 이러한 재료를 많은 비용 들이지 않고 쉽게 운송할 수 있었다. 오늘날 고속버스에 택배를 보내는 것과 같은 이치다. 또한 이집트, 페니키아, 시리아, 비잔틴 제국과의 오랜 교류도 베네치아가 높은 유리 제조기술을 보유한 배경일 것이다. 베네치아는 유리 제조

무라노 유리 컬렉션

비법의 유출을 방지하기 위해 기술자들을 섬에 유폐시켜 제조하게 하였다. 가장 유명한 섬이 무라노(Murano)섬이다. 오늘날에도 많은 관광객들이 유리의 섬 무라노를 방문한다. 해상네트워크를 통하여 원료 조달과 판매가 용이해서 베네치아는 유리 산업을 지배할 수 있었다.

베네치아는 좁은 국토에 이러한 산업을 충당하고자 전문 지구 개념을 고안했다. 즉 전문화된 산업지구라는 개념이 서양의 다른 곳으로 확산되기 훨씬 전에 베네치아 인들은 주변 지역을 특유의 기능적 구분에 따라 구획으로 나눴다. 선박 건조와 군수품 제조, 유리 제조에 종사하는 특별한 거주 공동체와 산업 공동체들을 갖춘 것이다. 오늘날의 도시계획상 주거, 상업, 산업 등 Zone 개념의 원형인 셈이다.

베네치아의 조선사업과 해운산업 발달의 배경에는 평등한 법치주의가 바탕이 되었다. 오늘날에도 마찬가지이지만 자본주의가 발전하기 위해서는 계약 당사자 간의 동등한 권리가 바탕이 된 법치주의가 필요하다. 셰익스피어의 『베니스의 상인』[49]에서 당시 가장 천대받고 차별대우를 받는 유대인조차도 계약서 한 장을 근거로 사람의 목숨을 요구할 수 있다는 것은 베네치아의 평등한 법치주의를 잘 나타내는 반증일 것이다. 이러한 평등한 법치주의하에서 금융업이 발달했다. 오늘날의 은행(bank)의 유래는 당시 환전상들이 사용하던 '탁자(banco)'라는 이탈리아어에서 유래되었

49 유대인이자 고리대금업자인 샤일록이 바나시오에게 돈을 빌려주는 대가로 그의 친구 안토니오에게서 살 1파운드를 담보로 잡는다. 기한이 되어 안토니오에게서 살을 받으려다 재판관으로 속인 포샤가 피는 흘리지 않고 살만 1파운드 가지라는 판결을 내린다는 내용.

다. 평등한 법치주의는 많은 외국인들이 이 도시에 오게 만들었다. 유대인들의 베네치아 게토는 당시 가장 큰 규모였다.

베네치아 성공의 가장 큰 요인은 공동체 의식에 바탕을 둔 '단결력'이었다. 베네치아 시민들은 국난에 처했을 때 일치단결하여 외세에 대항했다. 제노바와의 4차 전쟁에서는 풍전등화의 위기에서 일치단결하여 이겨냈고, 오스만 제국과의 전쟁에서도 절대 불리한 여건에서 오랫동안 버틸 수 있었다. 베네치아의 공동체 의식은 툭하면 가문끼리 대립하는 제노바와 대비된다. 역사적으로 베네치아에는 반란이 거의 없었던 것도 시민 단결력을 입증한다. 그러면 베네치아 단결 의식은 어디에서 왔는가? 그것은 철저한 법치주의와 노블레스 오블리주에서 유래되었다. 베네치아에서는 귀족이라도 땅을 세습하거나 세금이 면제되는 특권이 없었다. 오히려 전쟁이 나면 세금을 더 많이 내고, 전쟁에서 피해를 입었을 때 일반 시민은 보상을 받아도 귀족들은 받지 못했다. 시민들은 철저히 능력과 평등한 기회를 통해 재산을 모을 수 있었고 이러한 점이 베네치아의 진정한 힘이었던 것이다.

— 베네치아는 왜 제2의 로마제국이 되지 못하고 쇠락했을까?

베네치아는 로마의 후예답게 로마와 비슷한 점이 많다. 불굴의 투쟁 정신과 뛰어난 건축기술 그리고 노블레스 오블리주에 바탕을 둔 선진지배체제가 유사하다. 이러한 바탕 위에 베네치아는 전성기에는 적지 않은 인구와 영토 그리고 막대한 부를 가질 수 있었다. 그런데 왜 베네치아는 제2의 로마제국이 되지 못하고 쇠락했을까?

먼저 로마제국 시대와 베네치아 시대에는 국제정세가 너무 달랐다. 로마제국 시대에는 카르타고, 마케도니아, 페르시아 등을 제외하고는 큰 국가다운 국가가 없었다. 프랑스, 영국, 독일과 동유럽은 갈리아족과 게르만족이 부족국가 형태로 있었다. 이에 비해 16세기 이후 유럽에는 민족국가가 대두되었고 오스만 튀르크라는 초강대국이 유럽을 위협하고 있었다. 이와 관련해 베네치아는 한 가지 전략적 실수를 저지른다. 제4차 십자군을 이용해 동로마제국 수도 콘스탄티노플을 점령하고 라틴제국을 세운 것이었다. 동로마제국은 베네치아가 생길 때부터 후원자였고 이슬람에 맞서 베네치아와 유럽의 방패 역할을 해왔다. 그러나 1171년 동로마제국의 상인들이 알렉시우스 황제의 금인칙서에 불만을 품고 폭동을 일으켜 베네치아 상인들을 쫓아낸 이후 불만을 갖게 된 베네치아는 기어코 자신의 후원자이자 방패를 멸망시킨 것이다.[50] 동방 무역의 과실을 콘스탄티노플과 나누지 않고 독식하려다 오스만 튀르크라는 호랑이를 집으로 불러들인 것이다.

또한 베네치아의 근본적인 한계는 배후 지역의 인구나 자원이 부족하다는 것이다. 이는 로마와 달리 베네치아는 이탈리아 반도를 통일 혹은 협력을 얻지 못한 데서 기인한다. 베네치아는 한때 롬바르디아 지역의 상당수를 지배했다. 밀라노도 한때 베네치아가 지배했다. 그러나 베네치아

50 이후 동로마제국이 부활하나 존재감은 이전과는 달랐다.

는 제노바를 비롯한 이탈리아 여러 도시들로부터 견제를 받았다. 결과적으로 베네치아는 배후의 인구와 자원을 확보하기가 쉽지 않았다. 현재 베네치아의 인구는 약 27만 명 정도인데 당시에도 적은 인구 탓에 강한 군대를 유지할 수 없었다. 후에 배후 지역의 많은 인구와 자원으로 타 도시들을 압도하는 암스테르담이나 런던과 대조된다.

대서양 무역의 발전은 지중해 무역의 패자인 베네치아의 중계 무역 역할을 결정적으로 약화시킨다. 향신료 등의 동방 무역을 포르투갈 등이 대체함으로써 베네치아의 역할은 없어지게 되었다. 그러나 베네치아가 마냥 손을 놓은 것은 아니었다. 포르투갈이 가져온 향신료 등을 구매해서 유럽에 판매하려고 시도하기도 했고, 오스만 튀르크와 무역을 하려고 노력했다. 그러나 이러한 제안에 포르투갈은 제노바와의 관계 때문에 거부했다. 또한 오스만 튀르크와의 무역에 대한 보복으로 스페인은 지브롤터 해협 통과를 불허했고, 영국 등 북유럽 국가들과의 무역에 막대한 타격만 입게 되었다.

대양 무역시대에 신대륙과의 무역을 하지 않은 것도 베네치아에겐 실수였다. 한자동맹이 와해되어도 신대륙 무역으로 발전한 함부르크와는 대비된다. '갤리온(Galleon)'이라는 새로운 조선 산업의 변화에도 베네치아는 대응하지 못했다. 갤리온은 16세기부터 유럽에서 특히 포르투갈, 스페인, 네덜란드, 영국 등이 군함과 대형 상선으로 사용한 범선이다. 갤리온은 갤리선과는 달리 노가 아니라 돛을 이용해 추진력을 얻을 수 있어서 많은 기간이 소요되는 대양 항해에 적합하다. 그런데 이 갤리온도 베네치

돛보다는 노가 중심이 되는 갤리선

아에서 먼저 생산되었다. 그러나 베네치아는 갤리온을 발전시키지 못했다. 갤리온은 대양 항해나 대규모 해전에서는 많은 대포를 탑재할 수 있어 유용했으나 베네치아가 있는 달마티아 연안의 좁은 만에서는 운용이 어려웠기 때문이다. 코닥이 디지털 카메라를 먼저 개발했지만 사용하지 않다가 망한 사례와 비슷하다 할 수 있다.

배후지의 인구와 자원의 한계, 국제 정세의 변화로 베네치아 공화국은 멸망했지만 과거 천 년 이상 존속하면서 500년 이상 지중해를 호령했다는 사실은 대단한 것이다. 과거 베네치아 인들은 무역만이 살 길이라는 신념하에 시장 개척을 하고 조선, 해운 등 관련 산업을 발전시키고자 노력을 했다. 또한 철저한 평등에 바탕을 둔 법치주의를 수립하여 권력의 대물림 없이 국가를 경영하고, 이교도 것이라고 유럽에서 무시했던 아라비아 숫자를 적극 도입하는 등의 개방적인 자세는 오늘날에도 우리에게 시사하는 바가 크다.

15세기 베네치아의 풍경은 보는 이를 놀라게 만든다. 고딕 양식의 아치, 이슬람 양식의 돔형 천장, 비잔틴 양식의 모자이크를 보는 순간 브뤼헤, 카이로, 콘스탄티노플에 온 듯한 착각이 들기 때문이다. 놀라운 사실은 이 모든 것을 베네치아 스스로 만들어 냈다는 사실이다. 베네치아

베네치아 오페라 극장 라 페니체

는 당시의 이탈리아 도시 가운데 로마시대에 존재하지 않던 유일한 도시였다.

현재도 베네치아 사람은 이슬람에 맞서 유럽을 보호했다는 사실과 르네상스와 사계의 안토니오 비발디, 연극인 카를로 골도니 등 근대 예술의 도시로서 자부심을 갖고 있다. 특히 '음악의 셰익스피어'라 불리는 주세페 베르디(Giuseppe Verdi 1813~1901)의 영향은 크다. 1597년 피렌체에서 시작된 종합 예술 오페라는 베네치아에서 만개하게 되고, 그 중심에는 베르디가 있었다. 베르디는 '나부코', '라 트라비아타', '아이다' 등 주옥같은 작품들을 작곡했다. 1901년 사망한 베르디의 장례식에는 20만 명의 인파가 모여 거장의 죽음을 애도했다. 장례식장에는 '나부코'의 '히브리 노예들의 합창'이 울려 퍼졌다. 베르디의 주무대는 베네치아 오페라 극장 '라 페니체La Fenice'였다. '라 페니체'는 베니스 영화제 시상식이 열리는 곳이기도 하다. '라 페니체'는 '불사조'라는 뜻이다. 불사조는 아라비아 사막에서 500년마다 스스로 향나무를 쌓아올려 타죽고 잿더미 속에서 젊은 모습으로 다시 태어난다는 전설속의 새다. '불'자가 있어서 그런지 '라 페니체'는 세 번의 대화재가 있었다. 가장 최근에는 1996년에 대화재로 소실되었다. 세계적인 테너 루치아노 파바로티를 비롯해서 많은 음악인, 베네치아 시민들, 이탈리아 정부가 힘을 합쳐 노력을 해서 2003년도에 옛 모습 그대로 복원에 성공한다. 복원 기념 오페라 작품은 '라 트라비아타'였다. 이러한 자부심은 베네치아가 이탈리아로부터 독립해야 한다는 의식을 갖게 하고 있다. 2014년 3월 진행된 주민투표에서 베네치아를 둘러싼 베네토 지방의 분리 독립을 90%가 찬성하고 있다.

존스 홉킨스 대학 프레데릭 레인 교수의 저서에 따르면 1,000년의 역사를 자랑하는 베네치아 공화국의 정치, 경제, 문화, 외교는 르네상스 문화 탄생의 핵심이 되었고, 근대 유럽문명의 원형이며 오늘날 서구 산업문명의 모태이다.[51]

오페라의 아버지로 불리는 이탈리아 작곡가 주세페 베르디

51 〈'이탈리아서 나가겠다' 베네토 지방도 분리·독립?〉, 《오마이뉴스》, 2014. 10. 17.

베네치아의 곤돌라 곤돌라 뱃사공을 '곤돌리에'라고 부른다. 곤돌리에는 자부심이 매우 크며, 이들은 조합을 구성해서 외부인의 참여를 허용하지 않고 대대로 자녀들에게 상속한다.

GERMANY

Lübeck

2. 한자동맹 여왕도시에서 지방 소도시로 전락한 뤼베크 Lübeck

얼마 전 필자는 독일의 세계적인 의료기기 회사 대표를 만났다. 대구에 투자 여부를 결정하기 위해 현장 답사차 왔던 것이다. 필자가 독일 대표에게 고향이 어디냐고 물어보니 뤼베크라 했다. 그래서 필자가 아는 척 좀 했더니 대단히 놀라워했다. 비즈니스나 공식적인 자리에서 딱딱한 공식적인 이야기보다 상대방의 마음을 열 수 있는 이야기를 먼저 하는 것이 좋다. 특히 상대방 고향에 대해 아는 것은 대단히 중요하고 친밀한 관계를 만들어주는 소재가 될 수 있다.

— 뤼베크 변천사

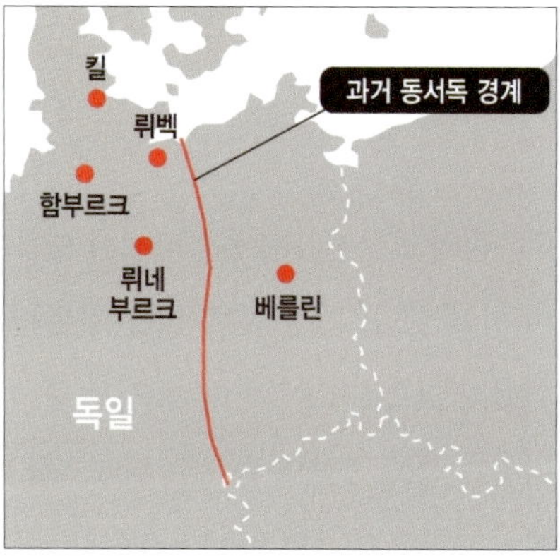

뤼베크 위치

뤼베크는 트라베(Trave)강이 발트해로 흘러드는 입구에 있는 독일 북부의 항구 도시이다. 지금은 인구 20만의 슐레스비히홀슈타인주 중 한 도시에 불과하지만 과거에는 자유도시로서 한자동맹을 주도하는 도시였다. 그래서 도시의 공식명칭도 Die Hansestadt Lübeck, 즉 한자동맹 도시 뤼베크이다. 뤼베크는 11세기경 슬라브인들이 세운 촌락인 리우비체(Liubice)가 도시의 기원이며 현재의 뤼베크는 1143년 홀스타인 공작인 아돌프 2세에 의해 건설되었다. 이후 13세기에 신성로마제국 황제 프리드리히 2세에 의해 독립 자유시로 지정되면서 발전하게 된다.

한자동맹(Hanseatic league)에서 한자(Hansa)란 12세기에는 한 무리의 남자들을 뜻하는 군사 용어였으나 후에 유럽 여러 나라에서의 도시 상인들의 길드 조합을 의미하게 됐다. 북부 독일 지역을 중심으로 형성된 한자동맹은 최전성기에는 100여 개의 회원도시로 구성되었다. 한자동맹 도시 상호 간에는 무역으로 인한 세금 특혜와 각종 편의가 주어졌다. 오늘날 EU나 NAFTA처럼 지역 내 다자간 자유무역체제였다. 베네치아와 제노바를 중심으로 하는 지중해 무역이 주로 사치품이었던 데 반해, 한자동맹

무역은 모피, 벌꿀, 생선, 곡물, 타르, 목재, 호박 등 생필품과 실용적인 물품을 교역했다. 한자동맹의 주요도시는 브레멘, 함부르크, 쾰른, 뤼베크이지만 뤼베크에 모여 한자회의를 다수결 방식으로 진행했다. 그래서 뤼베크를 한자동맹의 여왕도시라고 부른다.

뤼베크 구시가지에는 당시의 영화를 보여주는 중세풍의 건물들이 많이 남아 있다. 가장 눈에 띄는 것은 홀슈텐토르(Holstentor)이다. 1478년에 건립된 것으로 도시의 네 개 성문 중 하나였다. 통통한 둥근 몸체에 뾰족 지붕을 한 육중한 모습으로 뤼베크를 대표하는 상징물로써 50마르크 지폐의 도안으로 쓰일 만큼 유명하다. 이외에도 뱃사람들이 모여 회의를 하던 선원조합 건물, 13세기에 짓기 시작하여 16세기에 완공된 시청건물, 성모 마리아 성당, 성 야고보 성당, 마리엔 교회 등이 유명하다. 도시 자체가 유네스코 세계문화유산으로 지정되었다.

홀슈텐토르(홀슈텐 게이트)

이곳 상인들의 호화로운 생활을 짐작할 수 있는 대저택도 볼 수 있다. 뤼베크에서는 이곳 출신의 세계적인 소설가이자 평론가인 토마스 만(Thomas Mann)도 만날 수 있다. 바로 한때 토마스 만 집안의 소유이자 소설 『부덴브로크가의 사람들(Buddenbrooks)』의 무대이기도 했던 부덴브로크 하우스도 그중의 하나이다.[52]

부덴브로크 하우스

그러나 뤼베크와 같은 자유시는 당시 전제 군주국가 입장에서 보면 항상 눈엣가시와 같은 존재였다. 왜냐하면 자유시는 세금도 내지 않고 병력을 제공해 주지도 않는다. 특히 제국 내 다른 지역의 농노들이 자유시로 도망하여 1년만 숨어 살면 자유인이 되어 버리기 때문에 항상 골칫거리가 되었다. 그래서 도시의 공기는 인간을 자유롭게 한다는 말이 생겼다. 그래서 덴마크, 프로이센 같은 국가들에 의해 항상 견제를 받아왔다. 예를 들어 덴마크와는 몇 차례 전쟁까지 했고 한자동맹이 승리하여 1370년 슈트랄준트 조약에 의해 항행의 자유와 무역과 어업권 특권을 인정받았다.

52 토마스 만은 이 작품으로 1929년 노벨상을 수상했다.

17세기 독일 전역을 쑥대밭으로 만든 30년 전쟁은 뤼베크에도 큰 타격을 입히고, 19세기 초반 나폴레옹 전쟁 당시에는 프랑스의 영토로 합병되기도 했다. 그러나 뤼베크의 운명을 바꾼 사건은 따로 있었다. 뤼베크는 독립 자유시였지만 원래 덴마크에 속해 있었다. 덴마크 국왕은 동시에 홀슈타인 공작을 겸하고 있었기 때문이다. 오스트리아 중심의 대독일주의, 프로이센 중심의 소독일주의로 대립되어 게르만 민족 통일 논의가 한창인 1863년, 덴마크는 이 지역을 정식으로 합병하려 했으나 이를 반대한 프로이센과 전쟁을 치르게 된다. 덴마크는 강력히 저항했지만 비스마르크의 프로이센군을 이길 수 없었다. 1864년 빈 평화 협정으로 뤼베크를 둘러싼 슐레스비히홀슈타인 지역은 덴마크로부터 분리된다.[53] 5주 만에 빨리 전쟁이 끝난 이유는 프로이센이 산업 혁명으로 탄생한 철도를 효율적으로 이용하여 빠르게 군대를 수송하고 드라이제가 개발한 소총 등 발달된 무기체계가 덴마크를 압도했기 때문이다.

1937년 아돌프 히틀러는 뤼베크를 자유도시가 아닌 슐레스비히홀슈타인 주에 흡수시켜 버린다. 그 후 제2차 세계 대전 당시 영국 공군에 의해 잿더미가 되어 버린다. 독일 공군이 영국 도시 코벤트리를 잿더미로 만들어버리자 이에 대한 보복으로 뤼베크를 공격했다고 한다.

뤼베크 출신 인물로는 토마스 만 이외에도 동방정책을 추진해 통일 독일의 기초를 놓은 서독의 4대 총리 빌리 브란트, 『양철북』의 소설가 귄

---

53 덴마크에는 종전 후 밖에서 잃은 것을 안에서 되찾자는 달가스(Dalgas) 운동이 벌어진다.

터 그라스 등이 있다.

— 무엇이 뤼베크의 번영과 쇠퇴를 가져왔나?

뤼베크의 위치를 보면 발트해를 중심으로 한 북유럽 상권을 장악할 수밖에 없었다는 것을 확인할 수 있다. 뤼베크는 독일 최북단에 위치해 발트해와 북해 사이에 있으며 덴마크와 가깝다. 뤼베크를 발트해의 여왕이라고 부르는 이유이기도 하다. 발트해는 면적 43만㎢, 평균 깊이 55m, 가장 깊은 곳 463m로 스웨덴, 덴마크, 독일, 폴란드, 러시아, 핀란드에 의해 둘러싸인 북해의 내해 성격을 갖고 있는 바다다. 발트해 연안은 러시아 및 스칸디나비아 반도의 목재, 모피, 호박 등의 무역으로 일찍부터 발달되어 왔다.

뤼베크의 번영은 특히 두 가지 무역에 기인한다. 먼저 청어 무역이다. 북유럽 바다에 있는 청어가 뤼베크에 엄청난 부를 가져다주었다. 먼저 청어와 같은 물고기가 왜 인기 있었는지 알아보자. 먼저 종교적 영향이다. 가톨릭 세계에서 사순절의 금식기간에는 육식이 엄격하게 금지되었다. 이에 반해 차가운 피가 흐르는 물

청어(Hering Fish)

고기는 육식에서 제외되었다. 그리스도가 십자가에 못 박혔던 금요일에도 속죄와 참회의 뜻으로 고기 대신 생선을 먹어야 했다. 사순절과 금요일에 물고기를 먹는 음식문화는 전 유럽에 엄청난 생선 수요를 불러왔다. 민물고기만으로는 이런 수요를 도저히 채울 수 없었다. 결국 바닷물고기로 눈을 돌릴 수밖에 없었다. 가톨릭 세계 당시에 이러한 욕구를 메꾸었던 것이 바로 청어(靑漁, Clupea)였다. 게다가 육류는 상대적으로 부족하고 비쌌기 때문에 빈민계급은 호시절에도 고기 맛을 보기가 매우 어려웠다. 특히 겨울철에는 건초가 부족하여 가축들이 비쩍 말랐기 때문에 고기 공급량도 줄어들었다. 햄이나 소금에 절인 돼지고기를 별도로 치면, 저장용 고기는 향신료에 절인 쇠고기처럼 값비싼 고급품으로 한정되어 있었다. 이러한 상황에서 대량의 말린 생선이나 소금에 절인 생선은 일반 주민들을 위한 주요한 식량이었다.

종교적 영향 그리고 경제적 이유로 수요가 많은 청어가 외레순(Øresund) 해협 건너 스코네 지방에서 넘쳐났던 것이 뤼베크에는 행운이었다. 뤼베크는 남쪽 뤼네부르크(Lüneburg. 뤼네부르크 역시 한자동맹도시이다.)에서 소금을 가져와 염장을 한 후 청어를 유럽 전역에 공급을 했다. 스웨덴 출신의 가톨릭 사제로 종교분쟁을 피해 이탈리아로 망명한 올라우스 마그누스(Olaus Magnus)는 『북방민족의 역사』(1555)에서 외레순 해협의 청어잡이 풍경을 삽화로 남겼다. 마그누스의 그림은 당시 청어가 얼마나 많이 몰려들었는지 잘 보여준다.

뤼베크의 또 다른 부의 축적 원천은 소금이었다. 소금은 당시 북쪽의 백금이라고 불렸다. 육류와 생선의 소비량이 늘어나면서 소금의 수요도 늘어났지만 일조량이 부족하고 염도가 낮은 북유럽에서는 천일제염법으로 소금을 생산할 수는 없었다. 뤼베크는 남쪽으로 95㎞ 떨어진 뤼네부르크와 손잡았다. 뤼네부르크의 소금은 천일염이 아니라 암염이었다. 전성기에 뤼네부르크는 매년 222만 톤의 소금을 생산하는 북유럽에서 가장 큰 소금 생산지였다. 뤼베크에서 뤼네부르크에 이르는 소금 통상로는 오늘날 '옛 소금길'로 불리고 있다. 뤼베크에서 소금이 가지는 의미는 아직까지 남아있는 소금 창고에서 찾아볼 수 있다. 뤼베크의 소금창고(Salzspeicher Lübeck)는 르네상스 양식과 고딕 양식의 벽돌 건물 여섯 채가 이어지는 형태이다. 소금창고 건물은 트라베강 연안에 위치한 홀슈텐토르(Holstentor) 옆에 있고 1579년에서 1745년에 걸쳐 건축되었다.

— 뤼베크의 쇠퇴요인은 여러 곳에서 찾을 수 있다

먼저 과거 한자동맹의 맹주로서 가진 이점이 한자동맹이 몰락하면서 사라졌다. 그러면 한자동맹의 몰락 원인은 무엇일까? 지리상 대발견 이후 무역의 중심이 스페인, 네덜란드, 영국 중심의 대서양 무역으로 바뀐 상황은 뤼베크와 한자동맹에게는 엄청난 재앙이었다.

또한 16세기 이후 한자동맹 주변 국가들이 한자동맹 도시들을 집중적으로 견제하기 시작했다. 모스크바 대공국은 1478년에 노브고로드(Novgorod)를 점령한 후 그곳의 독일 상인들을 추방하고, 1594년에는 한자의 독점권을 취소하였다. 영국은 엘리자베스 1세 때 한자의 독점권을 박탈했다(1598년). 특히 네덜란드는 16세기에 이르러 프랑스, 플랑드르, 잉글랜드 등지에 있는 한자 상인들을 몰아내고, 더 나아가 17세기부터는 독일과 발트해 시장까지 장악하기 시작했다. 1604년이 되자 동맹에 남은 도시는 겨우 14개에 불과했다. 마지막 한자회의가 1669년 열리고 난 후, 한자동맹은 사라져갔다.

한자동맹 도시들의 주된 상품이었던 청어의 이동은 한자동맹에는 결정타였다. 청어는 유럽뿐만 아니라 바다의 밀이라 불릴 정도로 예로부터 인류의 주된 식량원이었다. 우리나라에서도 과메기로 만들어 즐겨 먹지만 조선시대에는 바다 연안 전역에서 매우 많이 잡혀 비유어(肥儒魚: 선비를 살찌우는 물고기)라고 불리기도 하였다. 그러나 청어는 어획량을 예측할 수 없을 정도로 변화가 심하다. 그 원인은 청어 회유로가 40년이 지날 때마다 바뀐다는 설이 있을 정도로 서식지의 변경이 심하기 때문이다. 뤼베크의 주 소득원이었던 청어가 어느 순간 발트해에서 북해로 이동해 버렸던 것이다.

— 뤼베크와 함부르크·브레멘의 다른 길

한자동맹의 와해와 청어의 서식지 이동은 뤼베크에 치명타를 주었다. 그러나 이런 요인만으론 뤼베크의 쇠퇴를 설명하기 힘들다. 뤼베크와 더불어 같은 한자동맹의 맹주였던 함부르크나 브레멘은 그 이후에도 승승장구했기 때문이다. 어디서 차이가 있을까?

현재 독일은 13개의 주와 3개 도시 자치주로 구성되어 있다. 자치 도시는 베를린, 브레멘, 함부르크이다. 슐레스비히홀슈타인의 주도도 아닌(주도는 킬이다.) 일개 도시에 불과한 뤼베크와 브레멘과 함부르크는 도시 위상에서 벌써 큰 차이가 난다. 예를 들어 함부르크 인구는 180만 명으로 독일에서 두 번째로 큰 도시이다. 독일에서 1인당 주민 소득이 1위를 달릴 정도로 부자 동네이고, 하파크로이트 같은 세계적인 기업들의 본사가 있다. 전 세계인의 음식 햄버거(Hamburger)도 함부르크에서 유래되었다. 세계도시 함부르크는 12세기 뤼베크의 부속 도시 성격으로 샤우엔부르크-홀슈타인 공작 아돌프 3세가 시장을 만들면서 시작되었다.[54] 1241년, 뤼베크와 방위조약을 체결하고 한자동맹을 만들면서 도시는 급속도로 발전하게 된다. 한자동맹의 몰락 후에도 함부르크는 계속 발전하게 된다. 다음과 같은 이유 때문이다. 뤼베크가 상인 간의 폐쇄적 거래 시스템인 선대제(先貸制: 상인이 소생산자들에게 원료나 반제품 혹은 도구를 먼저 지급하고 제품을 생산하게 하는 방식)에 매달려 있는 동안에 함부르크는 독일에서 처음으로, 세계에서는 두 번째로 1558년에 증권거래소를 만들었다. 증권거래소를 통해 함부르크는 많은 자금을 동원하고 거래를 투명화할 수 있었다. 무역의 중심이 지중해 혹은 발트해에서 대서양 중심으로 이동할 때 함부르크는 다른 한자동맹 도시들과는 달리 대서양 무역에 적극 참여하였다. 엘베강이라는 천연의 자연환경, 증권거래소 자금을 통한 대형선박 건조 등이 함부르크가 아메리카 신대륙과의 무역을 가능하게 했다. 이 시기 많은 기업이 성장한 것은 물론이다. 예를 들어 세계적인 물류기업 하파크로이트(Hapag-Lioyd)의

54 칼 대제 때 함부르크는 건설되었고, 아돌프 3세는 다시 시장을 열었다.

하파크로이트(Hapak Lloyd)본사, 함부르크

전신인 하팍(Hapag)은 신대륙 등 대외 물류를 위해 1847년에 설립되었다. 뤼베크가 종교전쟁 당시 많은 피해를 입으면서 개신교의 도시가 된 것과 달리 유혈사태 없이 개신교의 도시가 된 것도 함부르크에게는 행운이었다. 공창을 인정하고 자유로운 도시라는 측면에서 함부르크는 네덜란드 암스테르담과 유사한 면이 많다.

뤼베크의 지리적 위치도 도시 쇠퇴의 또 다른 원인이다. 뤼베크의 지리적 위치가 중세 한자동맹의 맹주 역할을 할 수 있도록 도움이 됐다면, 제2차 세계 대전 이후 동독과 서독으로 분단되면서 뤼베크의 지리적 위치는 도시 발전에 걸림돌이 되어 버린다. 뤼베크 바로 앞이 동서독 분단 경계선이 되어 버린다. 뤼베크는 영국군이 주둔하면서 다행히 서독 지역으로 편입되나 냉전 시대 구도에서 국경도시가 발전의 동력을 쉽게 얻을 수 없음은 지금의 한반도 상황을 보면 쉽게 이해할 수 있다. 제2차 세계대전 전후 서독 지역이 라인강의 기적으로 발전할 때 한자동맹의 과거 아우뻘 되는 도시들인 함부르크와 브레멘은 그 수혜를 누리는 반면 뤼베크는 라인강의 기적에서 배제되었다.

하지만 이제 독일이 통일되고 냉전 시대가 종식된 지금 뤼베크는 과거의 한자동맹의 여왕도시이자 발트해 중심도시로의 복귀를 꿈꾸고 있다. 한자동맹은 사라졌지만 그 흔적은 여전히 남아 있다. 독일의 10개 도시가 아직도 '한자도시'라는 이름을 유지하고 있으며 자동차 번호판에 Hansa의 첫 글자 H를 자랑스럽게 달고 다닌다. 브레멘은 HB(한자도시 브레멘), 함부르크는 HH(한자도시 함부르크), 뤼베크는 HL이다. 또한 독일 항공은 루프트한자(Lufthansa) 즉 하늘 위의 한자이다. 1952년에 제정된 함부르크 헌법 전문에는 "자유 한자도시 함부르크는 역사와 지리를 통하여 주어진 세계 항구도시로서의 특별한 임무를 독일 민족을 위해 수행하여야 한다."고 명시하였다.

독일 뤼베크의 전경

FRANCE

Champagne

3. 국제박람회장이었던 샹파뉴 Champagne 의 정기시 도시들

중세 유럽은 크게 베네치아, 제노바를 중심으로 하는 지중해 상권과 뤼베크, 함부르크, 브레멘을 중심으로 하는 한자동맹 상권 그리고 플랑드르를 중심으로 하는 저지대 국가 상권으로 나뉠 수 있다. 그중 지중해 상권은 동방에서 향신료, 직물, 명반 등 소위 사치품들을 수입해 유럽 전역에 판매하는 이탈리아 상인들이 주인공들이었다. 한자동맹은 목재, 청어, 호박 등을 주로 거래했고, 플랑드르 지방은 영국에서 양모를 가져와 모직물을 수출했다. 유럽의 남부와 북부 지방의 상권이 발달할수록 양측의 거래 필요성이 커지는데, 그 대표적인 지역이 프랑스 샹파뉴였다.

— 샹파뉴의 발달 배경

샹파뉴는 2016년 프랑스 지방 행정 체제 개편 이후 현재 프랑스 북동부에 위치한 그랑테스트 레지옹(Grand Est Region)에 속한 지역이다. 거대한 동쪽이라는 뜻의 그랑테스트 레지옹은 과거 알자스-로렌과 샹파뉴 아르덴 지역을 통합한 레지옹이다. 여기서 말하는 샹파뉴는 과거 샹파뉴아르덴 지역과 거의 일치한다.[55]

샴페인(champagne)

샹파뉴(Champagne)의 어원은 평원을 뜻하는 라틴어 캄파니아(Campania)이다. 고대에는 켈트계 벨기에인이 살았으며 로마의 지배(Gallo-Roman 시대)를 거쳐 1285년 프랑스 왕가에 병합될 때까지 샹파뉴 백작령은 강력한 힘을 가

55 프랑스는 지방행정계층이 광역자치단체인 레지옹, 기초자치단체인 데파르트망, 아롱디스망, 캉통, 코뮌으로 구성된다.

지고 있었다. 이 지역에서 생산되는, 탄산을 넣어 만든 포도주만 샴페인으로 명명하도록 한 것도 샹파뉴 백작의 힘을 보여주는 단적인 예이다. 샹파뉴 백작은 남부 유럽과 북부 유럽 상인들 간의 교역에 주목했다. 그래서 샹파뉴 지역에 정기적인 시장을 열어 교역을 확대하고자 했다. 샹파뉴 백작은 역내 교통이 편리한 네 개 도시(트루아, 프로뱅, 라니, 바르-쉬르-오브)에 6주씩 정기시(定期市, Fair)가 열리도록 했다. 보통 일 년에 여섯 차례 개장했으니 중간에 상인들이 이동하는 기간을 고려하면 연중 내내 열린 셈이었다. 1120년에서 1320년까지 샹파뉴의 정기시는 유럽 양대 상권의 중계무역지로서 발달했다.

샹파뉴 정기시의 활성화로 역대 샹파뉴 백작은 많은 수입을 얻을 수 있었다. 정기시에서 상인들이 거래하기 위해서는 허가를 받아야 하고 허가 조건으로 세금을 부과하기 때문이다. 상인들은 일정 세금을 내고서도 정기시에서 거래를 원했다. 왜냐하면 남부 유럽이나 북부 유럽까지 직접 가서 거래하기에는 너무나 많은 시간과 비용 그리고 위험부담이 있기 때문이다. 그래서 중간상인들에게 물건을 넘기는 것이 여러모로 유리했다. 또한 제노바 상인들의 활약으로 무역거래를 위해 금괴나 주화를 가지고 갈 필요가 없었다. 제노바를 비롯한 이탈리아 상인들은 신용을 기초로 운송의 위험을 줄이고 거래의 편의를 증진시키기 위해 환어음도 적극 발행해 청산되지 않은 금액은 차기에 갚도록 했다.

당시 유럽 국가 혹은 영주별로 발행하는 주화는 순도가 다르고 단위가 달랐다. 그래서 이탈리아 상인들은 탁자(banco)를 가져와 작업대를 설치하여 천으로 덮고서는 저울로 환전 업무를 담당했다.[56] 이처럼 샹파뉴가 중계 무역으로 큰 성공을 거둘 때 다른 도시들은 가만히 있었을까? 아니다. 다른 도시들, 특히 프랑크푸르트와 라이프치히 같은 도시들도 대시 유치에 많은 노력을 기울였다. 그럼에도 불구하고 샹파뉴의 성공비결은 무엇인가?

— 중계 무역지로서의 샹파뉴 성공 비결

먼저 샹파뉴 지방의 지리적 이점이다. 손강과 론강을 통하여 남으로는 마르세유에 연결되고 라인강과 모젤강을 통해서는 플랑드르에, 센강을 통하여 파리와 북부 프랑스에, 르와르강을 통해 중부 및 서부 프랑스로 연결되는 교통의 요지에 위치해 있다. 이러한 천혜의 지리적 위치는 남부 유럽과 북부 유럽의 중계 무역지로서 중요한 성공 요인이 된다.

둘째로 샹파뉴 백작의 강력한 파워이다. 지금은 프랑스의 일개 지방에 불과하지만 샹파뉴 정기시 전성기에 샹파뉴 백작은 독립국가와 다를 바 없는 존재였다. 아니 중세 샹파뉴 백작은 프랑스 국왕보다도 더 강한 군사력과 재력을 갖고 있었다. 어디서 이러한 힘이 나오는 걸까? 샹파뉴 지역은 대단히 풍요로운 지역이다. 지금 기차나 차를 타고 가면 끝없는 지평선이 이어진다. 산이나 언덕이라곤 보이지 않는다. 필자도 프랑스와

56 이것이 bank의 유래라 한다.

독일을 가보면 국경을 맞댄 곳임에도 자연환경부터 너무나 다른 것을 많이 느낀다. 강력한 농업에서 나오는 샹파뉴의 힘을 엿볼 수 있다.

샹파뉴 지역의 도시 랭스에는 프랑스에서 가장 큰 주교 성당이 있다. 프랑크족 최초의 왕인 클로비스는 랭스에서 세례를 받고 기독교로 개종한다. 이 전통 때문에 왕조가 바뀌어도 역대 프랑스 왕들은 랭스에서 대관식을 올리게 된다. 샹파뉴의 위상을 알 수 있는 또 다른 사례는 십자군이다. 서유럽의 강대국인 신성로마제국과 프랑스, 잉글랜드가 모두 참여한 제3차 십자군 원정이 별다른 성과를 거두지 못한 채 끝나자 십자군의 열기도 시들해졌다. 그래서 로마교황 인노켄티우스 3세가 제4차 십자군

랭스 대성당(Reims Cathedral) 클로비스가 가톨릭 주교 생 레미에게 세례를 받은 역사적 장소이다. 샤를 10세까지 역대 프랑스 왕들은 이곳에서 대관식을 치른다. 현재 성당은 1210년 화재로 소실된 이후 복원된 것이다. 파리 노트르담 성당과 비슷하지만 랭스 성당이 더 웅장하고 정밀하다.

원정을 거듭 요청해도 호응하는 군주가 없었다. 이때 샹파뉴 백작 티보를 중심으로 해서 제4차 십자군이 조직되었다. 제4차 십자군의 목적은 이전과 다르게 예루살렘 탈환을 목표로 한 것이 아니라 이집트의 아이유브 왕조를 공격하는 것이었다. 아이유브 왕조가 존재하는 한 예루살렘을 탈환하더라도 오래 지키기 어렵다는 판단에서였다. 그러나 제4차 십자군 원정은 애당초 의도와 다르게 베네치아 상인들의 주장으로 콘스탄티노폴리스를 공격하게 된다.

지리적 위치와 샹파뉴 백작의 강력한 힘에도 불구하고 샹파뉴 정기시의 가장 중요한 성공요인은 정기시 육성을 위한 노력이었다. 역대 샹파뉴 백작은 통행세를 최소화하고 군대를 동원해 무역상들에게 안전을 보장했다. 또한 도량형을 속이지 못하게 했으며, 한 번 계약을 위반한 자는 다시는 대시에 참여하지 못하게 금지했다. 치안과 재산권 보호는 무역상을 끌어들이는 가장 확실한 유인책이었다. 종교적 편의도 제공되었다. 성직자가 시장의 번창과 무사고를 빌며 축성 의례를 진행시켜 주었다. 대시를 방문하는 상인들은 대부분 기독교인이었으므로 성직자의 축성 의례는 상당히 중요한 의미가 있었다.

이렇게 번영했던 샹파뉴의 정기시 도시들도 13세기 말부터 쇠퇴기를 맞이한다.

— 무엇이 샹파뉴 정기시 도시들을 쇠퇴하게 만들었나?

지브롤터 해협을 통과하여 지중해와 대서양을 잇는 직항로가 샹파뉴 정기시 도시들을 몰락하게 만든다. 그 직항로는 1278년 명반을 제노바 상인들이 제노바에서 영국으로 수송하는 계약을 맺음으로써 그 시작을 알리게 되었다. 그 후 제노바뿐만 아니라 베네치아, 피렌체 등 이탈리아 도시들은 지중해에서 브뤼헤를 잇는 직항로를 개설하고 이 항로를 애용하게 됨으로써 중계 무역지로서의 샹파뉴 정기시는 전략적 가치를 잃게 되었다.

지중해에서 영국이나 북부 유럽으로 가는 데 지브롤터를 통과하는 해로가 육로보다 거리상으로는 훨씬 멀지만 여러 가지 이점이 있었다. 먼저 당시 육로는 현대적인 시각에서의 포장된 도로가 아니었다. '모든 길은 로마로 통한다(Omnes viae Romam ducunt)'고 했던 로마 시대에는 도로망이 잘 정비되어 있었지만 로마 멸망 이후에는 도로가 방치되어 진흙탕인 오솔길에 불과했다. 또한 육로에는 산적의 위험과 통행세를 거두려는 많은 영주들의 영토를 통과해야 했다. 이에 반해서 해로는 폭풍우, 해적 등의 위험이 있긴 하지만 순풍이 분다면 하루에 300킬로미터는 갈 수 있었고, 육로에 비해 훨씬 많은 짐을 수송할 수 있는 장점도 있었다.

그러나 지중해와 대서양 직항로 개척의 가장 큰 문제점은 지브롤터 해협 통과였다. 지브롤터 해협은 과거 그리스 시대부터 '헤라클레스의 양 기둥'으로 알려져 있었다. 그러나 당시에는 지브롤터를 통과하여 북유럽으로 간다는 것은 몰랐다. 바이킹족의 지중해 침략과 지리상의 인식 확대로 11세기 무렵에는 북유럽으로 갈 수 있다는 사실은 알았으나 통과가 쉽지 않았다. 지브롤터 해협은 대서양의 물이 쏟아져 오는 관계로 물살이 매우 빠르고 거의 매일 서풍이 부는 관계로 동풍이 불 때까지 기다릴 수밖에 없었다. 이에 제노바 상인들은 전투용으로 쓰던 갤리선을 상선으로 사용하여 지브롤터의 역풍과 빠른 물살을 극복했다. 이에 앞서 1147년 플랑드르, 노르만, 잉글랜드에서 결성한 제2차 십자군이 중동으로 갈 때 다트머스 항구를 출발해 리스본을 함락시키고 지중해로 가기도 했다.

스페인의 레콘키스타 또한 직항로 개척에 도움을 주었다. 13세기 중엽, 스페인 남부의 알모하드 이슬람 왕조(혹은 무와히드 왕조)가 지배하고 있던 항구기지인 카디스를 카스티야와 아라곤 왕국이 차지하게 되는데, 이 카디스는 북서풍이 불고 좁은 지브롤터 해협에서 선박들과 선원들이 휴식할 수 있는 중요한 항구가 된다.

직항로 못지않게 샹파뉴 정기시 도시들의 몰락을 결정지은 것은 정치적 요인이었다. 샹파뉴 백작 앙리는 아들을 두지 못하여 딸 잔에게 영지를 물려준다. 나바라의 여왕이자 샹파뉴 백작령 상속녀인 잔은 필리프라는 미남 왕자와 결혼한다.[57] 이 미남 왕자는 필리프 3세의 아들로 카페 왕조의 필리프 4세(재위 1285년~1314년)가 된다. 잘 생긴 외모 덕에 '미남왕'이란 애칭이

57 피레네 산맥에 있던 나바라 왕국은 산초 7세의 후사가 없어 그의 여동생 아들인 샹파뉴 백작 티보 4세가 1234년 왕위를 계승한 이후 스페인이 아닌 프랑스 국가가 된다.

붙는다. 어쨌든 이 결혼으로 샹파뉴는 프랑스 카페왕조에 병합된다.

필리프 4세는 프랑스의 강력한 통일 정책을 편다. 당시 프랑스는 봉건 영주들이 할거하고 있었고, 노르망디 지역은 영국이 점령하고 있었다. 필리프 4세는 모직물 무역으로 영국과 관계가 깊은 플랑드르를 공격하면서 영국과 싸우게 된다. 그러한 과정에서 막대한 전비가 필요하자 성직자와 정기시 상인들에게 증세를 요구한다. 성직자 증세에 반발하는 교황 보니파시오 8세를 아비뇽에 유폐시키고, 십자군 전쟁의 3대 기사단 중의 하나인 성전기사단(Temple Knights)을 탄압하여 그 재산을 빼앗는다.[58]

그러나 필리프 4세의 이러한 증세 정책은 시장 참가자들의 발을 빼게 만들었다. 사치품과 환전 업무를 담당하는 이탈리아 상인들은 대서양 직항로와 대체 중계시장으로 발을 돌렸다. 플랑드르 상인들도 증세와 프랑스의 적대 정책으로 발을 빼고 브뤼헤를 통해 이탈리아 상인들과 직접 교역하고자 하였다.

비틀거리던 샹파뉴 정기시는 프랑스 왕위계승권과 플랑드르, 기옌 지방의 영유권을 둘러싸고 일어난 백년전쟁에 의해 사실상 끝이 났다. 안

---

58 예루살렘 성지순례자들을 보호하면서 탄생한 이 기사단은 기사단의 거처가 옛날 솔로몬의 성전이 있었던 자리였기 때문에 성전기사단이 된다. 십자군 전쟁이 끝난 후 프랑스에 정착한 성전기사단은 거대 금융 기관이 된다. 이들의 돈을 뺏기 위해 펠리페 4세는 아비뇽에 유폐된 교황을 압박하여 성전기사단이 남색하고 악마 숭배한다는 누명을 씌운다. 기사단 대부분은 고문 중에 죽고, 기사단장 자크 드 몰레는 화형 당한다. 그러나 이 일로 필리페 4세도 천벌을 받는지 후에 카페 왕조의 대가 끊긴다.

템플 기사단

전이 확보되지 않는 곳에 교역은 일어나지 않기 때문이다.

국왕 필리프 4세의 욕심이 황금알을 낳는 거위였던 샹파뉴 정기시들을 망쳤다. 중세를 해도 유럽 상인들은 샹파뉴에 올 수밖에 없다는 인식은 잘못됐다. 왜냐하면 이미 대서양 직항로라는 강력한 새로운 대체재와 다른 내륙도시라는 기존의 대체재가 있었기 때문에 증세라는 가격 인상에 소비자들인 상인들은 발을 돌리게 된 것이다. 오늘날 기업 유치를 위한 각국의 법인세 인하 경쟁도 이와 유사한 사례라 볼 수 있다.

샹파뉴 정기시의 몰락은 반대로 브뤼헤의 성장과 프랑크푸르트 등에서의 중계 무역 성장을 촉진시켰다. 독일은 현재 세계최고의 전시 산업 국가이다. 독일의 전시 산업은 사실상 중세시대부터 시작되었다. 프랑크

프랑크푸르트 메세(Messe Frankfurt) 전시장

푸르트 메세에서 현재 가장 큰 전시회는 도서전이다. 프랑크푸르트 도서전은 매년 10월 중순경 개최되는데 전 세계에서 가장 큰 도서 전시회이다. 이 도서전은 15세기부터 시작되었다. 구텐베르크가 프랑크푸르트 인근의 마인츠에서 금속활자를 발명하고 인쇄업이 발전하면서 당시 중계무역 중심지인 프랑크푸르트에서 전시회가 개최된 것이다.

프랑스 상파뉴의 마을 전경

PORTUGAL

Lisbon

4. 대항해의 도시, 리스본 Lisbon

리스본(Lisbon)은 포르투갈의 수도다. 리스본은 영어이고 포르투갈어로는 리스보아(Lisboa)라고 한다. 포르투갈의 가장 큰 도시이자 이베리아 반도에서 두 번째로 큰 도시이다. 리스본은 첫 눈에 보면 바다인 것 같은 타호강(Rio Tajo) 변에 자리 잡은 유럽 서쪽 끝 도시이다.

리스본은 카르타고, 로마의 지배를 거쳐 716년부터는 이슬람의 지배를 받게 된다. 카스티야 왕국에서 독립한 포르투갈 국왕 알폰소 1세는 북방 십자군(플랑드르, 노르만, 잉글랜드에서 결성된 제2차 십자군)의 지원을 얻어 1147년 리스본을 해방시키고 13세기 중엽부터 포르투갈의 수도로 삼는다. 그 이후 이탈리아 도시들과 브뤼헤의 직항로가 개설되자 유럽의 서쪽 끝 변방이었던 포르투갈이 중계 무역지로서 발전하게 된다.

— 엔히크 항해왕자와 리스본의 번영

엔히크 왕자(Henrique Navegador, 1394~1460)는 포르투갈 왕 주앙 1세(João I)의 셋째 아들로 태어난다. 당시 포르투갈은 이슬람 지배에서 막 벗어났으나 카스티야 왕국 등 스페인 왕국과의 끊임없는 다툼이 있는 유럽 변방 소국에 불과했다. 엔히크 왕자는 세우타 점령을 통해 포르투갈이 나아가야 할

발견 기념비 항해왕 엔히크 사후 500주년을 기념하여 1960년에 준공. 엔히크를 필두로 마젤란과 바스쿠 다 가마 등 29명의 항해사 묘사

길은 항해를 통한 개척에 있다고 확신을 갖게 되었다. 세우타(Ceuta)는 지브롤터 해협 너머에 있는 모로코 땅이었다. 1415년 세우타를 점령하고서 엔히크 왕자는 많은 것을 얻을 수 있었다. 후추, 정향 등 향신료 외에도 항해에 필요한 많은 정보와 기술을 얻을 수 있었다.

엔히크 왕자는 결혼을 하지 않고 자신에게 주어진 모든 시간을 아프리카와 대서양의 수수께끼를 푸는 데 투자하기로 결심했다. 엔히크 왕자가 이러한 결심을 한 이유는 무엇일까? 먼저 대서양 건너 아프리카와 무역함으로써 경제적 이득을 얻을 수 있을 것으로 기대했고, 전설상으로 내려오던 선교사 존(Prester John)의 왕국[59]이 발견된다면 연합하여 이슬람을 협공함으로써 기독교 세계를 확장할 수 있을 것으로 생각했기 때문이다.

그는 포르투갈 최남단 사그레스(Sagres)에 항해 학교와 천문대와 도서관을 세웠다. 사그레스에서 20㎞ 떨어진 라고스에는 항구와 조선소를 세웠다. 엔히크의 명성이 유럽에 퍼지면서 베니스와 제노바의 수많은 항해사들이 포르투갈로 몰려들었다.

그러나 대서양 항해는 쉬운 일이 아니었다. 몇 가지 중요한 난제가 있었다. 먼저 심리적인 부담감이다. 주로 아랍인들이 미신을 퍼뜨려서 서사하라 북부 해안가에 있는 보자도르 곶(Cabo Bojador) 남쪽은 펄펄 끓는 '암흑의 녹색바다'라고 해서 두려워했고 또한 뜨거운 바다는 그 지역의 날씨

59 현재 에티오피아로 추정됨.

만큼이나 뜨겁기 때문에 그 해역을 항해하는 사람들은 모두 흑인이 되어 버릴 것이라고 생각하여 항해하기를 주저했다. 이러한 두려움은 1434년 질 이아네스(Gil Eanes)가 보자도르 곶을 항해하고 돌아옴으로써 어느 정도 극복되었다. 또 다른 어려움은 대양 항해에 적합한 선박과 지도 등 항해 정보가 여전히 부족했다. 마지막으로 장거리 항해에서 필요한 식량과 물을 충분히 선적할 수 없었다. 당시에는 보관 기술이 떨어져서 많은 양의 식량을 싣는다 해도 상해버려서 먹을 수 없었다. 특히 채소와 과일의 부족은 괴혈병에 노출되기 쉬웠다.

괴혈병은 비타민 C가 부족할 때 발생하는 병으로 장기 및 혈관 벽이 약화되어 출혈이 발생되고 심해지면 사망에 이르는 병이다. 19세기까지 뱃사람들에게는 공포의 대상이었다. 장기 항해에서 전투보다 괴혈병으로 더 많은 사람이 죽었지만 당시에는 원인을 알 수 없었다. 원인을 안다 해도 신선한 채소와 과일을 배에 오랫동안 보관하기도 어려웠다. 그 원인을 밝힌 것은 영국 해군 군의관 제임스 린드였다. 그는 방지책으로 레몬과 오렌지를 적극 권했고 이를 잘 실천한 이는 제임스 쿡 선장이었다. 제임스 쿡은 장기 항해에서도 그의 함대에서는 한 명의 괴혈병 환자도 없었다.

엔히크 왕자는 장거리 항해에 적합한 선박을 만들기 위해 노력했다. 당시에는 이탈리아 갤리선(Galley)이 일반적 형태였다. 갤리선은 30개 이상의 노가 있고 마스트에는 한 개에서 세 개의 삼각돛이 달려있었다. 그러나 갤리선은 잔잔한 지중해에는 적합하나 풍랑이 심한 대양 항해에는 적합하지 않았다. 그래서 엔히크 왕자 휘하의 조선공들은 삼각돛을 두 개

좌: 삼각돛만을 사용한 초기의 캐러벨 / 우: 앞에는 사각돛과 뒤에는 삼각돛을 가진 카락
콜럼버스의 산타 마리아호와 메이플라워호 모두 카락선이다.

단 캐러벨(Caravel)이라는 배를 만들어냈다. 캐러벨선은 대양에서 역풍에도 항해가 가능했고, 15세기경에는 앞 돛대에는 사각 돛을 달고 가운데와 뒷 돛대에는 삼각돛을 다는 카라벨라 레돈다선(Caravela Redonda)으로 개량된다. '복합 돛배'의 출현이다. 이는 역풍에도 항해는 가능하나 돛의 면적을 크게 하는 데 한계가 있어 원양항해에는 부적합한 삼각돛과 그 반대의 사각 돛의 단점을 서로 보완한 혁신적인 생각이었다. 이후에도 원양 항해를 위해 선박은 끊임없이 개량되어 카락(Carrack), 갤리온(Galleon) 등으로 발전되지만 모두 카라벨라 레돈다선의 '복합 돛배'에 기반을 두고 있다. 이러한 선박의 개량으로 디아스의 희망봉 발견 등 원양항해가 본격화될 수 있었다. 또한 엔히크 왕자는 중국 나침반을 개량하고, 수학과 천문학을 이용해서 항해술을 발전시켰다.

이러한 항해술을 바탕으로 아프리카 연안을 따라 항해를 시작한다. 엔히크 왕자 생존 당시에 이미 세네갈과 카보베르데(Cabo Verde)섬을 발견하고 기니 만을 발견한다. 특히 1456년 발견한 카보베르데는 브라질 진출의 교두보가 된다. 이 섬에서 향신료와 진귀한 상아를 얻게 되고 이를 통해 포르투갈은 큰 이득을 보게 된다. 1460년 엔히크 왕자는 사망하지만, 그의 사후에도 항해 사업은 계승되어 바르톨로뮤 디아스(Bartolomeu Dias)에 의해 1488년 희망봉[60]이 발견되고, 바스쿠 다 가마(Vasco da Gama)는 1498년 인도 캘리컷에 도착한다. 향후 포르투갈은 인도 고아, 말라카, 마카오로 이어지는 동방 주요 거점을 통해 동방 향신료 무역을 장악하게 된다. 또한 1500년 페드루 알바르스 카브랄(Pedro Álvares Cabral)은 바스쿠 다 가마의 항로를 재현하려다가 서풍을 만나 지금의 브라질에 도착했다. 엔히

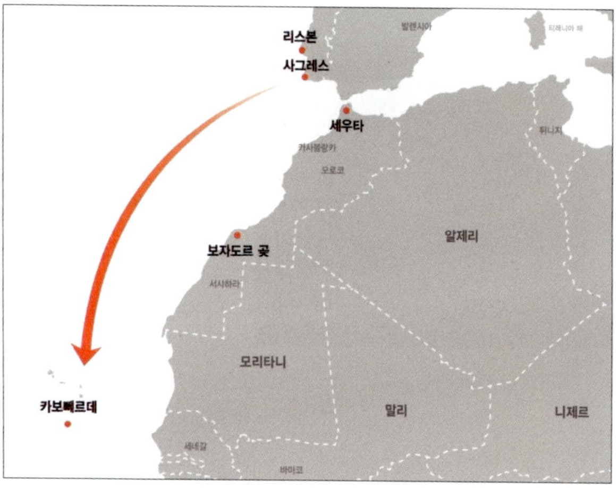

포르투갈인들의 아프리카 탐험 지도

60 처음에는 이 지역을 폭풍의 고지라 했으나 주앙 2세의 명으로 희망봉이 된다.

크 왕자 사후 500주년을 기념하여 만든 '발견의 탑'에 엔히크 왕자를 필두로 위의 사람들이 조각되어 있다.

흥미로운 사실은 성전기사단이 프랑스 필리프 4세에 의해 비극적으로 해체된 후, 포르투갈 지부는 1312년에 그리스도 기사단으로 바꾸어 활동을 계속한다.[61] 엔히크 왕자의 지원을 받은 그리스도 기사단은 바스쿠 다 가마와 같은 유능한 탐험가들을 배출해 포르투갈 대항해 시대를 여는 데 기여를 한다.[62]

포르투갈이 동방 무역을 통해 많은 양의 향신료를 가져오게 되자 리스본은 어마어마한 부를 얻게 된다. 당시에는 후추 수입에 성공하면 100배 이상의 수익을 가져다주었다. 그런데 왜 유럽인들은 후추를 비롯한 향신료에 열광했을까? 당시 유럽 사람들은 냉장시설이 없었기 때문에 빵과 소금에 절인 저장육과 생선을 먹는 것이 주식이었다. 소금에 절인 저장육은 오래 보관하면 냄새가 나기 쉬웠다. 그런데 후추는 이러한 비린내를 제거하고 차원이 다른 맛과

후추

61 성전기사단, 위키백과, 2019. 02. 14. 검색, URL: https://ko.wikipedia.org/wiki/성전기사단

62 대항해시대, 위키백과, 2019. 02. 14. 검색, URL: https://ko.wikipedia.org/wiki/대항해시대

제로니무스 수도원 바스쿠 다 가마(Vasco da Gama)의 성공적인 항해를 기념해서 세워진 수도원이다.

풍미를 제공했다. 또한 후추는 음식을 보관하는 역할도 하고 성욕을 돋우는 강장제와 전염병을 막는 의약품의 역할도 한다고 믿어서 당시 유럽인들은 후추 등 향신료에 열광할 수밖에 없었다. 냉장시설이 개발된 19세기 중엽 이후에야 향신료의 소비가 줄어든다.[63] 당시 리스본의 번영된 모습은 벨렘(Belem)지구 내의 각종 유적지 특히 대항해사들이 출항 전에 기도했다던 제로니무스 수도원과 화려한 가옥들에게서 찾아 볼 수 있다.

하지만 포르투갈과 리스본의 번영은 오래가지 않는다. 17세기부터는 네덜란드와 영국 등 신흥 해상 세력에 의해 해외 무역 거점들을 하나둘씩 빼앗기게 된다. 향로 무역의 가장 핵심거점인 말라카를 1641년 네덜란드

63 홍익희, 『홍익희의 유대인 경제사 4』, 서울: 한스미디어, 2016.

에 빼앗긴 것은 상징적인 예이다. 1578년, 세바스티앙 1세가 북아프리카 원정 중에 죽고 혼란에 빠지자 스페인은 이베리아 연합이라는 명분으로 포르투갈을 통합한다. 1640년에 국가 복원혁명이 일어나 28년간의 전투 끝에 영국의 지원으로 1668년에 다시 독립하게 된다. 그러나 이때 엄청난 재앙이 리스본을 덮친다. 리스본에 대지진이 일어난다.

리스본 대지진은 1755년 11월 1일에 일어났다. 지진 뒤에 따른 화재와 해일로 리스본과 그 일대가 완전히 파괴되었다. 리스본 건물들 중 85%가 파괴되었고 당시 인구 20만 명 중에서 4~5만 명이 죽었다. 파괴된 건축물 중에는 장서 7만 권과 티치아노, 루벤스 등의 거장의 그림들을 무수히 소장한 리베이라 궁전, 바스쿠 다 가마 등 대항해 초기 탐험가들의 기록을 보관한 왕실문서 보관소와 리스본 대성당, 상파울루 바실리카, 산타 카타리나 등 이름난 교회 건물들도 포함되었다. 대지진 이후 리스본을 버리고 아에 다른 곳에 새 도시를 짓자는 안도 있었으나 포르투갈 왕과 리스본 시민들은 반대했다. 도시 재건사업은 즉시 착수되어 파괴된 구도심을 완전히 쓸어버리고 새 도시를 짓는 방식으로 진행되었다. 이때 건축된 건물들은 유럽 최초로 내진 설계를 사용한 건축물들이라 할 수 있다. 아무튼 리스본 대지진은 포르투갈뿐만 아니라 유럽 전체적으로 신학, 계몽 철학자 등에게 많은 영향을 끼쳤다. 또한 지진학이 탄생한 배경이기도 하다.[64]

---

64 1755년 리스본 지진, 위키백과, 2019. 02. 14. 검색. URL: https://ko.wikipedia.org/wiki/1755년_리스본_지진

— 리스본 몰락 배경

대항해 시대를 준비하고 헌신한 엔히크 왕자와 목숨을 걸고 탐험에 나섰던 탐험가 덕분에 대항해 시대 동안 포르투갈과 리스본은 사상 유래 없는 번영을 누렸다. 그러나 그 달콤한 시간은 길지 않았다. 왜 포르투갈과 리스본의 번영된 시간은 짧았고 빨리 몰락하게 되었는가?

먼저 무역을 뒷받침할 제조업의 육성이 이루어지지 않았다. 경제학에서는 경쟁체제 아래 초과이윤이 발생하는 분야에는 언제나 새로운 시장 참여자가 나타나 초과이윤이 감소하여 적정이윤이 된다고 설명한다. 포르투갈이 후추 등 향신료 무역에서 얻는 막대한 이익에 자극받아 스페인, 네덜란드 그리고 영국 등과 같은 강력한 경쟁자가 나타나서 과거와 같은 이득을 볼 수 없었다. 따라서 이에 대한 대안으로 새로운 분야, 예를 들면 제조업을 발전시켜야 하는데 리스본은 그렇게 하질 못했다. 포르투갈 왕실은 무역으로 인한 막대한 수입을 유흥소비를 위해 탕진했다. 제조업의 기반 없이는 국가와 도시발전을 담보할 수 없다. 심지어 당시 해상 무력에서 가장 중요한 대포도 외국 특히 독일과 플랑드르 지방에 의존하고 있었다. 해외무역과 이를 위한 해외 상관 방어를 위해서 포르투갈은 많은 대포를 필요로 했다. 그러나 포르투갈은 자체 생산기반이 약하여 외국에서 기술자들을 들여오거나 대포를 직접 수입했다. 1616년 포르투갈 왕실 군사 추밀원 보고서에서는 '리스본에는 왕립 대포 주조소가 세 곳,

민간 주조소가 두 곳 있지만 이 중 세 곳이 폐업상태'라고 지적했다.[65]

그러면 왜 포르투갈은 국내 제조업을 육성하지 못했을까? 국민들이 일하기 싫어해서? 이 말도 틀린 지적은 아니다. 왜냐하면 당시 포르투갈 국민과 리스본 시민들은 국내에 있는 것보다 해외에서 사업하면 돈을 많이 벌 수 있었기 때문이다. 그러나 근본적인 원인은 포르투갈의 국력에 비해 지나치게 넓은 식민지의 유지와 방어를 위해 많은 인력이 빠져나가서 국내 인력이 부족했기 때문이다. 포르투갈 최전성기에는 남미의 브라질, 아프리카의 앙골라, 모잠비크, 기니비사우와 동방 무역기지인 인도 고아[66], 말라카, 마카오 등이 있었다. 이 지역들에 방어와 전투를 위해 막대한 인력이 필요했던 것이다. 국내 인력의 부족으로 포르투갈은 제조업을 육성할 수 없었던 것이다.

리스본 몰락의 두 번째 원인은 개방적 태도, 특히 종교적 관용성 부족에 있었다. 1492년은 스페인 역사상 세 가지 중요한 사건이 일어났던 해이다. 이슬람 그라나다 왕국을 점령하여 레콩키스타를 완성한 해이고, 크리스토퍼 콜럼버스가 인도로 가는 새로운 항로를 찾고자 출발하여 신대륙 발견과 더불어 스페인이 최강대국이 시작되는 해이기도 하다. 마지

65 카를로 M. 치폴라/최파일, 『대포, 범선, 제국』, 서울: 미지북스, 2010, 33쪽.

66 고아는 1510년 아폰수 드 알부케르크에 의해 점령되어 포르투갈 동방무역의 중심지가 된다. 영국이 인도를 지배하는 중에도 고아는 포르투갈의 식민지로 남는다. 제2차 세계 대전 후 인도가 영국으로부터 독립하고 고아의 반환을 요구하나 포르투갈은 거절한다. 무려 450년 동안 지배해온 고아를 포르투갈은 포기할 수 없었다. 마침내 1961년 양국 간에 무력 충돌이 일어나고 인도군은 고아를 점령한다.

알람브라 궁전 내부 정원

막 한 사건은 알람브라 칙령(Alhambra Decree) 반포이다. 유대인 추방 명령인 알람브라 칙령에 의해 기독교로 개종하지 않는 유대인은 4개월 이내에 스페인을 떠나야 했다. 당시 스페인에는 전체 인구 700만 명 중 50만 명이 유대인이었다. 중세 스페인의 종교적 관용성 때문에 스페인에는 유럽에서 유대인들이 가장 많이 살고 있었다. 그러나 알람브라 칙령에 의해 모두 떠나야 했다. 4개월 이내에 떠나야 했기 때문에 재산도 제대로 처분하지 못했다. 가톨릭으로 개종한 유대인(콘베르소스, Conversos)들은 남을 수 있었으나, 이들에게는 그 후 무서운 종교재판이 열렸다. 발렌시아에서 1000명, 세비야에서 4000명이 처형되었다. 스페인에서 쫓겨난 유태인들은 저지대 국가들과 리스본으로 피신해 왔다.[67]

---

67 이주희, 『강자의 조건』, 서울: MID 출판사, 2014.

포르투갈은 처음에는 스페인에 비해 관용적인 유대인 정책을 폈다. 비록 1497년 스페인과 마찬가지로 유대인 추방령을 내렸으나 개종한 유대인에 대해서는 포용했다. 그러나 1547년 포르투갈에도 종교재판소가 설치되면서 바뀌기 시작했고 특히 1580년 스페인이 포르투갈을 병합하면서 많은 콘베르소스가 죽음을 당했다. 이 시기에 많은 유대인들이 리스본을 탈출하여 종교적 자유가 보장되는 네덜란드로 갔다. 이때 탈출한 사람 중에는 유명한 철학자 스피노자의 할아버지도 포함되었다. 금융과 무역업에 종사하고 있던 유대인들이 탈출하자 리스본과 포르투갈 경제는 당장 타격이 왔다. 동방에서 향신료를 가져와도 그들에게는 판매망이 없어 그들이 쫓아낸 안트베르펜 유대인 상인들에게 팔아야 했다.

지난 2000년, 리스본에서 개최된 국제종교모임인 'Oceans of Peace'에서 포르투갈의 가톨릭 지도자인 리스본 대주교 돔 호세 폴리카르포는 16세기 로마 가톨릭 교회가 수많은 유대인들을 기독교로 강제 개종시키거나 축출하도록 가담한 사실에 진심으로 유감을 표했다. 또 포르투갈 정부는 스페인 정부와 함께 500년 전 추방 유대인 후손들에게 시민권 부여를 추진한다고 한다. 소 잃고 외양간 고치는 격이다.

리스본 배후지의 인구를 비롯한 자원 부족과 스페인으로 인한 불안정성은 이 도시 쇠퇴의 근본 배경으로 볼 수 있다. 리스본의 인구는 비교적 근대인 대지진 시대에도 20만 명 정도였다. 그런데 아프리카와 브라질 식민지 경영, 그리고 호르무즈, 인도 고아, 말라카, 마카오 등으로 이어지는 동방 해상 무역로를 지키기 위해서는 많은 군대와 인력이 필요했다.

초기에는 포르투갈 해군이 이들 지역의 무력을 압도했다. 발달된 범선과 유럽산 대포가 있었기 때문이다. 디우 해전이 대표적인 예이다. 1509년, 인도 서북부 디우(Diu)에서 인도-이슬람 연합함대와 포르투갈 함대 간에 전투가 있었다. 이슬람 연합함대는 100여 척이 훨씬 넘었고 포르투갈 함대는 18척에 불과했다. 그러나 결과는 포르투갈 함대의 일방적 승리로 끝났다. 포르투갈은 대포를 양쪽 측면에 설치할 수 있는 카락(Carrack)과 카라벨라 레돈다선으로 구성되었고, 대포의 사거리도 이슬람 함대보다 훨씬 길었다. 따라서 대양에 약한 갤리선으로 이루어진 이슬람 함대가 백병전을 하기 위해 접근하기 전에 이미 대포에 당했던 것이다.[68] 이 해전은 유럽 강국이 식민지 경영에 뛰어들어 서세동점의 결정적 계기가 되었다고 평가한다.

그러나 시간이 지나면서 상황이 변하게 된다. 오만 제국은 오스만 튀르크로부터 대포를 수입해 사용함으로써 포르투갈군을 패퇴시키고 아라비아만 통제권과 동아프리카 식민지를 빼앗기게 된다. 인도 식민지를 지키기 위해서도 힘겨운 싸움을 계속 벌인다. 바스쿠 다 가마가 처음 상륙한 캘리컷은 빼앗기지만 고아, 디우, 다만 등은 지키게 된다. 인도와 아랍은 애초부터 포르투갈과 같은 작은 나라가 상대하기에는 너무 덩치가 큰 것이다.

비록 독립하기는 했지만 바로 옆 이웃 스페인의 존재는 리스본의 포

68 〈동서양 최초의 무역전쟁, 디우해전〉, 《서울경제》, 2017. 02. 03.

르투갈에게는 성장의 큰 장애요소였다. 비록 1494년 로마 교황청의 중재로 맺은 토르데시야스 조약(Tratado de Tordesillas)으로 협력을 하던 시대도 있었지만 기본적으로 스페인은 포르투갈을 독립국가로 인정하지 않고 호시탐탐 기회를 엿보고 있었다. 이러한 상황에서 포르투갈 본국은 안전은 불안정할 수밖에 없었다.

현재 포르투갈은 EU 내에서 가장 가난한 나라 중 하나이다. 관광산업 외에는 뚜렷한 산업도 없다. 그러나 리스본은 여전히 매력적인 도시이고 전 유럽 내에서 가장 관광객이 많은 도시 중 하나이다. 우리나라 사람들에게는 달걀노른자로 만드는 에그 타르트의 원조집이 관광지로 인기가 많다. 포르투갈의 엔히크 왕자가 대항해를 시도하지 않았다면 오늘날의

에그 타르트

파두를 공연하는 사람들

유럽이 없었을지 모른다. 포르투갈 상인이 1543년 일본 다네가섬에서 일본 상인들에게 조총을 주지 않았더라면 임진왜란이 없었을지도 모른다. 포르투갈에는 우리와 묘하게 닮은 면이 있다. 수많은 외세의 침입으로 인한 서러움과 뱃사람들의 가족에 대한 그리움, 대항해 시대의 전성기를 그리워하는 향수 등으로 인한 포르투갈 사람들의 감정은 우리나라의 정서(예를 들면 한)와 비슷한 면이 있는 것 같다. 이러한 포르투갈사람들의 다양한 정서가 담겨 있는 음악이 바로 파두(Fado)다. 리스본 시내 곳곳 식당과 공연장에는 오늘 밤에도 파두가 울려 퍼지고 있다.

포르투갈 리스본의 트램

제4장

경제·산업과 도시

섬유의 수도, 맨체스터(Manchester)

디트로이트(Detroit)의 영광과 몰락

옥토버페스트의 뮌헨(München)

몰락한 합스부르크 왕가에서 국제기구 도시가 된 빈(Wean)

18세기 말 영국에서 시작된 산업 혁명은 세계 근대화의 촉매가 되었지만 도시에도 엄청난 영향을 미쳤다. 대규모 고용을 필요로 하는 공장이 생김으로써 도시로의 인구집중이 가속화되었다. 산업 혁명(Industrial Revolution)이란 말은 1844년 프리드리히 엥겔스에 의해 처음 사용되었지만, 1884년 아널드 토인비에 의해서 구체화되었다. 산업 혁명은 제임스 와트의 증기기관을 동력원으로 사용하는 1차 산업 혁명과 19세기 말~20세기 초의 전기·화학 산업에 의한 2차 산업 혁명, 20세기 말 컴퓨터·인터넷 기반의 3차 산업 혁명으로 나뉠 수 있다. 최근에는 AI·빅데이터 기반의 4차 산업 혁명 논의가 한참 이루어지고 있다.

그러면 왜 영국에서 산업 혁명이 시작되었을까? 당시 영국은 명예혁명 이후 정치체제가 안정화되었고, 해가 지지 않는 나라답게 많은 해외식민지를 보유하고 있었고, 증기기관 운영에 필수적 연료인 석탄이 국내에 많이 있었기 때문이다. 산업 혁명은 증기기관을 동력원으로 먼저 섬유, 제철 분야에서 일어났다. 맨체스터, 피츠버그, 디트로이트는 산업 혁명 시대의 신데렐라였다. 맨체스터는 섬유, 피츠버그는 철강, 디트로이트는 자동차의 황제도시였다.

이 세 도시는 공통점이 있었다. 석탄과 철강 등 연료를 쉽게 구할 수 있었고, 운하를 통해 수출입할 수 있었다. 맨체스터는 브리지워터 운하를 통해 석탄을, 맨체스터 운하를 통해 섬유를 수·출입했다. 디트로이트는 수세인트마리 운하를 통해서 자동차를 수출했다. 그러나 큰 차이점도 있다. 맨체스터와 피츠버그는 섬유와 철강의 산업 경쟁력이 후발 주자들에게 밀려 도시가 한때 쇠퇴했지만 도심 재생과 신산업 육성으로 다시 도약하고 있다. 그러나 디트로이트는 포드, GM, 크라이슬러 등 자동차 빅

3의 본사와 공장을 배경으로 미국에서 다섯 번째 큰 도시로 성장하다가 2013년도에 파산을 맞았다. 디트로이트 파산은 한국의 도시들과 자동차 기업들에게도 경종을 울리고 있다.

흥미로운 사실은 자동차도 영국에서 최초로 개발되고, 제철 분야에 있어서도 베서머가 효율적인 강철 제조법을 개발했지만 기존 업자들의 반발로 영국이 주도하지 못했다는 것이다. 자동차는 마차 사업자들의 반발로 적기 조례라는 어처구니없는 규정으로 발달이 늦어져서 독일, 프랑스가 추월했다. 베서머 기법은 기존 선철업자들의 반발로 오히려 독일, 미국 기업들이 이 방식을 먼저 사용해버렸다. 대표적인 기업가가 피츠버그의 카네기였다.

이 책에서는 언급하지 않았지만 산업 혁명으로 성장한 도시들 중에서 산업의 경쟁력 약화로 도시가 쇠퇴한 사례는 엄청 많다. 그러한 도시들 중 재기의 몸부림으로 도시의 쇠락을 극복한 사례는 우리에게 큰 시사점을 준다. 대표적인 도시가 스페인의 빌바오와 스웨덴의 말뫼다. 빌바오는 철강 산업으로 번창했지만 철강 산업이 쇠퇴한 이후 구겐하임 미술관 등으로 재기하고 있다. 말뫼는 조선 산업의 중심지였으나 조선소 크레인을 뜯어갈 정도로 산업이 파괴되었다. '말뫼의 눈물'이란 말이 생길 정도였다. 이 말뫼가 도심 재생으로 부활하고 있다. 대형 크레인이 있던 자리에는 '터닝 토르소'가 세워졌다.

맨체스터, 피츠버그, 디트로이트가 산업 혁명의 신데렐라였다면 뮌헨, 빈, 바르셀로나는 역사와 전통을 가진 도시이다. 이러한 도시들의 흥망성쇠를 경제·산업적 요소로만 평가하기는 힘들다. 그러나 이 책에서는 경제·산업적 측면에서 도시의 흥망성쇠를 보기로 한다.

뮌헨은 독일에서 참 특이한 도시이다. 많은 독일 도시들이 개신교를 믿는 것과는 달리 뮌헨은 기독교 수호도시였다. 뮌헨은 독일 도시들보다는 언어와 왕가 가계 면에서 오스트리아와 비슷한 측면이 많다. 뮌헨은 격변기에 혜택을 많이 입은 도시다. 1871년 독일이 프로이센 중심으로 통일되는 과정에서 '맥주 순수령'을 관철시켜 뮌헨 지역 맥주가 독일 전체를 제패한다. 또 제2차 세계 대전 이후 독일이 동·서독으로 분단되는 아픔은 뮌헨에게는 엄청난 기회가 된다. 베를린에 본사를 둔 많은 기업들이 뮌헨으로 이전했기 때문이다.

빈은 오랫동안 합스부르크가의 도시였다. 합스부르크가는 뮌헨의 비텔스바흐 가문과는 친족으로서 유럽 제일의 명문이었다. 합스부르크는 한때 유럽에서 가장 넓은 지역을 지배했다. 이를 바탕으로 빈은 베토벤, 모차르트 등의 천재 예술가들이 활동하는 무대가 되었다. 심지어 합스부르크가 쇠퇴해가던 19세기 말에도 프로이트, 슘페터 등 지성들이 활동했다. 특히 빈은 당대 최강대국인 오스만 제국의 두 번에 걸친 포위전에도 승리하여 기독교 세계를 지켜냈다. 이러한 위대한 도시 빈은 현재 경제·산업적인 관점에서만 본다면 낙후된 도시이다. 그럼에도 불구하고 빈이 가난한 도시는 아니다. 이 책에서는 빈이 경제 산업적으로 낙후된 이유와 그것을 극복하기 위한 노력을 살펴본다.

이 책에서 따로 언급하지는 않았지만 바르셀로나는 역사와 전통을 가진 도시로서 최근에도 분리 독립 운동이 일어났던 카탈루냐의 중심도시이다. 황영조가 92년 하계올림픽 마라톤에서 금메달을 딴 몬주익 언덕이 있는 바르셀로나, 메시의 FC 바르셀로나 등 바르셀로나는 우리에게도 친숙한 도시이다. 또한 바르셀로나는 가우디의 도시로도 굉장히 유명하다. 현재도 공사하고 있는 성가족 성당(Sagrada Familia)을 비롯해 많은 가우디의 건축물에 관광객들이 찾고 있다. 바르셀로나는 현재 클라우드에 기반을 둔 스마트시티 등 다양한 실험을 하고 있어 앞으로의 변화가 더욱 기대되는 도시이다.

UNITED KINGDOM

Manchester

1. 섬유의 수도, 맨체스터 Manchester

맨체스터(Manchester)는 영국 북서부에 위치한 도시로서 런던, 버밍엄과 더불어 영국의 3대 도시라 불린다. 특히 산업 혁명의 발상지이자 근대 섬유산업이 시작한 도시이다. 리버풀이 근처에 있다. 최근에는 박지성이 뛰었던 세계적인 축구 클럽 맨체스터 유나이티드로 유명하다.

맨체스터라는 이름은 고대 로마의 성채이자 정착지였던 만쿠니움(Mancunium)에서 유래되었다. 영국에서 도시 이름에 체스터(Chester)가 붙는 것은 로마의 흔적이라 볼 수 있다. 영국은 BC 55년 율리우스 카이사르(시

위: 맨체스터 유나이티드 경기장 / 아래: 맨체스터라는 이름의 연원이 된 로마시대의 유적

제)의 침공 이후 약 450년간 로마의 지배를 받았다. 켈트족의 침입을 막기 위해 하드리아누스 황제 때 쌓은 하드리아누스 성벽 등의 유적이 곳곳에 남아 있다. 영국의 다른 도시 이름에도 로마의 흔적은 쉽게 찾아 볼 수 있다. 체스터는 작은 요새를 뜻하는 라틴어 'castellum'에서 유래했다. 성을 뜻하는 영어 '캐슬(castle)', 프랑스어 '샤토(Chateau)', 스페인어 '카스티요(castillo)'도 어원이 같다.

— 근대 섬유산업의 발전

맨체스터는 서기 79년에 로마제국의 군사기지로 시작하였다. 로마제국의 멸망 이후에는 앵글로·색슨족, 노르만족 등으로 이어지는 지배를 받다가 1301년 자치권을 가진 도시가 되었다. 맨체스터 지역은 일찍이 모직물 산업이 발달했다. 영국의 양털을 저지대 국가인 플랑드르 지방에서 가져다가 직조하여 다시 영국으로 가져오는 모직물 산업이 발달했다. 그러다가 저지대 지방인 플랑드르에서 스페인으로부터의 독립 전쟁이 발생하자 신교도들이 이동하여 직조 산업도 발달하기 시작했다. 그러나 재미있는 것은 맨체스터는 모직물이 아닌 면직물의 생산을 기계화함으로써 세계적인 도시가 되었다는 것이다.

섬유는 피복 재료에 따라 면직물, 모직물, 견직물, 합섬 섬유 등으로 나눌 수 있다. 면직물이란 목화솜에서 얻은 실로 제작된 천을 말한다. 내구성과 촉감이 좋고 실용적이라 작업복이나 캐주얼 의복에 적당하다. 모직물은 동물의 털(양털, 낙타털, 토끼털이 대표적)로 만든 직물이다. 탄성이 좋고 봉제가 용이하며, 보온성이 좋아 겨울철 의복으로 적당하다. 견직물은 누에의 고치에서 풀어낸 실로 제작된 직물이다. 비단이 대표적인 견직물이다. 이상의 재료가 천연에서 나오는 천연섬유라면 합성 섬유는 비교적 최근에 개발된 인조 섬유이다. 화학적 방법에 의하여 중합된 합성고분자를 원료로 하는 섬유이다. 폴리에스테르, 나일론, 아크릴, 스판덱스 등 여러 종류가 있다. 미국 듀폰사에서 처음 개발된 나일론은 천연섬유와 비교할 수 없는 강도를 갖고 있고, 1941년 영국의 화학자 윈필드와 딕슨에 의해 탄

실크 스카프

생된 폴리에스테르는 착용감까지 좋다. 화학섬유는 질기고 가볍고 세탁이 용이해 의류 혁명을 가져왔다. 오늘날 화학섬유 분야는 탄소섬유나 하이브리드 섬유로 기술이 발달해 단순한 의류용이 아니라 항공, 자동차, 토목, 의료 등에 다양한 소재로도 활용되고 있다.

맨체스터를 중심으로 하는 영국은 전통적으로 모직산업이 발달한 지역이었다. 16세기에 들어와서는 모직물 공업이 발달하여 원재료인 양털 값이 폭등하였다. 양을 키워 양털을 파는 것이 일반적인 농사보다 이익이 된다는 것을 깨달은 농장주들이 자신들의 농경지에 영세 농민들을 내쫓고 양을 방목하기도 했다. 이를 인클로저(enclosure) 운동이라 한다. 토마스

모어(Thomas More)는 이를 두고 '양이 사람을 잡아먹는다'고 표현했다. 산업혁명의 시작은 기존의 모직물이 아닌 면직물에서 시작되었다.

면직물 산업은 인도에서부터 시작되었다. 면의 원산지는 인도 북서부의 펀자브 지방으로서 BC 2000년부터 면직기술이 발달하기 시작했다. 마케도니아의 알렉산더 대왕이 인도 원정에서 이를 발견하여 목화재배 및 면직기술이 유럽에도 알려졌지만 기후 등의 영향으로 유럽에서는 목화재배가 적합하지 못하여 면직물 산업이 발달하지 못했다. 한편 인도의 면업은 원나라 때 중국에 전래되고, 고려 말 문익점 선생이 목화씨를 가져와 우리나라에도 전래된다. 문익점은 그의 장인 정천익과 더불어 물레를 개발하여 그의 고향 진주, 최초의 목화 재배지 의성과 대구 인근에서 활동하게 된다. 한국에서는 대구가 합성섬유 이전 천연섬유 시대에서부터 섬유산업의 중심지 역할을 한 것이다.

17세기에 들어와서 영국 동인도 회사를 통해 면직물이 수입되기 시작했다. 네덜란드 동인도 회사가 주로 후추 등 향신료 무역을 선점했기 때문에 영국 동인도 회사는 차선책으로 면직물을 수입했다. 그러나 후추는 냉장시설이 발달하면서 시간이 갈수록 가격이 떨어지고 반대로 면직물 사업은 처음에는 별 기대하지 않았으나 나중에는 대박이 된다. 당시 영국 동인도 회사는 인도 남부 캘리컷(Calicut)에서 생산된 캘리코(Calico)를 주로 수입했다.[69]

69 생산지의 지명이 브랜드가 된 것이다.

17세기 중엽 유럽에 캘리코가 처음 선보였을 때는 큰 환영을 받지 못했다. 모직에 익숙해 있던 유럽인들에게 면직물은 이상하게 보였던 것이다. 그러나 시간이 지남에 따라 면직물이 갖고 있는 장점, 즉 부드러워 촉감이 좋고, 땀을 잘 흡수하여 시원하고, 인체 친화적이고[70], 세탁하기 편하고 다양한 염색도 가능한 점 때문에 엄청난 인기를 끌게 된다. 영국을 비롯한 유럽인들의 의류가 모직물에서 면직물로 급격하게 이동하게 되었고 따라서 캘리코의 수입은 급격하게 늘어난다. 캘리코의 수입이 늘어나자 기존 모직물 산업이 타격을 받았다. 따라서 영국 의회에서는 면직물과 모직물을 섞어서 만드는 혼방제품만 수입하도록 규제하고 혼방제품 이외의 순면제품은 사용을 금지시키기도 했다. 그러나 한번 면직물의 달콤함을 맛본 소비자들의 기호를 바꿀 수는 없었다. 따라서 영국 정부와 산업계는 다른 길을 찾게 되었다.

면직물 산업에서 중요한 원면은 영국을 비롯한 유럽에서는 기상과 기후 등의 문제로 재배하기가 어렵다. 그래서 영국 동인도 회사는 1757년 플라시 전투를 통해 원면의 주생산지인 인도 벵골 지방을 장악했다. 이 전투는 향후 영국의 인도 전체 지배의 기틀이 된다. 19세기부터는 미국으로부터 많은 양을 수입하게 된다. 미국은 남부 지역을 중심으로 목화 재배산업이 급격히 발달하여 전성기에는 세계 총 생산량의 3분의 2에 해당하는 목화를 생산한다. 이는 미국 정부의 지원 정책, 흑인 노예들에

---

70 최근 화학섬유 생리대의 유해성 문제 때문에 면직물 생리대의 관심이 많아졌다.

의한 노동력 공급 그리고 일라이 휘트니의 조면기[71] 개발 등이 합작된 결과였다.

— 왜 맨체스터였나?

원면을 확보한 영국 산업계는 생산부문의 기계화에 힘을 쏟게 되었다. 섬유 생산과정은 크게 재료에서 실을 뽑는 방사 혹은 방적 공정과 씨실과 날실을 교차해 직물을 짜는 방직 공정으로 구분된다. 방적과 방직 공정에서의 기술 개발은 선순환을 이루게 된다. 먼저 방직공정에서 1733년 존 케이가 '나는 북(Flying shuttle)'을 통해 면포의 너비가 늘어나고 속도가 엄청 빨라지게 되었다. 그러자 이번에는 방적 부문에서 기술 개발이 이루어졌다. 제임스 하그리브스가 1767년에 제니(jenny) 방적기를 발명했고, 리처드 아크라이트(Richard Arkwright)는 동력으로 수차를 이용하는 수력 방적기(water frame)를 개발했다. 새뮤얼 크럼프턴은 이 둘을 합친 뮬(mule) 방적기를 만들어냈다. 방적 기술이 발전하자 다시 방직 즉 직조 기술을 개발을 자극했다. 1785년 에드먼드 카트라이트는 자동으로 천을 짜는 방직기인 역직기(power loom)를 발명했다. 역직기는 수직 직기 대신에 수력 혹은 증기기관에 직기를 연결하는 자동 방직시스템으로 산업 혁명에 큰 영향을 미쳤다. 영국 맨체스터에서 시작된 근대 섬유산업 혁명은 수공업에 머

71 목화와 실을 분리하는 작업을 빨리할 수 있는 장비로 이 기계 한 대는 1000여 명 이상의 일을 한다.

물러 있던 인도 등을 제치고 영국이 대영제국으로서 전 세계의 산업을 제패하는 밑거름이 되고 다른 산업에도 자극제가 되었다. 현재 맨체스터에는 당시의 면방 직기뿐만 아니라 항공기, 롤스로이스 등 초기 자동차, 증기터빈과 발전기 등이 전시된 과학 산업 박물관이 있다.

산업 혁명은 왜 영국에서 가장 먼저 시작되었을까? 많은 이들은 청교도 혁명 이후의 정치적 안정, 많은 식민지를 통한 시장 확보, 석탄과 철광석 등 동력 자원이 풍부한 데서 그 이유를 찾는다. 그런데 이러한 산업 혁명의 첫 신호탄이 된 근대 섬유산업 발전이 왜 맨체스터에서 이루어졌을까?

먼저 모직물 산업의 전통이 있었기 때문이다. 섬유산업은 방적과 방직이라는 기본 공정은 같기 때문에 섬유 관련 기술과 노동자들이 있고,

역직기(power loom)

또한 자본이 있는 기업가가 맨체스터에 많았기 때문이다. 두 번째는 지형적 여건이다. 새로이 개발된 자동 방적기와 방직기는 동력으로 증기기관을 사용하기 때문에 물과 동력원으로써 석탄이 꼭 필요하다. 맨체스터에는 어웰강과 아크강이 있어 물이 풍부하다. 또한 원면을 수입하고 직조된 면직물을 수출하려면 항구가 필수적인데 리버풀이 그 역할을 훌륭히 수행할 수 있었다.

영국의 뉴캐슬을 중심으로 많은 석탄이 생산되고 있다는 것도 행운이었다. 산업 혁명이 영국에서 시작될 수 있었던 배경에는 석탄의 역할이 컸다. 그렇지만 석탄의 생산도 중요하지만 운반은 더 중요했다. 당시에는 생산된 석탄을 마차로 운반했는데 운반 양도 작을 뿐만 아니라 길이 좋지 않아서 속도도 늦었다. 이러한 문제를 해결한 것이 브리지워터 운하이다. 1761년 석탄산지인 워슬리와 맨체스터를 연결하는 브리지워터 운하

브리지워터 운하(Bridgewater Canal)

리버풀 맨체스터 운하에 크루즈 보트가 다니고 있다.

(Bridgewater Canal)가 완공되었다. 브리지워터 운하는 워슬리의 영주인 브리지워터 공작이 자비로 건설한 운하로 이후 영국에서는 운하 건설 붐이 불 정도로 상업적으로 성공적인 운하였다. 총 연장 16㎞인 이 운하 덕분에 맨체스터는 섬유 산업에 필수적인 석탄을 싸고 빠르게 구입할 수 있었다. 브리지워터 운하는 향후 기차가 보급됨에 따라 역할이 축소되지만 초기에 맨체스터가 섬유산업으로 도약하는 데 큰 역할을 했다. 현재도 이 운하는 관광용으로 이용되고 있다.

마지막으로 맨체스터의 성공에는 정부 정책의 역할도 굉장히 컸다. 가장 중요한 것은 철도 건설과 맨체스터 운하 건설을 통한 물류비의 절감이었다. 현대 철도를 있게 한 철도의 아버지라 할 수 있는 조지 스티븐슨(George Stephenson)은 1814년 처음으로 증기기관을 이용한 열차를 만들었고, 1830년에는 리버풀과 맨체스터 사이 50㎞ 구간을 개통한다. 세계 최초의 철도를 활용한 물류, 여객 수송이었다. 리버풀 항과 맨체스터를 잇는 구간 철도는 대량수송과 빠른 수송을 통해 맨체스터 면직물 산업을 발전시키는 데 큰 역할을 했다. 이러한 리버풀과 맨체스터 두 도시의 우정을 금가게 하는 사건이 발생한다. 바로 1893년에 완공된 맨체스터 운하이다. 맨체스터 운하는 맨체스터에서 머지(Mersey)강을 통하여 아이리시만으로 통한다. 맨체스터 운하는 길이 75㎞, 깊이 8.5m로 1만 t급도 통행할 수 있어 사실상 맨체스터는 해항이 된 것이다. 맨체스터 운하 덕분에 리버풀은 외항으로서 누렸던 항만산업의 효과가 사라져 그 이후 맨체스터와는 증오의 감정이 싹트게 된다. 이러한 지역감정은 리버풀 FC와 맨체스터 유나이티드 FC의 EPL(English Premier League) 축구 경기에서 자주 분출된다.

맨체스터는 산업 역사에서 새로운 개념을 소개했다. 그것은 세계 최초로 산업단지인 트래포드 파크(Trafford Park)를 1896년에 조성한 것이다. 요즈음은 많은 제조 기업들이 산업단지 안에 입주해 있지만 당시에는 산업단지라는 개념은 없었다. 사실 산업단지 조성은 많은 이점이 있다. 먼저 기업에는 개별적으로 입지를 확보하는 것보다 정부에서 교통, 용수, 노동력 확보에 유리한 위치에 산업단지를 조성해서 기업에 제공해 주면 굉장한 도움이 된다. 정부 입장에서도 공장의 계획적인 집단 배치는 토지를 효율적으로 이용하게 되고, 지방 균형 발전에 도움이 되며, 공장공해로 인한 시민들의 피해를 최소화할 수 있게 된다. 트래포드 파크 이후 유럽을 비롯해 세계적으로 많은 산업단지가 조성된다. 우리나라에서는 제1차 경제개발 5개년에 의거 울산공업단지가 1962년에 조성된 것을 시작으로 구로, 포항 철강, 구미 전자, 창원 기계, 여수 석유화학단지가 차례로 조성된다.

세계 최초의 산업단지인 트래포드 파크 전경

이러한 혁신적인 섬유 기계들의 발명과 철도, 운하, 산업단지라는 영국 정부의 강력한 지원 정책으로 맨체스터는 면의 도시 즉 '코트노폴리스(Cottonopolis)'가 되었다. 면직물 생산이 증대되자 많은 노동력이 필요해졌고, 따라서 인구도 급속히 증가했다.

— 섬유 산업도시에서 창조도시로

맨체스터에서 시작한 섬유산업 혁명은 의류의 대량생산 대량소비 시대를 열게 하였다. 인류는 과거와 같은 헐벗음에서 벗어날 수 있었다. 그러나 이러한 산업 혁명에도 많은 그늘이 있었다. 공장에서 생산하는 과정에서 나오는 매연은 도시의 환경을 더럽혔다. 특히 노동자들의 문제가 심각했다. 노동자들은 가혹한 작업 환경에서 일해야만 했고, 여성 및 어린

이 노동자들의 문제는 심각했다. 기계로 인해 일순간에 일자리를 잃은 사람들은 기계파괴운동을 펼쳤다.

당시에 맨체스터에서 공장을 경영하면서 처참한 노동자들의 삶을 개선하기 위한 사회변혁에 고민하는 한 사람이 있었다. 바로 마르크스의 영원한 동지 프리드리히 엥겔스(1820~1895)이다. 엥겔스는 마르크스 생전에는 경제적으로 사상적으로 지원했고, 사후에는 자본론 제2권, 제3권을 펴냈고, 새로운 국제노동자협회 가칭 제2인터내셔널을 결성했다. 그러나 엥겔스의 말년에는 "의식 있는 소수가 의식 없는 대중을 끌고 가는 혁명의 시대는 지났다."고 선언하고, 독일 사회민주당의 의회주의 전략을 지지했다. 아마도 엥겔스는 자본가로 살면서 자본주의 타도운동을 지도했던 유일한 인물이다.[72]

카를 마르크스와 프리드리히 엥겔스 동상

72 트리스트럼 헌트/이광일, 『엥겔스 평전-프록코트를 입은 공산주의자』, 경기: 글항아리, 2010.

맨체스터 섬유산업 발전과정에서 파생되는 노동자 문제와 환경 문제는 섀프츠베리(Shaftesbury, 1801~1885) 공작에 의한 아동 노동 금지와 공장법에 의해 점차 개선되고 있었으나 근본적인 문제는 딴 곳에 있었다. 섬유산업은 영국에서 혁신적인 섬유기계들의 발명으로 발생했지만, 근본적으로는 노동집약적인 산업이다. 영국은 다른 나라들의 추격을 막기 위해 섬유기계들의 수출을 막고 기술자들의 국외 이주도 철저히 통제했다. 그러나 영구히 막을 수는 없었다. 영국 기술자들 중에는 미국으로 이민을 가는 사람들이 생겨났다. 특히 미국 매사추세츠주의 프란시스 로웰(Francis Lowell)은 영국 공장에 견학 가서 동력 직조기를 기억해 두었다가 폴 무디로 하여금 최초의 섬유기계를 만들게 하였다. 일종의 산업스파이였던 것이다. 1900년대 초에는 미국이 방대한 원면과 노동력을 바탕으로 영국 면직물 산업을 밀어내었다. 1930년대부터는 일본이 그 자리를 물려받았고, 이후에는 한국, 중국의 차례가 왔다. 70년대 이후 맨체스터는 주력 산업인 섬유산업의 경쟁력 하락과 영국 강성노조 영향 등으로 도시가 전체적으로 쇠퇴하게 되었다.

맨체스터는 도시 침체를 탈출하기 위해 도시재생사업 추진, 스타트업과 금융, 문화 산업을 육성하고 있다. 먼저 맨체스터 시정부는 1996년도부터 상업시설의 개보수, 경제 활성화, 통합된 교통시설, 21세기를 위한 도심환경 조성을 목표로 도심재건을 위한 사업을 진행하였다. 아이러니하게도 도시재생사업의 계기는 1996년 6월 15일에 발생한 아일랜드 공화국 군대의 테러였다. 맨체스터도심개발공사(CMDC, Central Manchester Development Corporation)가 주체가 되어 버려진 창고, 기차 역사, 낙후 건물, 부두 등을 매입하여 사무실, 주거, 레저 관광 복합단지로 개발하였다.[73] 이 도시재생사업은 성공적으로 진행되었고 흄, 노스모어, 샐퍼드 독, 캐슬필드 지역이 도심재생사업을 통해 다시 태어나게 되었다.

맨체스터는 유럽에서 손꼽히는 스타트업의 중심지로 성장하고 있다. 2015년 기준으로 현재 4,000개가 넘는 스타트업이 활동하고 있다. 이처럼 활발한 창업이 가능하게 된 배경은 대학과 정부 그리고 기업의 협업이 있었다. 먼저 맨체스터에는 맨체스터 대학교를 비롯해 많은 대학이 있다. 특히 맨체스터 대학은 영국에서 옥스퍼드, 캠브리지 다음으로 많은 25명의 노벨상 수상자를 배출하였다. 이 대학은 현대 전산학과 정보과학의 아버지라 불리는 앨런 튜링(Alan Turing)을 배출할 정도로 공학과 과학이 센 대학교인데 창업에 많은 관심을 기울이고 있다.[74]

현재 맨체스터는 영국 북부의 상업, 은행, 보험, 레저, 문화산업을 주도하는 도시로 성장하고 있다. 정부에서는 Science Park를 만들어 대학과 스타트업에서 개발한 기술을 사업화하는 데 도와주고 있고, 샐퍼드 독 근처에 부지를 마련하여 미디어 기업들을 유치하는 데 힘쓴 결과 BBC, iTV 등이 입주해 있다. 기업들도 스타트업 생태계 투자에 힘을 쓰고 있다. Cisco는 Mi-Create라고 불리는 기술 혁신 센터를 오픈하여 스타트

73 <지역경제보고서(2017년 12월)>, 한국은행, URL: https://www.bok.or.kr/portal/bbs/P0002507/view.do?nttId=233949&menuNo=200444&pageIndex=1

74 <영국 (축구)스타트업의 중심지, 맨체스터>, URL: https//cheesewinebreaduk.wordpress.com/2017/03/19/

맨체스터 미디어 시티

업들에게 공간 제공, 기술 자문을 해주고 있다. 바클리즈는 Barclays Escalator Accelerator 프로그램을 통해 기술 분야 스타트업들을 집중 지원하고 있다.[75]

산업 혁명을 바탕으로 찬란한 영광과 번영을 누렸던 도시가 긴 침체기를 거쳐 새로운 도시의 모습으로 성장하고 있다. 급속한 성장과 도시화 뒤에 이어진 급격한 도시 쇠퇴는 도시의 곳곳에 산업도시의 흥망성쇠 흔적을 남겼지만 20년 동안의 시의 지속적인 노력으로 산업도시의 그늘에서 벗어나 새로운 문화와 창조도시로 거듭나고 있다.[76]

---

75 「영국 (축구)스타트업의 중심지, 맨체스터」

76 <양도식 : 맨체스터, 산업도시에서 창조도시로 거듭나다>, URL: https//m.blog.naver.com/protyle87/8008372314

맨체스터의 수로 운하

2. 디트로이트 Detroit의 영광과 몰락

— 세계 자동차의 황제 도시에서 파산 도시로

디트로이트(Detroit)는 미국 오대호에 면한 미시간(Michigan)주의 가장 큰 도시이자 캐나다 온타리오주와 경계에 있다. 미시간은 인디언어로 '많은 물'이란 말을 불어로 번역한 mishigamaa에서 왔다고 한다. 디트로이트와 그 일대 미시간에는 프랑스인들이 1620년경부터 탐험하기 시작했고, 1700년에 들어서 프랑스인들이 요새와 교역지들을 세웠다. 1701년에 앙투안 드 라 모스 캐딜락(Antoine de la Mothe Cadillac)이 요새를 만든 것이 디트로이트의 시작이었다. 디트로이트의 이름은 해협을 뜻하는 프랑스 단어 detroit에서 유래되었다 한다. 1760년 프렌치 인디언 전쟁을 통해 영국이 이 지역을 통치했으나, 1783년 미국 독립 전쟁이 끝나자 미시간은 미국의 영토가 되었다. 당시에는 인디애나의 일부였다. 1837년 미시간은 미국의 26번째 주가 되었다.

1800년대 후반부터 디트로이트는 제조업이 발전하기 시작했는데, 1900년대 초부터 자동차 산업을 중심으로 도시가 비약적으로 발전했다. 미국 자동차의 Big3라 할 수 있는 포드, GM, 크라이슬러 등이 모두 디트로이트에 본사와 주요 공장을 둔 덕분에 노동자가 유입되고 인구가 증가했다. 1950년대 전성기를 맞이한 디트로이트는 미국에서 5번째 대도시가 되었다. 디트로이트의 이러한 성장 배경은 무엇일까?

먼저 운하의 효과에서 찾을 수 있다. 미국과 캐나다 국경선에는 5개의 초대형 호수가 있다. 5개의 호수는 슈피리어호(Lake Superior), 휴런호(Lake Huron), 미시간호(Lake Michigan), 이리호(Lake Erie), 온타리오호(Lake Ontario)이다. 이들 5개 호수는 별개의 호수지만 자연적으로 통하게 되어 있으며, 세인트로렌스 강을 통해 대서양으로 빠지게 된다. 오대호 중에 슈피리어호는 카스피해 다음으로 세계에서 두 번째로 큰 호수이다. 오대호에 인근에는 일찍부터 도시가 발달해 왔는데, 시카고, 밀워키, 클리블랜드, 버펄로, 토론토 등이 대표적인 오대호 인근 도시들이다. 이러한 대도시들 모두 오대호를 활용한 수송이 활발했으나 특히 운하가 개통되면서 본격적으로 발

수세인트마리 운하

달하기 시작했다. 오대호에 인접한 디트로이트 역시 마찬가지였다. 이리호와 허드슨강을 잇는 이리 운하(1825), 이리호와 온타리오호를 잇는 웰랜드(Welland) 운하(1833), 슈피리어호와 휴런호 사이의 수세인트마리(Sault St. Marie) 운하(1855)가 개통됨으로써 비용과 시간을 획기적으로 단축시켜 원료와 생산품들의 수출입이 원활해질 수 있었다.

오늘날 자동차의 원형이 되는 증기기관을 이용한 운송도구는 19세기 초 영국에서 먼저 개발했지만 적기 조례(Red Flag Act. 정식 명칭은 Locomotive Act.)로 인해 자동차 산업 발전이 더디게 진행되었다. 여기서 적기 조례란 자동차의 등장으로 피해를 본 마차 업자들이 안전을 이유로 자동차가 마차를 앞지르지 못하고 붉은 깃발을 드는 기수를 자동차에 두어야 한다는 조례이다. 이 조례로 인해 당시 자동차는 시속 30㎞ 정도로 달릴 수 있는데도 불구하고 시속 4마일(약 6.4km)로 속도가 제한되었다. 요즘 시각으로 보면 말도 안 되는 이 조례는 1865년에서 1896년까지 시행되었고, 이 조례로 말미암아 영국은 프랑스와 독일에 자동차 산업 주도권을 뺏기게 되었다.

19세기 말 미국에서는 자전거, 마차 제조회사들이 자동차에 관심을 갖고 우후죽순처럼 뛰어들어 난립하게 되었다. 마차 제조업을 통해 돈을 번 윌리엄 듀란트(William C. Durant)는 뷰익, 올즈모빌, 캐딜락[77], 폰티악 등을 합병하여 GM을 만들었다(1908). GM은 브랜드의 이미지에 맞게끔 다양한 형태의 자동차를 생산했다. 이에 반해 헨리 포드(Henry Ford)는 값싼 차를 대량으로 만들어 국민들에게 보급하고자 했다. 헨리 포드는 신시내티의 도축장에서 사용되던 컨베이어 벨트 시스템을 적용하여 연속 공정으로 자동차 부품을 조립하였다. 이를 위해 제품의 표준화, 부품의 단순화, 작업의 전문화 즉 3S 운동을 통해 작업 능률의 향상을 도모하였다. 세계 최초 양산 자동차인 포드 모델 T의 시작이었다(1903). 후에 월터 크라이슬러가 1925년에 세운 크라이슬러까지 미국 자동차의 빅 3 모두가 디트로이트에 주요 공장을 세운 덕분에 디트로이트는 '우승자의 도시'가 되었다.

그래서 '자동차의 수도'인 디트로이트는 자동차와 관련된 기록들이 많다. 제리 헤론이 정리한 연대표에 의하면 세계에서 처음으로 콘크리트 포장 도로가 생긴 곳도 디트로이트이고, 도로에 중앙선이 처음 그어진 곳

---

77 캐딜락은 디트로이트를 처음 만든 사람의 이름이다.

위: 캐딜락 / 아래: 포드 모델 T 트럭

도 디트로이트 부근이었다. 좋은 기록은 아니지만 세계 최초의 자동차 사망 사고도 디트로이트에서 일어났다. 이를 막기 위한 교통 신호등도 디트로이트에서 처음 설치되었다.[78]

그러나 우승자의 도시인 디트로이트는 2013년 파산 신청을 하게 된다. 파산 규모만도 180억 달러 우리 돈으로 20조가 넘는 미국 지방자치단체 역사상 최대 규모다. 파산 신청 당시 디트로이트는 1인당 주민 소득이 한국보다 낮은 1만 5261불에 불과했고, 7만 8000채의 집과 상가가 버려져 유령과 같은 도시가 되어 있었다. 그러면 디트로이트가 파산 신청한 진짜 이유는 무엇일까? 물론 가장 큰 이유는 도시 주력 산업인 자동차 산업의 경쟁력 약화에서 그 원인을 찾을 수 있다. 독일과 일본, 최근에는 한국 자동차와의 경쟁력에서 뒤처지게 되어 빅 3는 고용을 축소하거나 심지어 크라이슬러는 벤츠에 합병되었다.

디트로이트 쇠퇴에는 자동차 산업 경쟁력 약화 외에도 다른 이유들이 있다. 먼저, 도시의 치안문제다. 1967년 '12번가의 폭동'이라고 불리는 백인 경찰과 흑인 주민의 충돌이 있었다. 월남전에서 무사 귀환한 흑인들의 축하파티가 있었다. 그때 경찰이 무허가 술집 단속을 이유로 파티 현장을 덮쳐 손님들을 체포해갔다. 이에 흑인들이 인근 가게들을 약탈하면서 폭동이 시작되었다. 5일 동안의 폭동 결과, 43명이 사망하고 1,189명이 다치는 당시로서는 사상 최악의 폭동이 일어났다. 군 병력까지 투입되

78 〈자동차로 흥한 도시, 자동차로 망하다〉, 《오마이뉴스》, 2004. 08. 20.

고서야 진압되었다. 이 폭동의 결과 '하얀 탈출(White Flight)'이 잇따랐다. 백인들은 도시를 떠나 교외로 빠져나갔다. 결과적으로 디트로이트는 검은 도시가 되어버렸다. 현재 도심 인구의 80% 이상이 흑인이다. 반면에 어번 힐즈와 같이 디트로이트 교외의 인구는 백인이 70% 이상이다. 결과적으로 부유층의 교외 이동은 세수 감소를 가져왔고, 현재 디트로이트는 가장 범죄율이 높은 도시가 되었다.

디트로이트시 정부의 실정과 부패 문제도 파산에 있어서 중요한 원인이 되었다. 디트로이트 인구는 전성기인 1950년대에 185만 명인 데 비해 2016년 67만 명으로 절반 이상 줄어들었다. 인구가 줄어 세수가 감소하는데도 시 정부는 모노레일 등 사회간접자본을 확충하는 데 돈을 써 버렸다. 이러한 방만한 재정집행이 파산의 큰 원인이 되었다. 특히 1973년에 최초 흑인 시장으로 당선된 콜먼 영 시장 때 문제가 심각했다. 콜먼 시장은 20년간 시장으로 재직하면서 공정사회를 위해 진보적 정책을 주로 펴왔다. 지방정부 최초로 단독 소득세를 제정하고[79], 노조의 지지를 얻고자 공공노조와 관대한 계약을 했다. 즉, 공공안전 공무원은 매년 2.25%의 생활비 증가와 거의 무료인 건강 혜택을 누리고 연금에 한 푼도 보태지 않고 55세 나이에 임금의 약 85%를 받고 퇴직할 수 있었다. 부패문제도 심각했다. 2002년에서 2008년까지 재임했던 크웨임 킬패트릭(Kwame Kilpatrick) 시장은 뇌물수수 혐의로 실형을 선고 받았다. 연금 펀드 자문위원은 이사들에게 생일 선물로 5천 불 수표를 건네다가 체포되었다. 디트

79 에드워드 L. 글레이저/이진원, 『도시의 승리』, 서울: 해냄, 2011.

로이트에 부패가 많은 이유는 회계 장부의 75%가 수기로 기록되었기 때문이다.[80]

자동차 산업의 쇠퇴, 디트로이트시 정부의 인기 위주의 방만한 재정 집행과 부패 그리고 안전으로 인한 부유층의 이동은 디트로이트를 폭격 맞은 바그다드처럼 폐허로 만들었다. 또한 디트로이트는 자동차 천국 도시에서 범죄 천국도시가 되어 버렸다. 디트로이트 파산은 한국 지자체들에게도 시사하는 바가 크다. 우리나라도 인구가 줄고 있는 상황에서 지방자치단체가 무리하게 SOC 투자를 한다거나, 인기 영합적 정책을 편다면 디트로이트처럼 언제나 파산이 될 수 있다는 점을 명심해야 한다.

— 미국 자동차 빅 3의 경쟁력 약화의 진정한 배경

미국 자동차의 경쟁력 약화는 일시적인 현상이 아니다. 장기적이고 구조적인 원인으로, 빅 3를 중심으로 하는 전통 미국 자동차는 경쟁력이 약화되고 있다. 먼저 과거보다 경쟁자들이 많은 데서 그 원인을 찾을 수 있다. 50년대 이전까지 미국 자동차 회사 경쟁회사는 유럽 회사밖에 없었다. 그나마 유럽 회사들은 2차 대전의 폐허에서부터 복구하는 데 급급했다. 슈투트가르트의 메르세데스 벤츠 공장은 제2차 세계 대전 종전 후 1949년이 되어서야 첫 차를 생산해냈다. 그러나 지금은 전통의 독일, 프

80 <디트로이트 파산의 진짜 이유>, URL: https://blog.naver.com/dream_cc/20193008819

랑스 기업들은 물론이고, 일본, 한국 자동차 기업들의 경쟁력이 강화되어 새로운 경쟁자들이 많이 나타났다. 최근에는 중국 회사들도 글로벌 M&A를 앞세워 무시 못 할 존재가 되었다.

미국 자동차 회사들이 환경 변화에 대한 대응 미흡도 경쟁력 약화의 원인이다. 미국 자동차는 전통적으로 대형차에 기반을 두고 럭셔리한 디자인에 많은 관심을 기울여 왔다. 그러나 3차례 석유파동을 거치면서 고유가가 되고, 지구온난화로 인한 이산화탄소 배출 규제에 관심을 갖게 되었다. 사실 이전에 미국인들은 가솔린 등 기름 가격에 신경을 쓰지 않았다. 자국에서 생산되는 풍부한 석유로 인해 가격이 워낙 쌌기 때문이다. 그러나 이제는 미국에서도 고유가와 환경적인 문제가 중요한 이슈가 되었다. 미국에서 이를 위한 대표적인 정책이 CAFE(Corporate Average Fuel Economy)라 불리는 기업평균연비규제이다. 1975년부터 시행된 CAFE 기준은 모델별로 리터당 혹은 갤런당 평균 거리를 정하고 이를 어길 시에는 벌금을 부과하는 제도이다. 1978년형 모델부터 리터당 평균 7.7㎞, 1985년까지는 평균 11.7㎞로 정했다. 오바마 행정부는 2025년까지 리터당 23.2㎞로 높이도록 정했으나, 트럼프 행정부는 이에 미온적인 것으로 보인다. 이러한 CAFE 규정은 연비 개선과 이산화탄소 감축에 유효한 제도이지만 역설적으로 초기에는 미국 자동차 회사에 불리했다. 왜냐하면 유럽차와 일본차들은 전통적으로 소형차 위주여서 연비가 높았다. 또한 일본차들은 세계 최초로 자동차 엔진에 촉매 컨버터를 도입하는 등 이에 대한 대비가 높았다. 이에 반해 미국 자동차 회사들은 갑작스러운 소형화로 인한 품질과 안전성, 내구성에서 문제점이 발행했다. 이러한 상황에서 가장 먼저 직격탄을 맞은 것은 크라이슬러였다. 리 아이아코카 회장을 앞세워 반짝 반등했지만, 결국 크라이슬러는 1998년 다임러 벤츠에게 매각되었다. GM도 2009년 법정관리를 신청했다.

미국 자동차 회사가 약화된 치명적인 이유는 무엇보다도 강력한 노조와 높은 임금 때문이었다. 그리고 그 중심에는 디트로이트 협약이 있었다. GM은 1950년에 노조와 '디트로이트 협약'을 맺었다. 근로자들이 퇴직을 해도 연금과 건강보험료를 회사가 대신 내주도록 하는 협약이었다. 회사가 잘 나갈 때는 감내할 수 있을지 모르지만 이 협약은 회사에는 지옥으로 떨어지는 길이 되었다. GM이 1993년 이후 금융위기로 파산을 선언하기 직전인 2008년까지 15년 동안 퇴직자 연금과 건강보험료로 지출한 돈이 무려 1,030억 달러, 우리 돈으로 115조에 달한다. GM이 파산할

GM 르네상스 센터

당시 근로자가 18만 명이었던 것에 반해 퇴직자가 40만 명이었다. 직원 한 사람이 전직 노조원 두 사람을 먹여 살리는 구조였던 것이다. 이런 상황에서 기업이 경쟁력을 가질 리 만무하다. 그런데 문제는 이 디트로이트 협약이 GM 한 기업에만 국한된 문제가 아니었던 것이다. GM의 이 노사 문화는 다른 미국 자동차 기업에도 전파되었고, 이 중심에는 전미자동차 노조(UAW)가 있었다.

디트로이트 파산 선언, 특히 자동차 산업의 몰락이 우리에게 주는 교훈은 많다. 현대자동차를 중심으로 한 우리 자동차 산업은 그동안 비약적으로 성장해왔다. 1996년에 미국 자동차 시장에서 1%도 채 안 되는 시장 점유율이 이제는 10% 가까이 되었고, 현대차는 세계에서 빅 5 자동차 메이커가 되었다. 그러나 최근 적신호가 켜지고 있다. 현대차의 평균 임금(사장부터 신입 사원 임금의 평균)은 이미 1억에 가까울 정도로 높고, 생산성은 다른

폐허가 된 디트로이트 공장

자동차 회사에 비해 떨어지고 있다. 또한 노조의 영향으로 회사가 생산라인을 바꾸려면 노조와 협의해야 하고 노조의 자녀들도 일정 부분 채용시켜야 한다. 직원들은 열심히 일해 승진하는 것보다 적당히 일하면서 노조에 남아 있고 싶어 한다. 몰락하기 직전의 GM의 모습을 닮아가는 것 같아 걱정스럽다.[81]

— 미래자동차의 권력 이동

자동차의 권력 지도가 바뀌고 있다. 그동안 전통적인 자동차는 지역적으로는 디트로이트가, 기술로는 내연기관이 핵심이었다. 그러나 더 이상 디트로이트가 자동차 권력의 핵심이 아니고 내연기관 기술이 자동차 기업의 핵심 기술(Core Technology)이 아니다. 먼저 미국 자동차 산업이 최근 회복하고 있지만 디트로이트보다는 다른 지역이 수혜를 보고 있다. 기존의 미국 빅 3는 물론, 다른 국가 기업들도 주로 미국 남부 지역에 투자하고 있다. 예를 들어 현대차는 앨라배마주에, 기아차는 조지아주에 투자를 했다. 또한 BMW는 사우스캐롤라이나에, 벤츠도 사우스캐롤라이나와 앨라배마에 공장을 설립했다. 혼다는 앨라배마, 인디애나, 오하이오에, 닛산은 미시시피와 테네시, 도요타는 인디애나, 켄터키, 미시시피, 텍사스에 투자를 했다. 이렇게 주로 남부 지역에 투자를 하는 이유는 남부 지

81 2013년 7월에 파산 신청을 한 디트로이트는 파산 1년 5개월 만인 2014년 12월, 시민들의 뼈를 깎는 노력에 힘입어 파산 종료를 공식 선언하며 도시 재건 의지를 밝혔다.

역이 다른 제조 기업이 없기 때문에 대체로 임금이 낮고, 남부 주 정부들은 일자리와 세수 창출을 위해 부지 제공, 도로 건설 등 많은 지원을 해 주고 있기 때문이다. 무엇보다도 남부 지역 주들은 '현대로', '기아로' 등 도로 명칭까지 변경할 정도로 외국 투자 유치에 공을 들이고 있다.

1879년, 카를 벤츠가 니콜라우스 오토 그리고 고틀리프 다임러 등과 더불어 자동차 내연기관의 특허를 취득한 이후로 내연기관의 기술 수준이 자동차 기업의 기술 척도였다. 그러나 최근에는 동력 장치 분야에서는 전기 자동차, 운전자와 자동차와의 관계에서는 자율주행자동차, 자동차가 주변 환경과 데이터를 주고받는 커넥티드 카, 차량 소유 관점에서는 차량 공유가 미래 자동차의 핵심 이슈가 되고 있다. 현재 전기 자동차 분야에서는 미국 테슬라와 중국 BYD, 자율자동차와 커넥티드 카 분야에서

CES에서 전시된 미래 자동차. 이제는 자동차가 단순한 수송수단이 아니라 엔터테인먼트와 진료를 할 수 있는 다양한 공간을 제공하고 있다.

는 IT 기업인 구글과 애플, 알리바바 그리고 퀄컴 및 엔비디아 같은 기업들이 각광을 받고 있다. 이는 주식 시장에서 테슬라의 시가 총액이 포드보다 많은 것으로 나타나고 있다. 차량 공유 분야에서는 미국의 우버, 중국의 디디추싱, 한국의 카카오 등이 시장을 지배하고 있다. 이제는 자동차의 핵심 기술이 내연 기관이 아니라 전기자동차에서는 배터리와 모터, 자율자동차 및 커넥티드 카에서는 센서, ECU, 데이터 처리, 디지털 지도 등이 되고 있다. 이제 자동차 시장에서는 업종의 경계가 없는 무한 경쟁의 시대가 도래한 것이다. 미국 라스베이거스에서 해마다 열리는 전시회인 CES(Consumer Electronic Show)에서 이러한 모습을 잘 보여주고 있다.

파산한 디트로이트의 한 건물

GERMANY

München

3. 옥토버페스트의 뮌헨 München

우리나라는 국내 주요 기업의 본사가 대부분 서울에 몰려있다. 그러나 지역적 전통이 강하고 연방제 국가인 독일은 그렇지 않다. 세계적 기업이 많은 독일에서 가장 부유한 도시는 어디일까? 일반적으로 1인당 GRDP(지역 총생산)가 생산적인 측면에서 지역 경제를 측정하는 지표로 쓰인다. 세계은행 자료에 의하면 2013년 말 기준으로 폭스바겐의 본사가 있는 볼프스부르크가 128,000불로 1인당 GRDP가 가장 높았다. 반면에 상장기업 시가총액 가치로 보면, 세계적인 축구팀 바이에른 뮌헨의 본거지인 뮌헨이 항상 1위를 차지하고 있다. 세계적인 자동차 기업 BMW, 전

디즈니랜드 신데렐라성의 실존 모델인 노이슈반슈타인성(Schloss Neuschwanstein)

기 전자 기업 지멘스(Siemens), 보험회사이자 바이에른 뮌헨 경기장 스폰서인 알리안츠(Allianz) 등의 본사가 뮌헨에 위치해 있기 때문이다. 시가총액 2위인 볼프스부르크보다 세 배나 많다. 독일의 수도인 베를린은 Top20에 끼지도 못했다.[82]

— 독일 가톨릭의 수호도시

뮌헨은 독일 남부 바이에른(Bayern)주의 주도이다. 바이에른은 영어로

82 〈Die 20 wertvollsten Städte Deutschlands〉, 《Bild》, 2014. 05. 13.

는 바바리아(Bavaria)라 부른다. 독일에는 13개의 주와 베를린, 브레멘, 함부르크 등 3개 자유 도시가 있다. 바이에른은 13개의 주 가운데 가장 면적이 큰 주이자 독일 내에서 상당히 이색적인 지역이다. 먼저 대부분의 독일 지역은 로마의 영향을 받지 않았다. 서기 9년, 아우구스투스 황제 때 로마 장군 바루스가 이끄는 3개 로마 군단이 토이토부르크 숲 전투에서 게르만족 일파인 케루스키족 족장인 아르미니우스에게 전멸당했다. 그 이후 로마제국은 대체로 라인강을 경계로 게르만족과 대치를 해서 유럽 많은 나라들과는 달리 독일은 로마제국의 지배권에 편입되지 않았다. 그런데 서부 라인란트 지방, 오스트리아 그리고 뮌헨이 있는 남부 바이에른에는 로마 속주가 설치되어 그 문화적 영향을 받은 측면에서 다른 지역과는 다르다.[83]

또 뮌헨을 포함한 바이에른 지역이 다른 점은 대부분의 독일 지역이 개신교를 믿는 것과는 달리 가톨릭을 신봉한다는 것이다. 필자가 뮌헨 안경전시회인 뮌헨 옵틱스(München Optics)에 갔을 때, 뮌헨의 웅장한 프라우엔키르헤(Fraunenkirche)를 보고 깜짝 놀란 기억이 난다. 바이에른 뮌헨은 30년 종교 전쟁 때에도 가톨릭의 편에 서서 싸운 가톨릭의 수호도시였다.

뮌헨은 영어로는 Munich라고도 한다. 뮌헨은 안정적인 경제와 사회제도, 낮은 범죄율 덕분에 독일 내에서 삶의 질 조사에서 항상 상위권을 차지하고 있다. 또한 옥토버페스트(Oktoberfest)로 많은 관광객들이 찾고 있

---

83 로맨틱 가도가 뮌헨 부근을 지난다.

기도 하다. 뮌헨이라는 도시 이름은 '수도자들의 공간'이란 뜻으로 무니헨(Munichen)에서 유래되었다. 이 도시는 베네딕토회 수도자들에 의해 건립되었다. 지금도 뮌헨의 휘장에는 수도자 그림이 있다. 또한 뮌헨 신청사 85m 첨단 꼭대기에도 수도승이 있다.

첨단에 수도승이 있는 뮌헨 신청사와 마리엔 광장

가톨릭의 대표적인 수도회 중의 하나인 베네딕도회는 이탈리아 출신 성 베네딕토(480~543년)에 의해 설립되었다. 베네딕도 수도회는 '기도하며 일하라'라는 말로 요약될 수 있다.[84] 베네딕도회는 예수회나 프란체스코회보다는 중앙집권적이 아닌 느슨한 연합회 형식이다. 우리나라에도 서울, 부산, 대구에 있고 특히 칠곡 베네딕도 수도원은 공지영 소설 '높고 푸른 사다리'의 배경이 되었다. 왜관 베네딕도 수도원에 속한 분도 출판사가 있는데, 분도는 베네딕토의 한문 음역이다.[85]

뮌헨을 비롯한 바이에른 사람들은 자신들을 '독일인'이라기보다 '바이에른 사람'으로 인식하고, 다른 독일인들 역시 바이에른 사람들을 독일

수도승이 있는 뮌헨의 휘장

84 〈기도와 노동, 베네딕도회수도원〉, 《경향신문》, 2011. 11. 17.

85 베네딕토회, 나무위키, 2019. 02. 21. 검색, URL: https://namu.wiki/w/베네딕토회

인들과는 좀 다른 사람들로 인식한다. 바이에른은 여러 가지 측면에서 독일보다는 오히려 오스트리아와 비슷한 점이 있다. 먼저 문화적인 측면에서 양 지역은 독일에서는 독특하게 로마 제국 문화의 영향을 받았다. 언어적 측면에서 뮌헨은 표준 독일어(Standard Deutsch)보다는 오스트리아 독일어에 가까운 오스트로-바이에른어(Boarisch, Austro-Bavarian)를 사용하고 있다. 바이에른 지배 가문은 비텔스바흐 가문(House of Wittelsbach)으로 당시 오스트리아 바벤베르크 가문과는 친족이다. 이러한 유사성을 배경으로 바이에른 왕위 계승 전쟁에서 오스트리아가 지배권을 주장하기도 한다. 실제 뮌헨에 가 보면 오스트리아 빈과의 거리가 진짜 가깝다는 것을 느끼게 된다.

비텔스바흐 가문의 역사는 곧 뮌헨의 역사가 된다. 비텔스바흐 가문은 1180년부터 프리드리히 바르바로사 황제[86]로부터 증여받아 바이에른 지역을 지배하기 시작하여 1918년까지 바이에른을 지배한다. 비텔스바흐 가문은 루트비히 4세가 신성로마제국의 황제가 됨으로서 유럽 최고 명문가가 되었다. 신성로마제국은 오늘날의 독일, 오스트리아, 체코, 북이탈리아 지역의 국가 연합체로 동프랑크의 혼란상을 수습하고 마자르족의 침입을 물리친 작센 공 오토 1세가 초대 신성로마제국 황제로 등극한 후 시작된다. 신성로마제국의 황제는 초기에는 강력한 권한을 가졌으나 후기로 갈수록 제후들의 연합체적 존재로 변해버렸다. 그러나 나폴레옹

86 제3차 십자군 전쟁에 참여하여 사망한다. 제2차 세계 대전 때는 히틀러가 소련 침공 작전을 바르바로사 작전이라 명한다.

에 의해 해체되기 전까지 황제는 국가 통합의 상징성을 갖고 있었다. 신성로마황제는 1356년 금인칙서(Golden Bull)에 의해 확정된 독일 선제후들의 선거로 선출되었다. 여기서 선제후(Prince-elector)란 신성로마황제 선거권이 있는 제후를 말하는 것으로 3명의 대주교들(마인츠 대주교, 트리어 대주교, 쾰른 대주교)과 4명의 세속 군주들(보헤미아 왕, 라인팔츠 궁중백, 작센 공작, 브란덴부르크 변경백)로 구성되어졌다. 따라서 이들 선제후들의 권한은 여타 다른 제후들보다는 강력한 힘을 가지고 있었다. 후기로 갈수록 오스트리아 합스부르크가가 황제 자리를 독식했지만 이들에 의해 황제가 결정되었다.

바이에른은 초기에는 표면상으로 선제후가 아니었으나 라인팔츠 궁중백과 보헤미아 왕과는 특수한 관계에 있어 사실상 선제후 중에서도 강력한 영향력이 있는 선제후였다. 후기에 라인팔츠를 대신해 정식 선제후가 된다. 뮌헨과 신성로마제국 관계는 뮌헨이 루트비히 4세 시절부터 시기(City Flag)의 고유색을 신성로마제국의 상징인 흑색과 금색으로 채택하고 있는 데서도 알 수 있다. 뮌헨에는 15세기부터 많은 고딕 양식의 건물들이 건축된다. 이 시기에 건축된 건물 중 가장 중요하고 지금도 뮌헨 시민들이 사랑하는 건축물이 프라우엔키르헤(Frauen Kirche), 우리말로는 성모성당이다. 드레스덴의 프라우엔키르헤와는 느낌이 다르다. 뮌헨의 프라우엔키르헤는 1468년부터 공사하여 20년 후에 완공된다. 길이가 100m에 이르고 독일 남부에서 가장 크다. 공사 당시 뮌헨 인구가 1만 5천 명이었는데, 이 성당은 2만 명 수용 규모로 지어졌다 한다. 특이하게 보이는 양파 모양의 돔은 이스라엘 예루살렘의 '바위 돔 교회'를 모델로 했다 한다. 교회 입구에는 '악마의 발자국'이라고 불리는 발자국이 있는데, 악마

뮌헨 성모성당(Munich Frauenkirche)

가 교회가 완성된 후 한 발자국만을 떼고 성당의 창문을 보았다는 전설이 내려와서 많은 여행자들이 이 발자국에 발을 대본다.

1506년, 뮌헨은 통일 바이에른의 수도가 된 후, 독일 르네상스의 핵심 도시가 되고, 마르틴 루터의 종교 개혁 광풍이 불어 닥칠 때는 독일 가톨릭 연맹 중심 도시가 된다(1609년). 30년 종교 전쟁에서는 스웨덴 왕 구스타브 2세에게 도시를 점령당하기도 한다.

— 바이에른 왕국의 수도로, 그리고 독일 제국으로

1806년, 나폴레옹이 신성로마제국을 해체하자, 바이에른 선제후국은 바이에른 왕국이 된다. 오늘날의 바이에른 주와 라인란트-팔츠주의

뮌헨 루트비히 막시밀리안 대학교

일부분을 합친 지역이 바이에른 왕국이었다. 당시 바이에른 왕국은 독일 연방 내에서 합스부르크가의 오스트리아와 호엔촐레른가의 프로이센에 이어 3번째로 큰 왕국이었다. 이 기간 중에 바이에른 최초의 헌법이 만들어지고 의회가 발족된다. 모든 유럽의 나라들이 그렇듯이 프랑스 혁명의 영향으로 절대 군주제에서 입헌 군주제로 변화하고 있었다. 막시밀리안의 아들 루트비히 1세[87] 시대에 지방자치제와 신교도들의 정치 참여 허용 등의 개혁조치들이 취해졌다. 또한 루트비히 1세는 예술과 학문을 장려하고 현재 독일에서 두 번째 큰 대학인 뮌헨 루트비히 막시밀리안 대학교(LMU)를 지방도시 란츠후트에서 뮌헨으로 옮겼다. 현재 뮌헨 발전에 가장 기여를 많이 한 사람이라 평가받는다.

87 바이에른에서는 루트비히(Ludwig)라는 왕이 참 많다.

이 루트비히 1세는 재미있는 사람이다. 루트비히 1세는 작센 테레제(Therese) 공주와 결혼한다. 이 결혼에는 두 가지의 의미가 있는 데, 가톨릭 국가인 바이에른이 신교도 국가인 작센과 관계를 맺는 의미가 있고, 또한 이 결혼을 축하하기 위해 열린 축제가 오늘날의 옥토버페스트가 되었다는 것이다. 10월의 축제라는 뜻의 옥토버페스트(Oktoberfest = 10월 Oktober + 축제 fest)는 9월 말부터 10월 초까지 2주간 열린다. 옥토버페스트는 1810년부터 개최되었고, 항상 테레지엔비제에서 열린다. 개최 장소인 잔디공원을 테레지엔비제(Theresienwiese)라고 명명한 것은 테레제 공주의 이름을 딴 것이라 한다. 매년 관광객 500만 명 이상이 방문하고 소시지 20만 개 이상, 맥주 500만 리터 이상을 소비하는 거대한 축제가 되었다.[88]

테레지엔비제에서 열리는 옥토버페스트

88 치킨과 맥주의 이름을 딴 대구 치맥 축제의 원조라 할 수 있다.

루트비히 1세는 배우이자 댄서인 롤라 몬테즈와의 염문으로도 유명하다. 롤라 몬테즈는 아일랜드 출신의 댄서이자 배우로 본명은 엘리자베스 로잔나 길버트였다. 롤라 몬테즈는 옥토버페스트에서 춤을 추었고, 이것이 인연이 되어 루트비히와 사랑에 빠졌다. 그녀는 그때 이미 이혼녀였다. 그러나 사랑에 눈이 먼 루트비히는 롤라 몬테즈에게 백작 부인의 작위까지 주었다. 뮌헨 시민들은 그녀를 좋아하지 않았다. 이혼녀에다 난폭했으며, 왕의 앞에서도 무례했기 때문이다. 결국 시민들의 요구에 루트비히는 그녀를 추방했고, 그 자신도 퇴위했다.

독일을 중심으로 유럽 왕가에서는 귀천상혼(貴賤相婚, morganatic marriage) 배제 원칙이 있었다. 귀천상혼이란 신분이 다른 즉 높은 신분과 낮은 신분이 결혼하는 것이다. 왕족이나 귀족 혹은 귀족과 평민과의 결혼이 그 예이다. 왕실에서는 귀천상혼을 배제하고 왕족은 왕족끼리, 귀족은 귀족끼리, 평민은 평민과 결혼하는 것을 원칙으로 한다. 만약 귀천상혼을 하게 되면 그 사이에 태어난 자식은 부모 중 높은 신분의 작위를 상속할 수 없다. 예를 들면 오스트리아 헝가리의 프란츠 요제프 1세(1830~1916)는 황태자인 프란츠 페르디난트 대공 자녀들에게는 계승권을 주지 않았다. 대공이 시녀와 결혼했기 때문이다. 페르디난트 대공은 사라예보에서 피살되고 이는 제1차 세계 대전의 방아쇠를 당기게 된다.

여자에게는 상속할 수 없다는 살리카법과 귀천상혼 배제 원칙은 게르만족의 전통에서 나왔지만, 유럽 거의 모든 왕실에 통용되었다. 그 결과 국내에서 왕위 계승자가 없으면 외국에서 수입해가는 경우가 발생하고, 이를 두고 스페인 왕위계승전쟁과 같은 일이 벌어지곤 했다. 귀천상혼 배제의 나비효과는 또 있으니, 이 원칙으로 말미암아 왕실 간의 근친결혼이 나타나고, 근친혼은 러시아 로마노프 왕가의 혈우병이나 합스부르크가의 주걱턱으로 나타난다. 백마 탄 왕자와 결혼하는 신데렐라는 되기 어려웠던 것이다. 설사 결혼해도 공식석상에 나타나지도 못하고 행복한 결혼 생활이 되기 어려운 것이다.

1864년에 즉위한 루트비히 2세는 성(城)을 짓기를 좋아했다. 그의 치세 중에 노이슈반슈타인성, 린더호프성, 베르사유 궁전을 본 뜬 헤렌킴제성을 건설했다. 이 중에서 노이슈반슈타인성은 디즈니랜드 신데렐라성의 모델이 되었다 한다. 바그너를 후원한 것으로도 유명하다. 그러나 화려한 성 건설로 인해 국가 재정은 바닥나고 의료진으로부터 정신병자로 판정받고 퇴위당한다.

헤렌킴제성(Schloss Herrenchiemsee)

이 시기, 독일은 한창 통일 진행 중에 있었다. 원래 독일은 신성로마 제국이 있었으나 사실상 상징적인 존재였고, 많은 제후국으로 구성되어 있었다. 그러나 프랑스 혁명 이후 민족주의의 영향으로 통일 논의가 진행되었다. 독일 통일은 모든 게르만 국가를 포함하자는 오스트리아 중심의 대독일주의와 순수 게르만 국가만 포함하자는 프로이센 중심의 소독일주의로 대립되었다. 이면에는 주도권 경쟁이 포함되어 있었다. 결국 프로이센을 중심으로 독일이 1871년에 통일되어 독일 제국이 되었다. 제2제국(Zweites Reich)의 탄생이었다. 프로이센의 무력과 철혈 수상 비스마르크의 절묘한 외교술이 가미된 결과였다. 독일 제국은 연방형태로서 통일 당시 4 왕국, 6 대공국, 5 공국, 7 후국, 3 자유시로 구성되어 있었다.

니더발트 기념탑(Niederwald Monument 1871년 독일 통일과 보불전쟁 전승을 기념하여 1883년에 프로이센 왕 빌헬름 1세가 세운 니더발트 기념탑이 라인강 언덕에 있다. 높이가 38m의 게르마니아 여신이 청동상으로 제작되었으며, 빌헬름 1세와 비스마르크의 모습도 새겨져 있다.

뮌헨을 중심으로 한 바이에른 왕국도 독일 제국 연방의 가맹국이 되었다. 바이에른 왕국은 독일 제국 내에서도 독특한 존재였다. 제국 내에서 유일하게 바이에른 왕국은 군대를 보유할 수 있었다. 미국의 텍사스와 비슷한 존재였던 것이다. 군대 보유의 특권을 가졌지만, 뮌헨 시민들과 바이에른은 프로이센에 대해 좋지 않은 감정을 갖고 있었다. 그 이유는 독일 통일 과정에서 프로이센이 주도가 되어 북독일연방을 구성하고 마지막으로 바이에른 왕국이 합류하여 패전국 비슷한 취급을 받고 있다고 생각했다. 또한 프로이센의 호엔촐레른 가문은 비텔스바흐 가문보다 훨씬 뒤떨어진 가문이고, 특히 프로이센 동부 지역은 바이에른 출신의 신성로마황제 루트비히 4세(1314~1347)가 러시아와 리투아니아 지역을 정복하라는 튜턴 칙령을 튜턴 기사단에게 부여함으로써 개척했다는 역사적 사실에 근거해 바이에른이 프로이센보다 우월하다는 생각을 갖고 있었다.

— 현대 독일의 아픔을 간직한 도시

30년 종교 전쟁, 나폴레옹과 제1차, 2차 세계 대전을 독일의 트라우마라 한다. 뮌헨에는 현대 제2차 세계 대전과 관련된 아픈 기억이 많은 도시이다. 먼저, 아돌프 히틀러에 관한 기억이 많은 도시이다. 오스트리아 출신 히틀러는 제1차 세계 대전에 참전하여 철십자 훈장을 받기도 했다. 패전 후 독일은 경제 파탄과, 물가 상승, 사회 불안의 혼란에 휩싸였다. 신생 바이마르 공화국은 이를 통제하지 못하고 있었다. 히틀러는 1923년에 국가 사회주의 독일 노동자당(나치당)을 조직하고 뮌헨에서 쿠데

히틀러와 뮌헨 협정을 맺고 영국에서 기자회견하는 체임벌린.

타를 일으켰다. 그러나 군부 등의 반대로 쿠데타는 실패하고 히틀러를 비롯한 지도부는 체포되어 구속된다. 히틀러가 뮌헨에서 폭동을 시도한 것은 당시 뮌헨이 강력한 우파의 근거지였고, 오스트리아 출신의 히틀러가 뮌헨에 친숙했기 때문이었다. 감옥에서 『나의 투쟁(Mein Kampf)』을 저술하고 9개월 만에 석방된 그는 당의 재건을 시도했지만 쉽지 않았다. 그러던 그에게 기회가 왔다. 1929년에 미국발 대공황이 독일을 덮쳤다. 대공황은 제1차 세계 대전의 충격에서 막 벗어나려던 바이마르 공화국을 경제적으로 KO시켰다. 기업들이 도산하고 실업자가 거리에 넘쳐나는 혼란기에 나치당은 1당이 되고, 1934년에 히틀러는 힌덴부르크를 이어 독일 대통령과 총리의 지위를 겸하는 총통이 되었다. 제3제국의 탄생이었다.

제3제국 시대에 역사적인 회담이 뮌헨에서 있었다. 재무장한 히틀러의 독일은 중립지대 라인란트를 점령하고, 민족주의를 내세워 1938년에는 오스트리아를 합병했다. 영국과 프랑스는 이를 비난했지만 히틀러는 아랑곳하지 않고 독일인이 많이 사는 체코슬로바키아의 주데텐 지방을 요구했다. 체코슬로바키아는 당연히 강력 반대했고 프랑스도 반대하면서 군사동원령을 내려 전쟁에 대비했다. 그러나 전쟁만은 막으려던 영국 수상 네빌 체임벌린은 뮌헨에서 히틀러와 만나 주데텐을 주면 더 이상 요구하지 않는다는 조건으로 합의했다. 이를 뮌헨 협정(Munich Agreement)이라 한다. 그러나 얼마 후 히틀러는 체코슬로바키아의 나머지도 점령하게 된다. 이후에 제2차 세계 대전이 일어난다. 유화 정책의 실패로 체임벌린은 책임을 지고 총리직에서 물러난다. 뮌헨 협정은 '전쟁을 피하려고만 해서는 안 된다.'는 진리를 우리에게 가르쳐준다.

다하우(Dachau) 강제 수용소는 나치 독일의 강제 수용소로서 독일에서 최초로 개설되었고, 뮌헨 북쪽에 있다. 이 수용소는 다른 수용소들의 원

다하우 수용소 다하우 수용소는 나치 독일이 최초로 세운 수용소이다. 1933년 3월 22일부터 1945년 4월 29일까지 운영되었다. 가스 챔버에 들어가면 지금도 오싹한 기분이 든다.

형이 되었다. 다하우 수용소에 수감된 인원들 중 상당수는 유대인들이었다. 유대인을 비롯한 수만 명이 병으로 혹은 가스실에서 죽었다. 몇 년 전 필자가 다하우 수용소 가스실에 갔을 때, 죽어간 사람들 생각에 오싹하고 처절한 느낌이 들었다. 다하우 수용소는 아우슈비츠 강제 수용소와 더불어 나치 강제 수용소의 상징이 되었다.

뮌헨에서는 현대사의 아픈 기억이 또 있다. 뮌헨 올림픽 참사 사건이다. 1972년에 뮌헨에서는 하계 올림픽이 개최되고 있었다. 이때 '검은 9월단'이라 불리는 팔레스타인 테러 단체가 이스라엘 선수단을 인질로 잡았다. 독일 경찰이 진압 과정에서 이스라엘 선수단 9명 전원이 사망하고, 테러단도 전원 사살되거나 체포된다. 이 사건으로 올림픽기가 처음으로 대회 기간 중에 조기로 계양되었다. 이스라엘은 이에 대한 보복으로 '신의 분노' 작전을펼쳐 이 테러와 관련된 검은 9월단 간부들을 베이루트 등에서 암살한다. 이스라엘 비밀경찰 모사드가 이 작전을 수행한다. 2005년 상영된 스티븐 스필버그 감독의 영화 '뮌헨'은 신의 분노 작전에 기초해 제작되었다.

— 독일 최대의 산업 도시로, 기업 도시로

뮌헨에는 현재 독일에서 가장 글로벌 기업이 많은 도시이다. 자동차의 BMW, 트럭의 MAN, 전기전자의 지멘스(SIEMENS)와 그 계열 회사로 시스템 반도체 회사 인피니온과 전구회사 오스람 등의 많은 제조회사가 있다. 또한 알리안츠, 뮤닉 리와 같은 보험회사와 금융회사들도 있다. 독일 최대 신문사인 쥐트도이체 차이퉁과 독일 제1방송 ARD 본사도 뮌헨에 있다.

뮌헨 지역은 전통적으로 산업이 발달한 도시가 아니었다. 그런데 어떻게 이러한 많은 기업들이 있고, 심지어 상장기업 시가 총액으로는 독일에서 압도적인 1위의 도시가 되었을까? 여기에는 루트비히 1세(1825~1848)의 역할이 컸다. 루트비히 1세는 1826년에 뮌헨 대학교(루트비히 막시밀리안 대학교)를 란츠후트에서 뮌헨으로 옮겼다. 뮌헨 대학교는 지금까지 34명의 노벨상 수상자를 배출했다. X선을 발견한 뢴트겐, 막스 플랑크 연구소의 아버지 막스 플랑크[89] 등 많은 물리학자와 화학자를 배출했다. 또한 토마스 만과 같은 극작가와 독일의 초대 총리 콘라드 아데나워 같은 유명 정치인들도 이 대학 출신이다. 뮌헨 대학교에서 나온 인력들은 19세기 말부터 시작된 제2차 산업 혁명의 선도적 역할을 담당했다. 또한 루트비히 1세는 신교도들에게 종교적 자유를 허용했다. 그는 결혼부터 신교도 국가인 작센 공주 테레제와 했던 것이다. 가톨릭 수호 국가인 바이에른 왕으로서는 큰 결단이었고, 이 결정은 뮌헨 산업에 큰 영향을 주었다.

제2차 세계 대전 패전 후 동·서독의 분단은 뮌헨에게는 새로운 기회가 되었다. 동독이 소련 점령하에 공산화가 되자, 동독 지역에 있던 기업들 특히 베를린에 본사를 두고 있던 많은 기업들이 서독으로 옮기게 되었

89 이런 영향으로 막스 플랑크의 본부가 뮌헨에 있다.

다. 2015년도 기준 자산총액 6,249억 유로로 보험 분야에서 가장 큰 기업 중의 하나인 알리안츠(Allianz)는 1890년 베를린에서 설립되어 종전 후 뮌헨으로 왔다. 자동화 및 제어, 전력, 운송, 의료, 정보통신, 조명 등 6개의 주요 사업부문을 가진 복합기업 지멘스(SIEMENS)는 1847년 베를린에서 설립되었다. 지멘스는 종전 후 나치에 협력한 전범기업으로 더 큰 피해를 입었는데, 역시 동독에서 빠져나와 뮌헨에 자리를 잡았다. 동·서독의 분단이 뮌헨에게는 기회가 되었던 셈이다.

뮌헨의 기업들은 지역에 고용창출, 세금납부의 역할도 하지만 관광객 유치 역할도 한다. 대표적인 기업이 BMW이다. BMW는 원래 항공기 엔진 제조사였다. 그런데 제1차 세계 대전 후 독일이 패배해 항공기를 만들 수 없게 되자 오토바이 제조업체로 변신한다. 그러다가 1935년도부터 독자 자동차 모델을 생산하기 시작한다. 그 이후 BMW가 만드는 차마다 명차가 된다. 이러한 BMW는 뮌헨에 많은 관광객을 유치해 준다. 바로 BMW Welt(BMW 벨트, 영어로는 BMW World)와 BMW 박물관이 있기 때문이다. 현대자동차그룹이 서울 삼성동 한전

BMW 박물관

사옥 부지를 매입하고 글로벌 비즈니스 센터를 조성하겠다고 하면서 벤치마킹 대상으로 삼은 곳이 BMW Welt이다. BMW Welt에는 차량 인도장이 있다. BMW Welt에서 고객에게 전달되는 차량은 연간 4만 5천대 안팎이라 하니, 가족을 포함하면 연인원 최소 20만 명이 차를 인도받기 위해서 온다고 예상된다. 그 외에 박물관까지 포함하면 수십만 명이 BMW 때문에 뮌헨을 방문하는 것이다. 물론 뮌헨시도 BMW의 부지 매입 지원과 교통 환경 개선을 지원했다고 한다.[90]

뮌헨에서 빼놓을 수 없는 산업이 맥주 산업이다. 독일의 토양은 석회암으로 이루어져 지하수를 그냥 마시기 어렵다. 그래서 옛날부터 독일인들은 물 대신 맥주를 마시게 되었다. 독일에는 크고 작은 맥주공장이 1,300여 개 이상이 있다고 한다. 각 지역마다 맥주 공장이 있다. 그러나 유독 뮌헨을 중심으로 한 바이에른 지방이 유명하다. 바이에른에서 생산되는 맥주로는 색이 진하고 맥아의 풍미가 강한 헬레스(Helles), 맑고 뒷맛이 깔끔해서 가장 대중적인 맥주인 필스너(Pilsner)가 가장 유명하다. 그 외에도 바이첸비어, 라우흐비어, 라들러와 샌디, 슈바르츠비어, 둥켈 등 많은 맥주가 뮌헨에서 생산된다. 그러면 왜 뮌헨 맥주가 독일에서 유명하게 되었을까? 그것은 '맥주 순수령(라인하이츠거보트, Reinheitsgebot)' 때문이다. 맥주 순수령은 맥주를 주조할 때는 홉, 정제수, 맥아만이 사용되어야 한다는 것으로 1516년, 바이에른 공작 알브레히트 4세가 제정했다. 그런데 1871년, 프로이센 주도로 독일이 통일될 때, 바이에른은 통일 독일 제국

90 〈기업과 도시의 상생…BMW와 뮌헨에서 배워라〉, 《한국경제》, 2007. 10. 29.

옥토버페스트에서 디른들(Dirndl)을 입은 여인

에 가입 조건으로 맥주 순수령을 제국 전체가 따를 것을 요구했다. 다른 지역의 양조장들이 반대했지만, 프로이센 정부는 이 조건을 받아들였다. 이후에 필스너를 비롯한 바이에른 전통 맥주들이 독일 전역을 장악하게 되었다. 1993년에 맥주 순수령이 폐지되고 임시 독일맥주법이 제정되어 설탕 등 다른 재료가 사용된다.

가슴 선을 강조하는 디른들(Dirndl, 어린 소녀를 뜻하는 바이에른의 방언) 입은 여인들이 엄청 큰 맥주잔을 들고 마시는 옥토버페스트는 뮌헨의 여유와 낭만을 나타내는 가장 상징적인 모습이 아닐까 싶다. 뮌헨 마리안 광장에서 불꽃처럼 살다간 작가 전혜린을 생각하며 맥주를 마시고 싶다.

독일 바이에른 뮌헨의 올드타운 전경

AUSTRIA

Wean

4. 몰락한 합스부르크 왕가에서 국제기구 도시가 된 빈 Wean

바벤베르크 가문의 적백적 문장은 오늘날 오스트리아 공화국 국기의 원형이 되었다.

빈은 독일어로는 Wien, 오스트로 바이에른어로는 Wean, 영어로는 Vienna라 부르는 오스트리아의 수도이다. 빈은 도나우강변에 위치한 매우 아름다운 도시이자 살기 좋은 도시로 꼽힌다. 영국의 컨설팅 업체인 머서

(Mercer)에서는 '삶의 질 보고서'라는 이름으로 매년 세계 여러 도시들을 평가한다. 이 평가보고서에서는 10가지의 평가 요소로 평가하는데, 오스트리아 빈은 매번 1, 2등을 다툰다. 빈은 악성 베토벤과 모차르트 등이 활동한 예술의 도시로도 유명하다. 그러나 필자는 이 책에서 기본적으로 경제적인 관점에서 도시를 바라보는데, 이러한 점에서 빈은 과거의 영광을 잃어버렸다고 본다.

— 합스부르크가의 고향 도시

고대 최대 제국 로마는 아우구스투스 이래로 라인강과 도나우강(혹은 다뉴브강)을 경계로 제국을 방어했다. 빈이라는 도시의 명칭도 고대 로마의 전진기지인 빈도보나(Vindobona)에서 유래되었다고 한다. 게르만족 대이동 이후 독일 민족 영토가 되고 976년에 바벤베르크 가문(Die Babenberger)이 지배한다. 뮌헨을 지배했던 비텔스바흐 가문도 바벤베르크에서 분가한 가문이다. 바벤베르크 가문은 후사가 없어 빈의 지배가 끝난다. 당시에는 여성은 상속할 수 없다는 살리카법이 엄격히 작용되었기 때문이다. 이를 대신해 스위스 지역에 있었던 합스부르크 가문(Habsburg Haus)이 1278년부터 빈과 오스트리아 지역을 지배하게 된다. 유럽 최고의 명문 귀족이자 황족 가문의 탄생이었다.[91]

91 합스부르크라는 이름은 들의 발원지인 지금의 스위스 내 합스부르크라는 지명에서 유래되었다.

빈을 차지한 루돌프 1세는 내친김에 신성로마제국의 황제까지 되었다. 그러나 14세기와 15세기까지는 합스부르크 가문보다 더 강력한 가문이 독일에 있었다. 룩셈부르크 가문과 비텔스바흐 가문이었다. 룩셈부르크 가문은 오늘날의 베네룩스 3국 중 하나인 룩셈부르크의 모체가 되는 가문이었다. 그러면 합스부르크는 어떻게 유럽 최고의 가문이 되었을까? 바로 결혼 동맹이었다. 이는 합스부르크 가훈에 잘 나타나 있다.

'다른 이들은 전쟁을 하게 두어라.
너 행복한 오스트리아여, 결혼하라!'

16세기 카를 5세(1519~1556) 때 합스부르크는 최전성기를 맞고, 유럽의 패자가 되었다. 금수저를 넘어 황금수저였던 카를 5세는 잘난 아버지 막시밀리안 1세 덕분에 많은 나라들을 상속할 수 있었다. 그가 즉위할 때 가지고 있었던 나라들은 오늘날의 독일, 오스트리아, 체코슬로바키아와 폴란드 일부를 아우르는 신성로마제국, 레콘키스타를 완성한 통일 스페인, 이탈리아 일부 그리고 네덜란드를 중심으로 한 저지대 국가들이었다. 그 외에도 막 개척되기 시작한 아메리카를 비롯한 많은 해외 식민지를 갖고 있었다. 이는 유럽에서 로마 시대 이후 가장 많은 땅을 갖고 있는 사람이 되었다는 의미였다. 당시 카를 5세에게 유일하게 대드는 국가는 프랑스였다. 그러나 이 프랑스마저도 1525년, 파비아 전투에서 박살난다. 파비아 전투는 기병대가 총병에 의해 최초로 패한 전투로 유명하다. 총이 전투에서 중요한 수단으로 등장하게 된다. 이제 유럽에서는 아무도 카를 5세에게 적수가 안 될 것처럼 보였으나 큰 변수가 발생한다.

바로 종교 개혁과 오스만 튀르크의 등장이었다. 종교 개혁의 영향으로 신교도 국가가 된 저지대 국가들과 독일 일부 제후국들과 싸우게 되고, 오스만 튀르크와는 지중해에서 그리고 빈에서 싸우게 되어 국력이 약해진다. 그의 사후 스페인은 아들인 펠리페 2세가 상속하여 스페인 합스부르크가가 되고, 신성로마제국은 동생 페르디난트 1세가 맡아 오스트리아 합스부르크로 분열된다.

바벤베르크 가문과 합스부르크 가문이 지배하는 동안 빈에는 중요한 건축물들이 많이 세워졌다. 대표적인 것이 빈 대교구의 주교좌성당이며 오스트리아의 혼이라 불리는 슈테판 대성당(Stephansdom)이다. 기독교 최초의 순교자 성 슈테판의 이름을 딴 슈테판 대성당은 1147년 로마네스크 양식으로 건축이 시작되어 1160년에 완공되었다. 그러나 빈의 대화재로 소

슈테판 대성당(Stephandom) 빈을 상징하는 슈테판 대성당은 신약성경에 나오는 최초의 순교자 스데반 집사의 이름을 따온 것이다. 슈테판 성당은 1147년에 축성되었고 2차 대전 때 화재가 있었으나 복원되었다.

실되어 전소되었다가 1263년 보헤미아 왕에 의해 재건되었다가 1359년 합스부르크 왕가 루돌프 4세가 고딕양식으로 개축하였다. 제2차 세계 대전 당시에도 포격으로 파손되었지만 국민 성금을 모아 보수하여 오늘에 이르렀다 한다. 이 성당은 모차르트가 결혼식과 장례식을 가진 성당으로 유명하다. 또한 이 성당은 여러 양식이 혼재되고, 이야기를 가진 구조물이 많다. 예를 들어 북쪽 탑에 종이 있는데, 이는 1683년 오스만 튀르크군을 몰아내고 수거한 대포를 녹여 만든 종이라 한다. 또 슈테플(Steffl)이라고 불리는 137m 높이의 첨탑이 있는데 이는 세계에서 세 번째로 높고 무려 23만 개의 벽돌로 지어졌다 한다.

— 2차례의 빈 공방전과 커피

빈이 유럽과 인류에 공헌한 몇 가지가 있다. 전 인류적 시각에서 보면, 베토벤과 모차르트를 비롯한 예술 그리고 많은 지성들에 의한 학문적 업적이다. 유럽으로 국한해 보자면 두 차례의 오스만 튀르크와의 빈 공방전을 통해 기독교 세계를 지켜냈고, 커피를 전파한 것이다. 빈은 서방 기독 세계의 수호 도시였던 것이다.

오스만 튀르크가 콘스탄티노플을 점령하고 동로마 제국을 멸망시키자(1453) 유럽 세계는 경악했다. 그러나 오스만 튀르크는 여기에 만족하지 않았고 세르비아, 보스니아, 알바니아, 헝가리 일부까지 발칸반도의 국가들을 야금야금 삼켜갔다. 오스만 제국은 지중해에서는 베네치아를 밀어붙여 키프로스, 크레타 등 많은 베네치아 기지들을 점령해 버린다.

쉴레이만 대제 오스만제국 황제 중 가장 오랜 기간(46년)을 지배하였다.

1529년, 오스만 제국의 최전성기를 이끈 쉴레이만 대제(Süleyman I)는 헝가리를 완전히 점령하여 신성로마제국으로부터 자신의 발칸반도 지역을 안정화시키기 위하여 오스트리아를 공격한다. 당대 최강으로 평가받던 오스만군은 오스트리아의 다른 지역을 손쉽게 함락시키고 빈에 도착한다. 그러나 빈은 오스만군의 기대와 달리 쉽게 함락되지 않는다. 오스트리아 대공 페르디난트 1세와 빈 시민들은 대비를 철저히 했던 것이다. 또한 오스만군은 장거리 이동 때문에 보급선이 길어져 보급이 제때 이루어지지 않았다. 추위와 보급 부족에 시달리자 천하의 쉴레이만 대제도 후퇴 결정을 내린다. 이를 1차 빈 공방전이라 하는데, 결과적으로 오스만군의 무패 신화가 깨지고, 중부 유럽으로의 팽창이 저지된다.

2차 빈 공방전은 1683년에 벌어진다. 그러나 이 시기에 신성로마제국은 과거보다 매우 약화되었다. 그것은 1618년에서 1648년까지의 30년 종교전쟁 때문이었다. 30년 종교전쟁은 가톨릭과 신교들 간의 싸움이었다. 신교도에는 루터파와 칼뱅파로 다시 나누어진다. 당시 가톨릭 편에

선 국가들은 신성로마제국과 오스트리아, 바이에른, 헝가리, 스페인 제국과 폴란드 등이었다. 신교도 편에는 팔츠 선제후국, 작센 선제후국, 네덜란드, 스웨덴, 영국 등이었다. 신성로마제국 내 독일 제후국뿐만 아니라 다른 국가들도 참여한 서양 최초의 국제전이었다. 재미있는 것은 프랑스였다. 프랑스는 가톨릭 국가였지만 숙적인 합스부르크를 제압하기 위해 신교도 편에 섰다. 30년 전쟁은 4차례에 걸쳐 진행되었다. 1차전과 2차전은 가톨릭 측의 승리로 끝났다. 가톨릭 측에는 발렌슈타인과 틸리 백작과 같은 명장이 있었기 때문이다. 그러나 3차, 4차전에서는 구스타브 2세의 스웨덴과 프랑스가 개입하여 사실상 신교도 측이 승리하고 베스트팔렌 조약으로 전쟁은 종료한다. 30년 전쟁은 개인의 종교적 자유가 허용되는 등 유럽 사회에 큰 변화를 가져오지만, 합스부르크로서는 큰 타격을 입는다. 합스부르크 땅이었던 네덜란드와 스위스가 완전한 독립국으로 승인되었으며, 신성로마제국의 소속 영방 국가들에게 완전한 주권이 주어져서 황제가 사실상 상징적 존재에 불과하게 되었다.

이러한 상황에서 오스만 제국군이 빈을 공격한다. 1683년이다. 헝가리 내 신교도들이 반란을 일으켜 오스트리아를 공격해 달라는 요청이 명분이었다. 메흐메트(Mehmet) 4세의 명을 받아 무스타파 파샤가 지휘하는 15만 대군이 공격해왔다. 오스만군은 1차 공방전을 거울삼아 무리한 성벽 공격보다는 빈을 포위하여 굶겨 죽일 생각이었다. 오스만군은 이번에는 장기전을 대비하여 충분한 보급을 준비했다. 30년 전쟁의 후유증으로 독일 제후국들에서는 충분한 구원군을 보내지 못했다. 빈 성벽의 일부가 무너지고 오스만군 일부가 성으로 들어오면서 빈이 제2의 콘스탄티노플이 되려는 순간 도착한 구원군이 있었다. 폴란드 왕 얀 3세 소비에스키가 이끄는 정예부대 '윙드 후사르'가 오스만군의 배후를 공격해왔다. 오스만군은 퇴각할 수밖에 없었다. 윙드 후사르는 대형 랜스와 날개 장식을 한 폴란드-리투아니아 연합왕국의 기병대였다. 윙드 후사르는 영화 '반지의 제왕'에서 오크군을 공격하는 '로한 기병대'의 모티브가 되었다 한다.

2차 빈 공방전의 승리는 폴란드 등 외국 지원군의 역할도 컸으나, 결국 빈 시민들의 투철한 애국심이 바탕이 되었다. 60일 이상 포위되면서 식량이 바닥났음에도 결사적으로 항전했던 것이다. 2차 빈 공방전의 결과 오스만군은 발칸반도에서 상당한 영토를 오스트리아와 폴란드에 빼앗기게 되고 종이호랑이가 되었음을 만방에 선언한 꼴이 된다.

2차 빈 공방전의 또 다른 의미는 지금은 세계적인 기호 식품이 된 두 가지 음식이 유럽에 전파된 것이다. 커피와 크루아상이다. 커피는 에티오피아에서 시작하여 예멘으로 전래되었다. 아라비아반도의 지배자가 된 오스만도 커피를 굉장히 애용했다. 2차 빈 공방전에서 오스만군은 당연히 커피를 가져갔고, 퇴각할 때 커피 원두가 남아 있었다 한다. 이를 폴란드인 콜쉬츠키가 커피 하우스를 열고 커피를 유행시키게 된다. 비엔나커피의 시작이다. 비엔나 커피 하우스는 유네스코 인류 무형문화유산으로 지정되었다. 사실 유럽에서는 이전에도 커피 하우스가 있었다. 유럽 최초의 커피 하우스는 베니스에서 열었고, 그 후 네덜란드, 영국, 프랑스에서도 커피를 마시게 되었다. 그러나 오스만군을 이겼다는 스토리와 빈 특유의 커피 맛이 더해지면서 커피의 본격적인 유럽 전파는 빈에서부터라는

위: 비엔나 커피 하우스 중 가장 유명한 카페 첸트랄(Cafe Central). 이곳에는 예술가뿐만 아니라 트로츠키와 히틀러도 자주 왔다한다.
아래: 하얀 휘핑크림을 듬뿍 얹은 비엔나커피

견해가 많다. 크루아상도 빈 공방전과 관련이 있다. 빈의 한 제빵사는 승전 기념으로 투르크의 상징인 초승달 모양의 빵을 만들었는데, 이를 마리 앙투아네트가 프랑스에 시집가서 프랑스에 알리게 되었다 한다. 크루아상(Croissant)은 프랑스어로 초승달을 의미한다.

— 산업 혁명에서 배제되다

빈은 현재 세계에서 가장 살고 싶은 도시라는 평가를 받는다. 그렇지만 경제적·산업적인 측면에서 도시를 평가하는 이 책에서는 빈을 과거의 영광에 비해 쇠퇴한 도시라고 필자는 생각한다. 왜냐하면 현재 빈에는 제조업이나 서비스 측면에서 세계적으로 이름난 기업이 없다. '한때 유럽을 주름잡던 신성로마제국의 오랜 수도에 왜 큰 기업이 없을까?' 하는 의문이 들었다. 필자는 역사적 사건에서 그 이유를 찾고 싶다. 구체적으로는 합스부르크가의 공업지대인 슐레지엔, 루르 지방과 제1차 세계 대전 패전 이후 체코 지방의 상실에서 그 원인이 있지 않나 생각한다.

마리아 테레지아(Maria Theresia, 재위 1740~1780)는 카를 6세의 딸로 1717년에 태어난다. 아들이 없던 카를 6세는 여자는 상속할 수 없게 했던 살리카법을 고쳐서 통치자의 아들이 없는 경우 딸도 상속할 수 있도록 하는 국사조칙을 만들어 마리아 테레지아에게 나라를 승계시킨다. 그러나 카를 6세 사후, 살리카법에 의거해 마리아 테레지아의 상속권을 인정하지 않는 독일 제후들은 먼 친적인 비텔스바흐 가문의 카를을 카를 7세로 추대한다. 프로이센은 이를 구실로 슐레지엔을 공격하여 점령한다(1742). 당시 슐레지엔은 석탄 생산지로 유명했다. 그 후 마리아 테레지아는 슐레지엔을 되찾기 위해 프랑스, 러시아 등과 연합하여 프로이센을 공격하지만(7년 전쟁) 실패하고 만다.

마리아 테레지아는 비록 슐레지엔을 잃었지만 매우 매력적인 여인이자 훌륭한 군주였다. 그녀는 당시에는 보기 드물게 정략결혼이 아닌 로렌 출신의 프란츠 슈테판과 결혼하여 16명의 자녀를 낳았다. 프랑스 루이 16세의 왕비로 후에 단두대에서 이슬이 된 마리 앙투아네트도 그녀의 딸이다. 매춘을 금지하고 의무교육을 실시하는 등 국민 계몽에도 힘썼다. 또한 그녀는 모차르트를 후원하는 등 문화 예술 진흥에도 힘썼다.[92]

마리아 테레지아 동상

92 모차르트가 6살 때 마리아 테레지아 궁전에 가서 연주를 했다. 그때 모차르트는 자기보다 1살 많은 마리 앙투아네트에게 청혼했다 한다. 물론 어린아이의 장난이었지만 만약 청혼이 받아졌다면 마리 앙투아네트는 단두대에 가지 않았을지도 모르겠다.

합스부르크가의 정궁인 호프부르크 궁전

빈에 가면 슈테판 대성당과 더불어 반드시 가야 할 곳이 있다. 바로 합스부르크가의 정궁인 호프부르크(Hofburg)와 쇤브룬 궁전(Schloss Schönbrunn)이다. 호프부르크는 파리의 베르사유, 영국의 버킹엄과 더불어 유럽의 3대 왕궁으로 불린다. 호프부르크는 10개 건물에 2,600개의 방을 갖고 있는데, 현재는 오스트리아 대통령의 집무실로 사용된다. 호프부르크에서 가장 관심을 끄는 곳은 왕궁 예배당이다. 바로 '천상의 소리' 빈 소년 합창단 때문이다. 1498년, 신성로마제국 시절부터 왕궁예배당의 성가대인 빈 소년 합창단은 외부에는 일체 그 존재가 알려지지 않았는데, 합스부르크 왕가 몰락 이후 스스로 먹고살기 위해 일반인들을 위한 연주에 나서게 되었다.[93]

---

93 〈위대한 여제 마리아 테레지아 치마폭에 취하다〉, 《데일리안》, 2014. 05. 10.

쇤브룬 궁전은 합스부르크가의 여름 별궁으로 1,441개의 방이 있다. 마리아 테레지아는 정궁인 호프부르크보다도 쇤브룬을 더 사랑했다 한다. 쇤브룬은 '아름다운 우물'이란 뜻으로 마리아 테레지아가 라이벌 왕가인 부르봉 가문의 프랑스 베르사유와 같은 로코코 양식으로 궁전을 지을 것을 명했다. 그러나 결과적으로 설계도상으로 너무 베르사유 궁전과 유사하여 자존심상 그녀는 정원의 배치를 달리하게 했다. 즉 베르사유 궁전의 정원이 아래쪽에 있는 것과 반대로 쇤브룬은 위에 정원을 배치하였다.

프랑스 나폴레옹이 패배하고 엘바섬으로 귀양 보낸 후, 영국, 러시아, 프로이센 그리고 오스트리아는 프랑스 혁명 이전 체제로 회귀하는 것을 목적으로 빈에서 회의(1814년)를 했다. 오스트리아 메테르니히가 의장을 맡았다. 명분은 프랑스 혁명으로 고양된 시민 혁명 사상을 배제하고 왕

마리아 테레지아가 사랑한 쇤브룬 궁전. 마리아 테레지아 동상도 이곳에 있다.

조체제로의 회귀를 목적으로 했으나, 이면에는 각국의 영토 분할이 핵심이었다. 결과적으로 4국의 치열한 갈등으로 패전국 프랑스는 큰 영토 손해를 보지 않았다. 프로이센은 작센 일부와 라인란트, 베스트팔렌 지역을 획득했다. 오스트리아는 베네치아를 비롯한 롬바르디아, 라구사 등을 획득했다. 당시에는 오스트리아가 회의 홈그라운드의 이점을 살려 프로이센에 비해 남는 장사를 했다고 평가되었다. 왜냐하면 과거에 비해 약해지기는 했지만 베네치아 등은 매우 부유한 지역이었고, 반면에 라인란트와 베스트팔렌 지역은 프로이센 본토와 떨어져 있어 통제하기가 어렵고 상대적으로 낙후되어 있었기 때문이다. 그러나 결과적으로 라인란트와 베스트팔렌 지역은 북독일 관세동맹의 기초가 되어 통일의 발판이 되었고, 그 지역에 매장된 풍부한 석탄과 철광석은 19세기 후반부터 벌어진 2차 산업 혁명의 기초가 되었다. 제2차 세계 대전 후 독일의 라인강 기적은 사실 이 지역의 도시들[94]에서 기인한다. 빈 회의의 개최국이었음에도 불구하고 단기적 이익에만 몰두해 라인란트와 베스트팔렌을 놓친 결과는 매우 컸다.

슐레지엔과 베스트팔렌, 라인란트 지방의 상실도 적지 않지만 경제 산업적으로 오스트리아와 빈에 결정적으로 영향을 준 것은 제1차 세계 대전 이후 체코 지역의 상실이다. 독일 통일 과정에서 비스마르크를 중심으로 한 소독일주의에 밀려 오스트리아는 외톨이가 된다. 당시 오스트리아와 프로이센의 기술 수준 차이는 1866년 프로이센-오스트리아 전쟁에

94 뒤셀도르프, 쾰른, 도르트문트 등이 해당된다.

서 잘 나타난다. 참모총장 몰트케가 이끄는 프로이센은 철도로 군대를 신속히 이동하고 첨단 후장식 소총으로 무장된 반면, 오스트리아군은 구식 전장식 소총으로 무장되어 있었다. 전쟁은 6주 만에 오스트리아의 항복으로 끝났다.

그러나 20세기 초까지만 해도 오스트리아는 지금의 오스트리아, 헝가리, 체코와 세르비아, 크로아티아, 이탈리아 일부 등 적지 않은 인구와 영토를 갖고 있었다. 하지만 역내에 게르만족, 마자르족, 슬라브족 등 민족적 구성이 복잡해 국내 불안 요소를 많이 갖고 있었다. 이러한 불안한 요소를 극복하기 위하여 오스트리아 제국은 헝가리 귀족들과 타협하여 오스트리아-헝가리 이중제국을 만들었다. 이중제국은 헝가리 마자르족에게 오스트리아 게르만족과 같은 지배 계급 지위를 인정해 주는 것이었다. 그러나 제국 내 슬라브족들은 당시 민족주의 영향으로 독립 움직임이 일어났다. 이는 사라예보에서 오스트리아 황태자의 암살의 원인이 되었고, 제1차 세계 대전의 도화선이 되었다. 제1차 세계 대전 결과, 패전국 오스트리아는 체코, 세르비아, 북부 이탈리아 등 거의 모든 영토를 잃었다. 당시 오스트리아-헝가리 제국 내에서 가장 산업적으로 발달한 지역은 체코였다. 체코는 일찍부터 중공업과 총기산업이 발달한 지역이었다. 체코에는 가장 오래된 자동차 회사이자 중공업 회사인 스코다(SKODA)를 비롯하여 기관총과 자주포를 생산하는 많은 기업들이 있었다. 체코는 지금도 동유럽에서 가장 경제가 발달한 국가이다. 제1차 세계 대전 후 체코가 분리 독립되자 오스트리아와 빈은 산업적으로는 기반이 거의 붕괴되었다.

경제적, 산업적으로 빈은 2차 산업혁명의 혜택을 누리지 못하였다. 그러나 합스부르크가의 오스트리아 제국이 황혼기에 접어든 19세기 말 20세기 초에 지금까지도 인류에게 많은 영향을 미치고 있는 지성이 빈에서 탄생되었다. 윌리엄 존스턴은 『제국의 종말과 지성의 탄생』에서 잘 설명하고 있다. 창조적 파괴를 통한 경제적 혁신을 강조한 슘페터, 현대 범죄 규명의 선구자인 그로스, 사회주의자 아들러, 위대한 언어 철학자 비트겐슈타인이 그들이다. 특히 저자는 정신분석학의 창시자인 프로이트에 대해 많은 지면을 할애하고 있다. 19세기부터 20세기 초까지 유럽 최고의 예술가와 지성인들이 교유하고 경쟁하는 '인종과 문화의 용광로'였던 빈. 윌리엄 존스턴은 그곳을 무대로 절정의 삶을 산 70여 명의 업적과 그들이 남긴 흔적을 통해 오스트리아 빈이라는 도시를 재발견하게 만들었다.[95] 그러면 당시 빈에서 이러한 지성이 탄생한 배경은 무엇인가? 유미주의와 치유 허무주의라는 당시 빈의 시대적 분위기와 제국 내에 다양한 인종이 있어 유대인에 대한 관용적 분위기가 그 배경이 되었다. 프로이트, 비트겐슈타인, 말러 등이 유대인이었다. 또한 에릭 와이너 같은 사람은 커피숍에서 해답을 찾았다. 그는 소설가 츠바이크를 인용해

지그문트 프로이트

95 〈제국의 종말 지성의 탄생-세계 지성史 지도의 출발지는 빈〉, 《국제신문》, 2008. 03. 21.

"일종의 민주적인, 그리고 싼값의 커피 한 잔으로 누구와도 가까이할 수 있는 클럽"인 커피숍이 빈의 천재들을 만들었다 한다.[96]

— 국제기구의 도시로!

슐레지엔, 라인란트와 베스트팔렌 그리고 체코의 상실로 인해 현재 빈에는 글로벌 기업이 없고 제조업 기반이 취약하다. 그러면 빈이 가난한 도시일까? 각종 통계를 보면 그것은 아닌 것 같다. 그러면 빈 사람들은 무엇을 먹고 살까? 관광 혹은 음악? 일부 도움은 될지는 몰라도 관광과 음악이 빈의 주 수입원은 아니다. 그러면 무엇일까? 필자는 빈에 소재하는 국제기구의 역할이라고 생각한다. 현재 빈에는 많은 국제기구들이 소재하고 있다. 유엔 산하 기구로는 유엔비엔나사무소(UNOV), 유엔마약통제 및 범죄예방 사무소(UNODC) 그리고 유엔전문기구로는 유엔공업개발기구(UNIDO) 등 15개의 UN 관련 국제기관들이 있다. 또한 UN 기구는 아니지만 국제원자력기구(IAEA)와 석유수출국기구(OPEC) 등과 같은 큰 국제기구들이 17개나 있다. 현재 UN 기구들의 본부는 북미 뉴욕과 UNEP가 있는 케냐 나이로비에만 있다. 그리고 그 외 국제기구도 제네바, 파리, 브뤼셀 등 소수의 도시에만 있다.

이들 국제기구들은 국제사회에 큰 영향력을 미치고 있다. 예를 들어

---

96 에릭 와이너/노승영, 『천재의 발상지를 찾아서』, 경기: 문학동네, 2016.

IAEA는 원자력의 군사적인 목적으로 이용하는 것을 막고 평화적인 이용을 장려하기 위하여 1957년 설립된 국제기구이다. 2016년도 기준으로 168개국이 가입되어 있다. 가맹국의 핵물질 관리 실태를 점검하고 사찰하는 권한을 가진다. 북한은 핵확산방지협약(NPT)을 탈퇴하고 IAEA의 사찰을 받지 않고 있다. OPEC는 가입국 상호 간의 석유 정책 특히 생산량을 조정하기 위해 1960년에 결성되었다. OPEC은 UN 산하기관은 아니지만 국제 경제에서 막강한 영향력을 발휘하고 있다. 석유 파동을 야기한 것은 모두 OPEC의 석유 감산 결정에서 비롯되었다. 현재는 셰일 가스 등의 영향으로 과거보다 입김이 약화되었다. 이들 기관들에서는 수천 명이 근무하고 있다. 빈에 있는 총 국제기구의 종사자들과 가족을 합치면 약 3만 명이라고 한다. 또한 많은 국제회의들이 개최되고 있다. 국제회의 개최와 관련한 산업을 마이스(MICE) 산업이라고 하는데 국제기구로 인해 빈에 미치는 경제적 파급 효과는 어마어마하다 할 것이다. 물론 국제기구는 이러한 경제적 효과 외에 안보적 효과도 있다.

그러면 빈은 어떻게 해서 이러한 많은 국제기구들을 유치할 수 있었을까? 오스트리아 정부는 자국 출신 UN 사무총장 쿠르트 발트하임 재직 기간(1972~1981) 중에 집중적으로 유치하기 위해 노력했다. 빈은 88억 실링(원화 약 1조 원 이상)을 투자하여 UN 기구들에게 99년간 상징적인 금액인 1실링(약 90원)만 받고 임대했다.[97] 이를 위해 오스트리아 정부와 빈 정부는 1973년부터 1979년까지 '우노 시티'를 조성했다. 현재는 서울시가 서울 글로벌센

97 〈세종시를 'UN도시'로 만들자〉, 《조선일보》, 2011. 04. 26.

우노시티

터, 서울혁신파크 등에 국제기구를 유치하기 위해 노력하고 있다.

중세유럽에서 현대에 이르기까지, 가장 드라마틱하게 몰락한 국가와 왕가는 오스트리아 제국과 합스부르크 가문이라고 생각한다. 그 원인을 근친혼이라고 생각하는 이들이 많다. 스페인 산티아고 데 콤포스텔라 대학의 곤살로 알바레스 교수는 합스부르크는 결국 근친혼으로 인한 유전 질환으로 혈통이 끊기고 여러 유전질환[98]을 앓게 되었다고 주장한다. 합스부르크의 대표적인 유전질환인 합스부르크 턱(Hapsburg jaw)은 잘 알려져 있다.[99]

98 곱사등이가 되는 구루병, 기형, 각종 내장 질환 등.

99 〈합스부르크 왕가의 몰락은 근친혼의 業報(하)〉, 《중앙일보》, 2009. 07. 07.

그러나 합스부르크의 빈은 수많은 지성들과 예술가들에 의해 오늘날 현대인들에게 많은 영향을 미치고 있다. 오늘도 모차르트와 베토벤, 가곡의 왕 슈베르트와 왈츠의 왕 요한 슈트라우스가 잠들어 있는 빈의 중앙묘지에는 많은 예술가들과 관광객들이 참배하고 있다.

빈 중앙 묘지(Vienna Central Cemetery)에 잠들어 있는 베토벤

제5장

인력·혁신의지·지도자의 창조적 아이디어와 도시

일본의 정신적 수도, 교토(京都)

열정과 창조의 도시, 샌프란시스코(San Francisco)

세상에서 가장 자유로운 도시, 암스테르담(Amsterdam)

끝없는 혁신의 도시, 라스베이거스(Las Vegas)

돌섬에서 세계 교역의 중심이 된 싱가포르(Singapore)

리처드 플로리다(Richard Florida) 교수는 도시에 있어 경제성장의 핵심 자산은 사람, 그중에서도 창조계급(Creative Class)이 도시 발전을 이끈다고 주장한다. 그는 과거엔 대기업이 모든 걸 지배했지만 오늘날에는 전문가들이 아이디어를 공유하면서 새로운 것을 창조한다고 본다. 또한 그는 창의성이 경제성장의 동력이 되기 위해서는 세 가지 조건 즉 '기술', '인재', '관용'이 필수적이라고 본다. 플로리다 교수의 견해에 대체로 동의하면서 필자는 도시 발전을 이끄는 창조는 다음과 같은 네 가지 요소의 유기적인 결합에 의해서 도출된다고 본다. 그 네 가지 요소란 인재, 관용적 분위기, 혁신 의지, 그리고 지도자이다.

인재가 도시 발전의 근본임은 말할 필요도 없다. 문제는 어떻게 인재를 양성하느냐이다. 현재까지 인재 양성의 가장 중요한 역할은 대학이 담당해왔다. 이 책에서는 대학에서 양성된 인력이 어떻게 도시 발전을 이끄는지 대표적인 세 도시를 본다. 보스턴은 하버드, MIT 등 미국에서도 가장 유명한 대학이 많은 도시다. 하필 보스턴에 대학이 많은 이유가 뭘까? 보스턴은 청교도에 의해 건설된 도시로, 청교도에 사상적 영향을 많이 미친 캘빈은 '주께서 값없이 베푸시는 학문의 증진'을 강조했다. 보스턴은 대학의 우수한 인력을 바탕으로 미국 최고의 바이오 클러스터를 구축해서 미국 최고 부자 도시가 되었다.

일본 교토는 단순한 관광도시가 아니다. 교토는 교세라 등 세계 최고의 부품 소재 기업들이 있는 경제도시이다. 이 모든 것이 교토대를 중심으로 하는 우수한 인력과 교토 특유의 최고라는 분위기에서 시작된다. 보스턴과 교토는 공통점이 있다. 바로 오랜 도시의 역사성을 바탕으로 자국 내에서 최고도시라는 자부심과 뉴욕과 도쿄를 우습게 본다는 것이다. 시민들의 자기 도시에 대한 자부심의 중요성을 다시 한번 본다. 보스턴이나 교토 같은 큰 도시만이 아니라 작은 도시에서도 대학의 역할은 중요하다. 네덜란드 레이던은 학문의 도시이다. 바로 유서 깊은 레이던 대학이 있기 때문이다. 레이던 대학은 네덜란드가 스페인으로부터 독립할 때 끝까지 싸워준 시민들에게 오라녜 공 빌럼(Willem)이 감사의 뜻으로 설립했다. 레이던 시민들의 탁월한 선택으로 만들어진 레이던 대학은 현재 바이오산업을 이끌고 있다.

역사적으로 도시의 관용적 분위기가 도시 발전을 좌우하는 사례를 많이 볼 수 있다. 1492년 알람브라 칙령에 의해 이베리아반도에서 유대인의 이동으로 스페인과 포르투갈 도시들은 막대한 타격을 입는다. 1970년대 몬트리올의 영어 사용 금지로 기업들은 토론토로 이동해 버렸다. 반면에 이집트 알렉산드리아는 함께 살아가는 '콘비벤시아(Convivencia)'로 중세 최고의 도시가 된다. 츠빙글리(Zwingli)와 불링거(Bullinger)의 영향으로 취리히는 종교적 자유를 찾는 이들의 피난처가 된다. 이 책에서는 암스테르담과 샌프란시스코를 살펴본다. 암스테르담은 세상에서 가장 자유로운 도시다. 순한 마약과 성매매도 허용된다.

어떻게 암스테르담은 세상에서 가장 자유로운 도시가 되었을까? 역사를 보아야 한다. 암스테르담은 암스텔강을 메워 만들어진 도시이다. 처음부터 봉건 영주의 지배를 받지 않는 공동체 의식이 강한 자유 도시로

암스텔강과 수상 가옥들

출발한 것이다. 스페인으로부터 독립 과정에서 종교적 자유를 인정한다. 이러한 암스테르담의 관용성은 주식거래라는 창의적인 작품을 만든다. 샌프란시스코는 골드러시로 세계 각지에서 사람이 몰려들었다. 미국 동부에 비해 인종과 종교의 편견이 거의 없는 도시로 만들어졌다. 샌프란시스코의 관용성은 실패를 용인하고 사회적 약자를 조건 없이 도와주는 문화를 만들었다. 이러한 문화야말로 현재 실리콘 밸리가 세계 최고의 혁신 지역이 될 수 있도록 만들었다.

도시의 혁신 의지가 도시를 발전시킨 대표적인 사례는 라스베이거스와 선전(深圳)이다. 도시가 혁신해야 할 대상은 시대별로, 국가별로 다르다. 사막 한가운데서 지금의 라스베이거스로 만드는 과정은 드라마틱하다. 100년 전만 하더라도 라스베이거스는 인구 1,000여 명에 불과한 깡촌이었다. 오늘날의 라스베이거스를 만든 두 가지 사건이 있었으니 바로 후버댐과 카지노다. 후버댐은 라스베이거스에 물과 전기를 주었고, 카지노는 아무것도 없었던 곳에 벅시부터 셸던 애덜슨까지의 창조적 플레이어들이 놀 수 있는 공간을 만들었다. 선전은 등소평이 개혁개방을 선언한 1978년 이전에는 작은 어촌에 불과했다. 그러나 지금은 화웨이, DJI, 텐센트 등 세계적 첨단기업들의 본거지가 되었다. 이 책에서는 라스베이거스의 사례를 중점적으로 살펴본다.

도시 발전에 있어서 지도자의 역할은 무엇보다도 중요하다. 지도자는 단기적으로 시민들에게 인기 있는 정책이 아니라 도시 발전에 필요한 장기적인 정책을 펴야 한다. 그러기 위해서는 미래에 대한 분명한 비전을 제시해야 하고 세계 흐름을 이해해야 한다. 싱가포르는 1965년 말레이시아 연방에서 축출되다시피 하면서 독립을 맞이한다. 리콴유는 사람도 없고 물도 말레이시아에서 끌어와야 하는 상황에서 지금의 싱가포르를 만들었다. 현재 싱가포르는 세계에서 가장 잘 살고 치안이 안정된 도시국가이다. 이 책에서는 싱가포르의 사례를 살펴본다. 그 밖에 인도의 실리콘밸리라 일컫는 벵갈루루는 MV경과 타타 같은 지도자에 의해 건립된 인도 과학원의 역할이 크다. 사막의 기적 두바이는 아버지 라시드 빈 사이드와 현재 국왕 무함마드 빈 라시드에 의해 만들어지고 있다.

JAPAN

Kyoto

1. 일본의 정신적 수도, 교토 京都

저가 항공의 영향 등으로 요즘 한국에서 일본으로 가는 분들이 많다. 서울에서, 부산에서, 대구에서 많은 분들이 일본으로 간다. 요즘은 서울에서 SRT를 타고 대구로 내려와 일본으로 가는 사람들도 많다. 왜냐하면 저가 항공으로 요금도 싸고, 접근성이 서울 강남에서 인천공항으로 가는 것과 대구공항으로 가는 것의 차이가 없기 때문이다. 일본 도시 중에서도 오사카와 교토의 패키지 여행 상품이 인기가 많다. 오사카에서 쇼핑을 하고 교토에서 기요미즈데라(清水寺), 킨카쿠지(金閣寺), 긴카쿠지(銀閣寺) 등을 관광하는 것이 보통 패턴이다.

석양에 물든 기요미즈데라(清水寺)

많은 사람들이 교토가 일본 1000년의 수도인 것은 잘 알고 있다. 그래서 우리나라의 경주 정도로 여긴다. 그러나 교토가 노벨상 수상자를 도쿄 못지않게 배출하고 있고, 경쟁력 있는 세계적인 기업들이 많은 것은 잘 모른다. 경제적인 면에서 아직도 교토는 일본에서 6위 혹은 7위권에 있다. 역사와 문화적인 면에서 아직도 교토는 도쿄를 한 수 아래로 보는 경향이 있고, 일본의 정신적인 수도는 교토로 생각하는 사람들이 많다.[100] 교토가 그저 한물간 관광도시로만 머물러 있는 것이 아니라 어떻게 일본 내에서 노벨상 수상자를 많이 배출하는 도시이자 경제력으로도 만만치 않은 도시가 되었을까?

100 메이지 시대 도쿄로 이궁할 때 공식적인 천황의 천도령이 내리지 않았다는 점에서 명목상으로는 교토가 여전히 수도라는 입장이 있다.

위: 킨카쿠지(金閣寺) / 아래: 긴카쿠지(銀閣寺)

— 시민들의 자부심과 장인정신

일본의 지방 구조는 광역자치단체인 도·도·부·현과 기초자치단체인 시·정·촌으로 구성되어 있다. 광역자치단체 도(都), 도(道), 부(府), 현(縣)은 동경도(都), 홋카이도(道), 2부(교토부·오사카부)와 43개의 현으로 구성된다. 일본에는 총 47개의 광역자치단체가 있다. 그 아래 시(市), 정(町), 촌(村)이 기초자치단체로 있다. 단 도쿄에는 특별구가 있다. 일본의 광역자치단체는 메이지 유신 이후 폐번치현(廢藩置縣)의 행정개혁으로 막부체제의 번을 폐하면서 현이 설치되어졌다. 이러한 지방행정구조에서 보는 것처럼 교토는 여타 도시와는 다른 특별한 취급을 받고 있다.

교토 시민들은 지역에 대한 엄청난 자부심을 갖고 있다. 이러한 자부심은 교토가 천 년 이상 일본의 수도였다는 역사성에서 비롯된다. 교토는 794년 간무 천황이 나라(奈良)에서 옮겨와 헤이안쿄(平安京)를 건설하여 1869년 대정봉환이 이루어져 도쿄로 옮기기 전까지 천 년 이상을 일본의 수도로서 역할을 해왔다. 천 년 동안 수도로서의 교토의 모습과 내용도 시대별로 많이 바뀌었다.

교토는 원래 당나라 장안과 북위의 낙양 그리고 신라 경주를 참고하여 만들어졌다. 특히 당나라 장안의 도시계획을 모방하다시피 했다. 그러나 오닌·분메이의 난(1467년~1477년)을 겪으면서 많은 건물들이 소실되었고 현재의 모습은 도요토미 히데요시 때 재건되었다. 도시의 성격도 시대별로 변화되었다. 12세기부터 천황 즉 덴노의 조정이 약화되고 무사 정권이 통치하는 시대가 되었다. 가마쿠라 막부(1192년~1333년)는 지금의 가나가와현 가마쿠라시에 막부를 설치하여 일본을 지배하였다. 도요토미 히데요시는 오사카성에서 일본을 다스렸다. 도쿠가와 막부는 에도(동경)에서 약 260년(1603년~1868년)을 일본을 지배했다. 일본의 3대 막부 중에서 무로마치 막부(1336년~1573년)를 제외하고는 교토 외의 지역에서 일본을 다스린 것이다.

그러나 막부 기간 중에도 일본 천황인 덴노는 여전히 교토에 있었다. 천황제인 일본에서는 천황이 있는 곳이 수도라고 생각한다. 막부의 쇼군도 형식적으로는 천황이 임명하는 신하에 불과하다. 일본 수도는 메이지 천황 때 도쿠가와 막부를 무너뜨리고 나서야 교토에서 도쿄로 천도하게 된다. 그런데 도쿠가와 막부를 무너뜨리고 왜 메이지 정부는 교토에 남아 있지 않고 막부의 본거지인 도쿄로 옮기게 되었을까?

메이지 유신(明治維新)은 막부체제를 해체하고 왕정복고를 통해 국력을 강화하기 위해 과거의 구체제를 근대 서양체제로 전환한 혁명이었다. 일본 근현대사에서 가장 큰 사건이었다. 이 메이지 유신은 사쓰마 번(지금의 가고시마현)과 조슈 번(지금의 야마구치현)이 중심이 되어 일어났다. 사쓰마 번의 당주는 시마즈 가문이고 조슈 번의 당주는 모리 가문이다. 시마즈 가문과 모리 가문은 1600년 도요토미 가문과 도쿠가와 가문이 싸웠던 세키가하라 전투에서 서군 즉 도요토미 가문 편에 서서 싸웠다. 260년이 지나서 이들 가문들이 이유는 과거와 다르지만 다시 도쿠가와 막부체제를 전복하고자 일어났던 것이다. 에도 시대에는 쇄국정책을 폈으나 나가사키만 예외를 인정했다. 나가사키를 통해 유럽 특히 네덜란드의 문물이 전래되었다. 사쓰마 번과 조슈 번은 지리적으로 나가사키와 가까워 일찍부터 유럽 선진 과학기술을 배울 수 있어서 상대적으로 경제력과 군사력이 다른 지역에 비해 강했다. 예를 들어 사쓰마 번은 오키나와를 점령해 직할지로 삼았다. 이 두 번은 원래 가까운 사이가 아니었으나 사카모토 료마의 중재에 의해 사쓰마 번의 지도자 사이고 다카모리와 조슈 번의 지도자 기도 다카요시가 동맹을 맺고(삿초 동맹) 토바·후시미 전투에서 승리하여 도쿠가와 막부를 무너뜨렸다(1868년). 조슈 번은 특히 우리나라와 관계가 깊다. 이토 히로부미도 조슈 번 출신이고, 현재 아베 수상도 이 고장 출신이다.

왕정복고와 대정봉환이 이루어진 후, 교토 시민들은 이제 교토가 다시 정치 중심지가 될 것으로 기대했다. 그러나 메이지 신정부는 많은 논의 끝에 에도로 수도를 옮길 것을 결정한다(1869년). 주된 이유는 에도에는 궁궐과 관아 등 모든 것들이 있어 재정적 부담이 없고, 구 막부의 사람들을 포용해야 하며, 향후 홋카이도와 동북지방 개발 그리고 서양 대형 선박의 교역을 위해서라도 동경이 수도가 되어야 한다는 것이다. 이를 주도한 사람이 유신 3걸 중 한 사람인 오쿠보 도시미치였다.[101] 재미있는 것은 오쿠보 도시미

오쿠보 도시미치[101]

101 유신 3걸이란 메이지 유신에 공헌한 세 사람을 말하는 것으로 정한론을 주장했던 사이고 다카모리, 기도 다카요시와 오쿠보 도시미치이다.

102 위키미디어 공용 https://commons.wikimedia.org/wiki/File:Toshimichi_Okubo_4.jpg?uselang=ko

치는 원래 오사카 천도를 생각하고 있었다. 그러나 나중에 '일본 우편제도의 아버지'라 불리는 마에지마 히소카의 건의를 받아들여 에도로 천도하게 된다.[103]

당연히 교토 귀족들과 많은 사람들이 에도 천도에 대해서 강력하게 반대했다. 그래서 메이지 신정부는 천도라는 표현을 쓰지 않고 '덴노의 행차'라고 했다. 에도 지역에도 덴노가 가서 다스릴 필요가 있다는 것이다. 그래서 에도를 동쪽의 서울이란 뜻으로 동경(東京)이라 칭하고, 교토는 여전히 수도라고 하여 교토 귀족들과 시민들을 위로했다. 그래서 당시 일본에는 수도가 3곳 즉 정치의 수도는 동경, 역사와 문화의 수도는 교토, 상업의 수도는 오사카라는 말이 있었다.

오늘날 교토에는 2천 개의 사원과 신사, 3곳의 궁궐과 궁원, 수십 개의 정원과 박물관이 있다. 교토에는 유네스코 세계유산이 17개나 있다. 또 다도, 화도, 광언, 경무 등 역사와 전통이 만들어낸 예능과 예술이 살아있다. 기온 마츠리(祇園祭)와 지다이 마츠리(時代祭) 등 수 많은 제사와 축제는 문화 관광 이벤트로 명성을 날리고 있다. 그 결과 미국의 유명한 여행잡지 '트래블 & 레저'에서는 교토를 2년 연속으로 세계 최고의 관광지로 선정했다.

---

103 <[시바 료타로] 에도江戸천도에 얽힌 비화>, URL: http://egloos.zum.com/beholderer/v/1202361

교토 3대 마츠리 중 하나인 기온 마츠리(Gion Matsuri).
기온 마츠리는 전염병 치료를 기원하기 위한 축제로 898년부터 시작. 매년 7월 개최.

교토는 또한 1,200년에 걸쳐 다양한 기능과 기술을 발전시켜 인간생활을 풍요롭게 하는 물품을 만들어왔다. 세대를 넘어 세대로 진화하는 교토의 공예품에는 일본인의 우수성과 자부심이 녹아 있다.[104]

— 노벨상과 학생의 도시 교토

2017년도까지 일본은 총 25명의 노벨상 수상자를 배출하였다. 일본 국적자가 22명, 일본 출신이나 타국으로 귀화한 사람이 3명이다. 일본 노

104 <법고창신法古創新의 고도古都 교토>, 문화재청, 2011. 04. 15. URL: http://www.cha.go.kr/cop/bbs/selectBoardArticle.do?nttId=6160&bbsId=BBSMSTR_1008&nm=NS_01_10

노벨상

벨상 수상자가 25명이라는 사실에서도 놀라지만 2000년대 이후에는 미국 다음으로 많은 노벨상 수상자를 배출하는 국가가 일본이라는 데 더 놀라게 된다. 그러면 일본 어느 지역에서 노벨상 수상자를 많이 배출했을까? 일견 도쿄 지역이 압도적으로 많을 것으로 생각하기 쉽다. 그러나 그렇지 않다. 2017년도 기준으로 도쿄 대학이 9명, 교토 대학이 8명을 배출했다(학사 기준). 그러나 도쿄 대학 노벨상 수상자에는 문학상과 평화상 수상자 3명이 포함되어 있어서 자연 과학 분야로 국한하면 오히려 교토대가 많다. 교토 대학 출신은 아니지만 교토에 연고가 있는 사람까지 포함하면 노벨상 수상자는 12명이다. 예를 들어 교토에 있는 시마즈 제작소에서 노벨화학상을 수상한 다나카 고이치(2002년 수상) 같은 대리급의 평범한 연구원이 수상하여 화제가 되기도 했다. 일본 1호 노벨상 수상자인 유카와 히데키 교수(1949년 수상)도 교토 대학 출신이었다. 교토는 어떻게 이렇게 많은 노벨상 수상자를 배출할 수 있었을까?

일단 교토에는 좋은 대학이 많다. 전체 인구 중 약 10%가 대학생이다. 대학생 인구 비율이 도쿄가 5.6%, 후쿠오카가 4.75%로 교토의 뒤를 잇고 있다. 학생의 비율이 전국에서 가장 높아 '학생의 도시'라고 불리기도 한다. 동경대와 쌍벽을 이루는 국립대학인 교토대를 비롯하여 명문 사립대학으로 도시샤 대학, 리쓰메이칸 대학 등 많은 대학이 있다. 도시샤 대학은 미션 스쿨로 우리나라의 윤동주, 정지용 선생이 수학한 곳으로 유명하다.

교수와 교수, 교수와 학생이 자유롭게 토론하는 학풍이 노벨상 수상자 배출에 기여하고 있다. 교토대 야마기와 주이치 총장은 "교토대에는 상식을 의심하고 끝까지 확인해 진리를 규명하는 학문 풍토가 있다. 토론에서 누가 옳은지 겨루는 것보다 토론 과정에서 새로운 의견이 나오고 토론자 스스로가 바뀌는 것에 높은 가치를 둔다."고 한다.[105] 교토 대학의 자유로운 학풍은 매년 동상이 바뀌는 비운의 오리타 선생님이나 코스프레 졸업식에서도 잘 나타난다.

교토 대학의 자유로운 학풍은 일반적인 것, 평범한 것을 거부하고 창조적이고 새로운 것을 추구하고 연구하게 만든다. 교토대학교의 노벨상 수상자 노요리 료지는 다음과 같이 말한다. "반드시 일등을 할 필요는 없다. 그냥 유일한 연구자가 되면 된다. 노벨상과 명예는 부수적으로 따라오는 것이다." 세계 제일이 아닌 세계 유일을 추구하는 데서 교토 대학의 경쟁력이 있는 것이다.[106]

교토 대학의 자유로운 학풍은 자연과학과 인문과학으로 나누어지는 전통적인 학문적인 경계를 넘어 다양한 학문적인 공동 연구를 위한 대화

---

105 〈야마기와 총장 "교토대 노벨상 8명은 자유 토론의 힘"〉, 《동아일보》, 2016. 12. 02.

106 <일본 노벨상 수상의 비밀: 교토대학의 비밀>, EBS <지식채널 e>, URL: https://m.blog.naver.com/ebsstory/220149631879

와 협력을 가능하게 만들고 있다. 그런데 요즘 일본에는 대학을 넘어 각 대학들 상호 간에 서로 협력해 새로운 학문을 발전시키고 인재를 육성하려는 '대학 연대'가 활발하다. 도쿄, 교토, 와세다, 게이오 등 4개 대학 총장들은 대학원생을 교류하기로 합의했다. 교토 지역에서는 한발 더 나아가 교토부립의대, 교토부립대, 교토공예섬유대, 교토약대 등 4개 대학이 건강과학 분야에서 공동 대학원을 설립하고 있다.[107]

아무리 과학자가 훌륭한 연구테마를 정하고, 오타쿠 기질을 발휘해 수십 년을 연구에 몰두하고 싶어도 연구 여건이 마련되어야 한다. 일본은 메이지 유신 이후 서양을 따라잡기 위해 과학기술을 집중 지원했다. 정권의 교체와 관계없이 꾸준히 기초 과학에 지원해 오고 있다. 최근에는 1995년에 과학기술기본법을 제정해 과학 연구 예산을 확대하여 과학 기술 연구의 저변을 넓히고 있다. 특히 교토대의 경우에는 당장 그 효과를 알 수 없는 기초 과학 연구에 꾸준히 지원하고, 그리하여 지금 가시적 성과를 보고 있는 것이다.

결론적으로 창조적인 연구 분야를 정하고 타 분야와 협력할 수 있는 자유로운 학풍, 오랜 기간 동안 꾸준히 연구에 매진하는 과학자, 이를 지속적으로 지원하는 국가 및 대학 시스템이 교토 대학과 일본에 많은 노벨상 수상자를 배출시키는 데 필요한 세 박자임을 알 수 있다. 자연 과학 분야 노벨상 수상자가 한 명도 없는 우리나라에 시사하는 바가 크다.

---

107 〈도쿄·교토·와세다·게이오대, 석·박사 과정 '대학 연대'〉, 《중앙일보》, 2008. 12. 22.

— 일본 기업보다 더 잘 나가는 교토 기업

교토에는 의외로 경쟁력 있는 글로벌 기업들이 많다. 세라믹의 교세라, 소신호 반도체의 로옴사, HDD 모터 분야 세계 1위의 일본 전산, 세라믹 콘덴서의 무라타 제작소, 분석·측정기기·엔진 계측기 세.계 시장의 80%를 장악하고 있는 호리바 제작소, 정밀기기 분야의 시마즈 제작소, 전자게임기의 닌텐도 등 많은 분야에서 세계 1위의 기업을 보유하고 있다.

교토 기업들은 두 가지 특징이 있다. 장수하면서 꾸준히 성장한다는 것이다. 교토엔 100년 넘는 역사를 가진 상점만 3,000개가 넘는다. 기업이 100년은커녕 10년을 버티기도 어려운 세상에 100년은 대단히 장수하는 기업이다. 또한 다른 일본 지역의 기업들이 2000년대 들어 무너지는 와중에도 교토 기업들은 꾸준히 성장하고 있다. 블룸버그와 대신증권에 따르면 대형주 중심의 도쿄증권거래소 1부에 소속된 매출 1,000억 엔 이상 18개 교토 기업 중 일본전산, 무라타 제작소, 와코루 홀딩스, 산요화성공업 등 네 곳이 사상 최대 영업이익을 경신했고 2015년도 18개 사의 평균 영업이익 증가율은 27.3%로 도쿄거래소 1부 기업 증가율 14.7%의 두 배에 육박한다.[108] 교토 기업들이 장수하면서 잘 나가는 비결은 무엇일까?

부품 소재업종 위주의 교토 기업들은 자신만의 분야에서 최고를 지향하는 '장인 정신'을 바탕으로 특화 기술을 개발하여 글로벌 시장 1위에

---

108 〈잘 나가는 일본기업, 더 잘 나가는 교토기업〉, 《한국경제》, 2015. 12. 15.

오른 공통점이 있다. 한 우물만 파면서 기술 증진에 힘쓴 결과 환경이 어려워져도 쉽게 쓰러지지 않는다. 일본은 국가 전체적으로 장인정신이 유명하지만 교토는 유별나다. 교토의 장인정신은 '천황이 쓰던 물건을 만든다는 자부심'에서 비롯된다. 일본 특유의 기술 존중의 풍토는 사실상 교토에서 출발되었다.

일본은 장인정신을 바탕으로 가업을 승계하는 것을 영광으로 생각한다. 가업 승계 시점에 일단 장자를 테스트한다. 그러나 장자가 실력이 부족할 때는 차남에게 기회가 돌아간다. 만약 차남도 실력이 없으면 사위 그리고 종업원 순서로 기회를 준다. 만약 사위와 종업원이 가업을 승계하면 성(姓)씨를 바꾸어야 한다. 일본에는 '슈하리(守破離)'라는 3단계 전통 계승법이 있다. 1. 슈(守): 스승에게 배우는 것을 그대로 실천하는 법. 2. 하(破): 스승의 가르침을 기반으로 다른 방식이나 유파에 관한 연구를 하는 단계. 3. 리(離): 자신의 연구에 집중하여 자신만의 창조로 나서는 단계.[109] 이러한 일본 승계는 단순히 제조 기업에만 적용되는 것이 아니라 식당 같은 서비스업은 물론이고 미술 등 문화 분야에도 그대로 적용된다. 교토에는 1,000년 이상 가게가 6곳, 200년 이상 가게는 1,600곳, 100년 이상 가게는 3,000개가 넘는다고 한다.

일본에는 장인정신을 의미하는 말이 많다. 장인정신의 표현으로 '오타쿠'란 말을 가장 많이 쓰지만 이 말은 한 분야에 병적으로 집착한다는

---

109 〈천황의 물건 만들던 자부심 한 가지만 파는 장인 스타일〉, 《주간조선》, 2012. 10. 22.

부정적인 의미도 포함되어 있다. '기와메루'와 '모노즈쿠리'란 말도 있다. 이는 혼신의 힘을 다해 연구하고 제품을 만든다는 의미이다. '장인 정신' 이야말로 교토 기업들의 제일의 무기이자 가장 가치 있는 보물인 것이다.

교토 기업들의 또 다른 성공 배경에는 카리스마 넘치는 오너 경영자들이 혁신을 주도하면서 구조적으로 강한 경쟁력을 갖추고 있는 데 있다. 일본 다른 지역이 내부에서 승진하는 전문경영인 체제인 데 비하여 교토 기업의 오너 경영은 독특하다. 교토 기업들의 오너 경영은 독창적인 경영, 무차입 경영, 그리고 글로벌 경영이라는 특징이 있다.

교토 기업들은 개성 강한 독창적인 사업 전략을 구사한다. 호리바 제작소의 호리바 사장은 '재미있고 즐겁게'라는 사훈 아래 납품 업체보다는 시장의 트렌드를 조기에 파악하여 상품화하는 데 집중했다. 무라타 제작소는 '타사가 흉내 낼 수 없는 제품'을 슬로건으로 독창성을 추구하고 있다.[110]

교토 기업들은 대체로 무리한 외연 확장에 나서지 않고 차근차근 덩치를 키워 나가면서 무차입 경영을 실현하고 있다. 한 분야에 연구 개발을 집중해 기술력을 바탕으로 특정 대기업에 종속되지 않으려 노력한다. 무라타 제작소의 경우 휴대폰 1세대 시절 소니로부터 나사 부품 제작 의뢰를 받았으나 특허 기술을 뺏길 것을 우려해 소니의 제안을 거절한다.

---

110 〈교토기업 대약진, 카리스마 오너경영 성공〉, 《이코노미톡뉴스》, 2011. 04. 02.

소니는 자신들의 제안대로 부품을 만들어 줄 다른 하청 업체를 찾았으나 무라타만이 부품제작이 가능함을 깨닫는다. 소니 사장이 무라타 제작소 회장에게 사죄하고 나서야 소니의 제안을 받아들이게 된다.[111]

교토 기업들은 일본 국내에 머물지 않고 글로벌 경영을 하면서 과감한 투자를 한다. 펀(Fun)경영으로 유명한 호리바 제작소는 자동차 배기가스 측정 분야에서 세계 80%를 점하고 있다. 또한 반려동물 혈당 측정기, 개인의 방사능검출기 등 대기업과의 무리한 경쟁을 피하고 틈새시장에서 1위가 되고자 노력한다. 이런 호리바 제작소가 영국의 MIRA(마이라)를 인수했다. MIRA는 자동차 신뢰성 테스트를 하는 자동차 주행시험장을 갖춘 영국의 세계적인 자동차 엔지니어링 기업이다. 필자도 2016년에 MIRA를 방문하고서야 호리바가 MIRA를 인수한 것을 알았다. 호리바의 측정 장비와 MIRA의 자동차 엔지니어링 기술이 시너지 효과를 낼 수 있기 때문이다. 이러한 과감한 M&A는 오너 경영 체제가 아니면 힘들 것이다.

일본의 노벨상이라고 불리는 교토상(京都償)이 있다. 일본에서 경영의 신으로 존경받고 있는 이나모리 가즈오 교세라 명예회장이 사재를 출연해 제정한 상으로 1985년부터 시상해 왔다. 과학, 기술, 문화 부문으로 나누어 시상한다. 이 상은 엄격한 심사로 유명하다. 심사에 3년이 걸린다.

---

111 〈“100년 버틴 상점만 3000곳…부단한 기술혁신과 장인정신이 교토 장수기업의 비결”〉, 《조선비즈》, 2016. 09. 07.

현재 대부분의 수상자는 미국과 유럽이다. 한국인으로서는 고 백남준 선생이 수상한 바 있다. 교토 기업의 기술 중시와 사회 공헌을 볼 수 있는 단면이다.

교토의 역사적 자부심은 외부에서 보기에는 폐쇄적으로 보일 정도로 교토 내의 협력 네트워크가 잘 구축하도록 만들어진 것이다. 먼저 대학과 기업 간의 산학협력체제가 발달해 있다. 기업은 대학에게 첨단 연구 장비를 지원하고 대학은 원천 기술과 인력을 지원하는 '대학 연구실에서의 일상적인 산학협력'이 가능하도록 되어 있다. 특히 교토대학의 경우 '교토 벤처 비즈니스 연구소'를 설립해 기업의 특허 및 창업과 관련한 상담을 적극적으로 실시하고 있다. 교토에서는 선배 기업이 후배 기업들을 지원하는 전통이 일찍부터 있어 왔다. 예를 들어 시마즈 제작소는 1944년에 창업한 후배 기업 무라타 제작소에게 발주를 통해 지원해 왔으며, 오므론은 일본 전산이 어려울 때 자금 지원을 한 바 있다. 또한 교세라 이나모리 가즈오 교세라 명예 회장 같은 대표들이 무보수로 후배 기업들을 기술 및 경영 컨설팅을 해 주고 있다.[112] 교토 정부도 이러한 전통 기술의 현대화와 협력을 지원하고 있다. 예를 들어 교토시는 벤처감정위원회와 교토 기업가 학교를 설립하여 산학관 클러스터 발전을 촉진시키기 위해 TLO(기술이전 지원기구)를 설립해 지원하고 있다. 이러한 대학과 자치단체, 지역기업이 뭉친 탄탄한 협력네트워크가 기업을 발전시키고 있다.

112 〈교토는 어떻게 강소기업 메카됐나〉, 《디지털타임스》, 2013. 02. 14.

교토는 일본의 살아있는 박물관이다. 이는 제2차 세계 대전 때 원자폭탄의 투하 대상 도시로 일본의 정신적인 수도인 교토가 고려되었으나 당시 루즈벨트와 미군 수뇌부의 반대로 공격 목표가 나가사키로 바뀌면서 원폭의 피해를 면함으로써 가능하게 되었다. 전통 계승 측면에서 한중일 세 나라를 비교해 보면 중국은 공산화됨으로써 과거와는 문화적으로 다른 나라가 되었다. 한국은 조선시대에서 일제와 분단 그리고 현대로 넘어오면서 급격하게 변화되었다. 상대적으로 일본은 메이지유신 시대의 '폐번치현' 개혁에서 알 수 있는 것처럼 전통이 오늘날에도 계승되고 있다. 교토는 일본의 수도라는 자부심과 장인정신을 바탕으로 학문과 기업 분야에서 단순한 전통의 계승을 넘어 시대변화에 맞게 발전시키고 이노베이션하고 있다.

교토의 히가시야마구

USA

San Francisco

2. 열정과 창조의 도시, 샌프란시스코 San Francisco

샌프란시스코는 필자 개인적으로는 미국에서 가장 좋아하는 도시이다. 어학연수 관계로 몇 달 동안 살기도 했지만 참 매력적인 도시다. 골든 게이트 브리지, 트윈 픽스(Twin Peaks), 앨커트래즈(Alcatraz), 피어 39와 피셔맨 스워프(Fisherman's Wharf) 그리고 오르막길을 오르는 샌프란시스코 케이블카 등은 관광객들에게는 참 매력적인 곳이다. 샌프란시스코의 도시 이름은 12세기 이탈리아 아시시에서 태어나 프란시스코 수도회를 만들고 평생을 예수처럼 살려고 노력한 성 프란시스코의 이름에서 유래되었다. 현재 266대 교황도 아르헨티나 출신의 프란시스코 교황이다. 샌프란시스

피어 39

앨커트래즈 스페인어로 '펠리칸'을 뜻하는 앨커트래즈는 지구상에서 탈출이 불가능한 감옥으로 악명이 높았다. 알 카포네를 비롯한 흉악범들이 수감되었지만 지금은 「더 락」 등 많은 영화가 촬영되는 관광지로 변신했다

코는 경제적인 면에서 뉴욕, 보스턴 등과 함께 미국에서 가장 부유한 도시이지만 4차 산업 혁명 시대에서 더욱 더 관심을 받고 있다.

— 실리콘 밸리의 허브

실리콘 밸리(Silicon Valley)는 미국 캘리포니아주 샌프란시스코만 남부 지역을 가리키는 말이다. 좀 더 구체적으로 보면 샌프란시스코 남쪽 레드우드 시티부터 팔로알토, 서니베일, 샌타클래라, 산호세까지 이르는 지역을 말한다. 이 지역에 실리콘 칩 제조 회사들이 많이 모여 있었기 때문에 실리콘 밸리란 이름이 붙여졌다. 현재 실리콘 밸리는 미국을 넘어서 세계적으로 첨단산업 특히 IT 기업과 벤처기업들의 본부이자 대명사 같은 곳이 되어 있다. 실리콘 밸리는 특히 젊은 창업기업가들에게는 로망이 되고 있다. 기업평가가 100억 불이 넘는 스타트업 회사 중 중국의 알리바바와

실리콘 밸리 지도

텐센트를 제외하고는 모두 실리콘 밸리에 있다. 또한 10억 불이 넘는 스타트업을 전설 속의 동물인 유니콘(Unicon)이라고 부르는데, 유니콘의 대부분 역시 실리콘 밸리에 있기 때문이다.

실리콘 밸리에는 세계적인 첨단기업들의 본사 혹은 지사가 입주해 있다. 본사가 있는 기업만 보더라도 구글, 페이스북, 왓츠앱, 시스코, 이베이, 브로드컴, 어도비 시스템스, 애플, 야후, AMD, 인텔, 썬 마이크로 시스템즈, 마이크론, HP, 오라클, 넷플릭스 등 수없이 많다. 본사가 아니더라도 삼성전자처럼 세계 대부분의 회사가 연구개발센터를 실리콘 밸리에 두고 있다. 흥미로운 사실은 실리콘 밸리는 원래 IT 기업들이 입주해 있었는데, 최근에는 테슬라, 엔비디아 같은 자동차 기업들도 입주한다는 것이다. 자동차가 자율자동차, 전기자동차로 전환하면서 일어나는 변화라 볼 수 있다.

기업들의 성장과 지속적인 유입 덕분에 샌프란시스코를 비롯해 산호세 등의 실리콘 밸리 도시들은 높은 소득 수준을 갖고 있다. 실리콘 밸리는 최근에 더욱 빠른 속도로 성장하고 있는 것 같다. 4차 산업 혁명 시대로 진입하는 것과 무관치 않은 듯하다. 과연 무엇이 이렇게 실리콘 밸리의 성장을 만들고 있는가?

실리콘 밸리의 가장 중요한 자산은 기업 에코시스템(Ecosystem) 즉 생태계가 잘 구축되어 있다는 것이다. 자연 생태계는 상호의존적인 관계하에서 다양한 식물과 동물의 순환이 이루어지면서 역동적 균형을 유지하는 시스템이다. 기업과 창업이 성공하기 위해서도 이러한 생태계가 잘 구축되어야 한다. 이러한 측면에서 실리콘 밸리는 기업 생태계가 잘 구축되어 있다. 대기업과 창업기업의 바람직한 관계, 다양한 벤처캐피털을 통한 자금 공급, 그리고 스탠퍼드와 UC버클리 대학 등을 통한 인력 수혈이 실리콘 밸리 생태계의 핵심이다.

실리콘 밸리에는 이미 성공한 대기업과 창업기업이 투자와 마케팅으로 긴밀히 연관되어 있다. 한국과 실리콘 밸리의 가장 큰 차이점은 기업 투자에 대한 자금회수(Exit)를 한국에서는 기업 상장(IPO)을 통해서 대부분 하나 실리콘 밸리에서는 M&A를 통해서 한다. 대표적인 사례가 구글과 페이스북이다. 구글은 스티브 첸의 유튜브를 16억 달러에 인수한 것을 비롯해 안드로이드, 알파고로 유명한 딥마인드, 홈 IoT 플랫폼 기업 네스트랩스, 클라우드 플랫폼 기업 오비테라를 인수했다. 페이스북도 60여 개의 기업을 인수 합병했다. 경쟁자인 인스타그램, '친구 찾기' 기술을 보유한 옥타젠, 사진 공유 업체인 디비샷, 2014년에는 모바일 메신저 왓츠앱을 220억 달러에 인수했다. 구글과 페이스북 같은 기업들은 기술과 인력을 확보하고 경쟁자를 사전에 제거하기 위해 이러한 인수합병 전략을 쓰고 있는 것이다.

창업기업 입장에서는 이러한 인수합병을 통해 조기에 가시적인 성공신화를 쓸 수 있는 기반이 된다. 최근의 인기 모바일 게임 '포케몬 고'의 존 행크 사례를 보자. 모바일 게임 '포케몬 고'를 만든 나이앤틱 대표 존 행크는 구글 출신이었다. 그는 2004년에 구글에 입사했고, 구글 어스를 개발해 주목을 받았다. 그는 독립하려 했지만 구글 창업자 래리 페이지는 일단 사내 벤처를 만들도록 했다. 결국 그는 2015년 7월 독립했고 '포케몬 고'를 출시했고, 그것은 세계에서 가장 인기 있는 증강 현실(Augmented Reality) 게임이 되었다. 포케몬 고의 매출은 약 50억 달러 정도가 된다. 또 하나의 창업 신화가 탄생한 것이다. 이러한 성공신화는 많은 사람과 돈이 실리콘 밸리로 몰리게 하는 가장 큰 원인이다. 창업생태계의 선순환이 이루어지는 것이다.

창업기업에 있어 자금을 지원하는 벤처캐피털(Venture Capital)은 중요하다. 실리콘 밸리에는 미국 벤처캐피털의 40%가 투자되고 있다고 한다. 실리콘 밸리 벤처캐피털은 단순히 자금만 지원하는 곳이 아니다. 그들은 경영, 마케팅을 지원해 주는 사업 파트너로서 참가한다. 또한 실리콘 밸리의 벤처캐피털만큼 성공 가능성 있는 기업을 감별할 수 있는 전문 투자자들을 많이 보유하고 있는 곳은 없다. 벤처캐피털도 분화하고 있다. 신생 스타트업만 지원을 집중하는 마이크로VC와 어느 정도 성장한 기업만을 지원하는 VC들로 전문화되고 있다.

실리콘 밸리에는 또한 스탠퍼드대와 UC버클리 같은 대학에서 우수한 인재를 수혈하고 있다. 실리콘 밸리 기업에 채용된 직원 1만 명을 대학 출신별로 조사한 결과 UC버클리가 1위, 2위 스탠퍼드, 3위 카네기 멜런 대학이라고 한다.[113] 실리콘 밸리 기업 CEO의 상당수도 스탠퍼드와 UC버클리 출신이다. 이들 대학들의 졸업생 상당수가 지역을 떠나지 않고 지역에 남아서 창업하거나 기업에 입사한다. UC버클리와 스탠퍼드대는 교육 모델이 처음부터 하버드, 예일, 프린스턴 같은 동부 대학들과는 달랐다. 동부 대학들이 유럽 대학들의 영향을 많이 받은 반면, 이들 대학은 아시아를 비롯해 해외 출신 학생 비율이 높았고 남녀의 차별이 없었다.

---

113 〈실리콘벨리 기업 직장인 가운데 텍사스대학 출신 5번째로 많아〉, 《코메리카포스트》, 2017. 04. 27.

또한 이들 대학들은 처음부터 기업가 정신을 강조했다. 스탠퍼드 대학의 문장은 '자유의 바람이 분다(The wind of freedom blows).' 새로운 생각, 자유로운 탐구를 추구하고자 하는 표현이다. 이는 학교 설립자인 릴런드 스탠퍼드(Leland Stanford, 1824~1893)부터 비롯되었다.[114] 스탠퍼드 대학은 Stanford Startup X 창업 지원 프로그램을 운영하고 있고, 대학이 보유하고 있는 특허의 기술사업화를 위해 Office of Technology Licensing(OTL) 조직을 운영하여 많은 성과를 거두고 있다. 버클리 대학은 경영대학인 Haas School과 공대가 연합해서 버클리 대학의 창업 아이디어가 사업화될 수 있도록 skydeck을 운영하고 있다.

스탠퍼드 대학교

114 〈영어라는 '사다리'는 걷어차지 말자〉, 《중앙일보》, 2016. 04. 01.

실리콘 밸리 성공요인에는 자연환경과 도시의 어메니티(Amenity)가 대단히 중요하게 작용한다. 실리콘 밸리의 지중해성 기후가 사람을 모은다는 이야기가 있다. 실리콘 밸리 지역은 여름에도 25도가 넘지 않고 겨울에도 5도 이하로 떨어지지 않는다. 마크 트웨인이 "내가 보낸 가장 추운 겨울은 샌프란시스코에서 보낸 여름이었다."고 한다. 샌프란시스코의 학교, 병원, 문화시설 등이 사람들에게 매력적인 것임은 말할 것도 없다.

실리콘 밸리의 성공요인인 벤처캐피털, 좋은 대학들 그리고 창업 성공신화가 다른 나라에도 그대로 적용될 수 있을까? 그리고 이러한 창업 에코시스템을 성공적으로 구현되기 위해서 필요한 것은 무엇일까?

무엇보다도 슘페터가 말하는 기업가 정신(Entrepreneurship)이 필요하다. 자본주의는 기술의 축적과 자본의 축적이 필요하다. 그리고 기술과 자본의 축적을 할 수 있는 키 플레이어는 기업가다. 산업 혁명 이후 기업가 정신이 자본주의를 발전시켜 왔다. 스타트업을 창업해 키워서 상장시키거나 매각을 통해서 큰돈을 번 창업자들은 거기에 만족해서 차를 구입하거나 부동산 투자에 허비해서는 안 된다. 사회가 발전하기 위해서는 창업으로 돈을 벌었다면 그는 스타트업 창업자에게 투자하는 엔젤투자자가 되거나 새로운 스타트업을 시작해야 한다. 이런 사람들을 '연쇄창업자(Serial entreprenuer)'라고 부르는데 일론 머스크가 대표적인 사람이다. 일론 머스크는 인터넷 결재기업인 페이팔(Paypal)을 이베이에 15억 달러에 매각하고, 이 매각 대금으로 이미 발사된 로켓 재사용 사업을 하는 우주기업 스페이스 X(Space X)와 전기자동차 기업 테슬라를 창업한다. 보통 사람들의 시각으로는 무모한 도전이기도 하지만 이러한 혁신 기업 그리고 이러한 연쇄 창업자야 말로 오늘날의 실리콘 밸리가 있게끔 한 핵심요소다.

또 실리콘 밸리에는 누군가의 도움을 받아 성공한 스타트업 창업자들이 후배 스타트업을 조건 없이 도와주는 문화(Pay it forward)와 기존의 규제나 권위에 굴하지 않고 도전하는 분위기가 있다. 우버(Uber)나 에어비앤비(Airbnb)가 대표적이다. 이러한 문화야말로 실리콘 밸리를 세계 최고의 클러스터로 이끌고 있다.

그러면 이러한 기업가 정신은 어디에서 유래되는가? 일론 머스크의 사명감일까? 아니다. 이러한 기업가 정신을 확산하기 위해서는 자본주의의 본질에 대한 교육과, 실패도 자산으로 인정하는 사회 분위기, 그리고 노동의 유연성이 있어야 한다. 창업을 해서 성공하기는 어렵다. 일반적으로 창업 기업의 90% 이상은 실패한다. 이러한 실패도 귀중한 사업의 자산으로 생각해야 한다. 그런데 한국은 사업이 실패하고 신용불량자가 되면 전과자가 되고 재기가 힘들다. 또한 창업을 한다고 다니던 기업을 나와서 다시 복귀하기도 어렵다. 이러한 노동의 유연성이 없으면 미국처럼 사내 분사는 어렵게 된다. 기업가 정신의 확산을 위해서는 무엇보다도 기업인 및 창업가를 인정해 주는 사회적 풍토가 필요하다. 기업인을 도둑놈 보듯이 한다거나 창업가를 대기업에 취직 못해서 창업한다는 시각으로 봐서는 곤란하다. 실리콘 밸리에서는 창업자 즉 파운더(Founder)를 인정한다. 중국에서도 창업 못하는 사람이 대기업에 취직한다고 생각한다. 우리나라에서는 삼성에 취직할 수 있는 자식이 창업한다고 하면 찬성할 부모들이 얼마나 있을까?

샌프란시스코를 중심으로 하는 실리콘 밸리는 자유로운 분위기를 갖고 있다. 샌프란시스코는 관용의 도시다. 이러한 점에서 동부의 보스턴과 다르고, 심지어 같은 캘리포니아인 로스앤젤레스와도 다르다. '신사'들이 모여 있는 뉴잉글랜드 같은 동부 지역이 아니라 이민자들이 밀집한 서부에서 혁신이 일어난 이유는 '헝그리 정신'이 있었기에 가능한 일이다. 실리콘 밸리에는 다양한 국적의 CEO들이 있다. 구글 창업자 세르게이 브린은 옛 소련 출신, 테슬라 창업자 일론 머스크는 남아프리카공화국 출신, 야후의 제리 양은 대만 출신이다. 인종, 나이, 종교, 학력, 배경에 관계없이 비교적 평등하게 일할 수 있기 때문에 세계 각국의 인재들이 실리콘 밸리로 모여들고 있다. 이러한 이유로 트럼프 대통령의 이민정책에 대해 가장 반대하는 곳이 실리콘 밸리 지역의 사람들이다.

미국의 큰 내수시장도 실리콘 밸리의 성공요인이다. 이런 관점에서 첨단산업 분야에서도 중국이 미국의 가장 강력한 경쟁자가 될 가능성이 있다. 미국에 유학 갔던 중국 인재들이 대부분 고국으로 돌아가 창업에 나서는 등 기업가 정신이 강하기 때문이다.

현재 세계 모든 나라가 실리콘 밸리를 부러워하면서 자국에도 실리콘 밸리 같은 곳을 만들기 위해 벤치마킹하고 있다. 그러나 다른 나라의 이러한 시도는 실패로 끝날 가능성이 높다. 실리콘 밸리에는 겉으로 보이는 기업 생태계보다 이 생태계를 작동시키는 기업가 정신과 관용 정신이 더 중요하기 때문이다. 실리콘 밸리만이 갖고 있는 경험도 무시 못 할 자산이다. 링크드인 공동 창업자이자 세계 최고 VC 중 하나인 그레이락의 임원인 리드(Reid Hoffman)는 실리콘 밸리가 특별한 진짜 이유는 회사를 키우는 경험과 실질적인 지식이 '다른 동네'보다 월등히 높기 때문이라 한다.

한국은 실리콘 밸리를 무조건 따라갈 수는 없다. 시장의 사이즈와 문화가 다르기 때문이다. 따라서 한국은 실리콘 밸리를 무조건 모방하기보다는 일부분 이스라엘을 벤치마킹해야 한다는 주장도 있다. 예를 들어 이스라엘 보안 산업은 미국보다 발달해 있다. 그 이유는 한국처럼 징병제 국가인 이스라엘은 나라에서 가장 똑똑한 인재 30여 명을 군대에 들어오게 한 뒤 최고 사양 슈퍼컴퓨터 등을 주고 보안과 관련한 연구를 시켰다고 한다. 한국은 4차 산업혁명이라고 해서 무조건 미국만 모방할 게 아니라 잘 할 수 있는 분야를 집중 육성해야 한다.[115]

— 샌프란시스코의 관용 정신은 어디에서 나오나?

실리콘 밸리는 정부의 그림자가 거의 없다. 민간에서 투자가 일어나고 스타트업들도 정부의 도움을 기대하지 않는다. 실리콘 밸리가 워싱턴 DC에서 멀어서 잘 되었다는 농담도 있다. 실리콘 밸리는 자생적인 창업

---

115 〈실리콘밸리 성공 뒤엔 스탠퍼드-UC버클리 경쟁 있었다〉, 《한국경제》, 2017. 07. 25.

생태계이다. 샌프란시스코를 비롯한 실리콘 밸리의 자생적인 창업생태계를 만드는 가장 중요한 자산은 관용 정신이다. 이러한 관용 정신이 전 세계로부터 젊은이들을 블랙홀처럼 끌어들이고 있고 실패도 인정하는 분위기를 만든다.

뉴욕의 뉴스 전문 웹사이트 데일리 비스트는 인종적 및 종교적 다양성, 동성결혼 허용을 포함한 반차별 법안체계 확립 여부, 그리고 연방수사국(FBI) 통계를 바탕으로 추산한 인구 10만 명당 증오범죄 건수 등을 기준으로 미국 내 '관용의 도시'를 선정했다. 샌프란시스코는 노스캐롤라이나 더럼시와 호놀룰루 다음으로, 3위를 차지했다. 미국 대도시 중에서는 1위를 차지했다.[116] 이런 통계 수치에는 여러 이론이 있을 수 있으나, 샌프란시스코가 자유스러운 도시, 외국인이나 타 종교에 거부감이 없는 도시임에는 분명하다. 그러면 도시의 이러한 분위기는 어디에서 왔을까?

캘리포니아와 샌프란시스코 개척의 역사를 살펴볼 필요가 있다. 면적으로 알래스카와 텍사스에 이어 3위, 인구와 경제규모로는 미국에서 1위인 캘리포니아주는 스페인에 의해 처음으로 식민지가 개척되었다. 캘리포니아란 이름의 유래에 대해서는 설이 나뉜다. 먼저 1535년 탐험가 코르테스에 의해 처음 사용된 '뜨거운 화로'란 뜻의 '칼리엔테 포르날라'의 합성어란 설이 있다. 또한 스페인 사람들이 애초에 섬으로 착각해서 붙여졌다는 설도 있다. 지금의 멕시코 캘리포니아 반도(현재 바하 캘리포니아)에 도

116 〈샌프란시스코 '관용의 도시' 전국 3위〉, 《한국일보》, 2012. 01. 19.

착한 스페인 사람들은 그곳이 섬인 줄 알고 16세기 초 스페인에서 유행한 소설 『에스플란디안의 모험』에 나오는 지상낙원의 섬을 다스리는 왕의 이름 '칼라피아(Calafia)'를 따서 '칼리포르니아'라고 이름을 지었다고 한다.[117]

멕시코가 스페인으로부터 독립하고 나서(1821년) 캘리포니아는 멕시코 땅이 되었지만 미국-멕시코 전쟁(1846년~1848년)을 통해서 텍사스와 함께 미국으로 합병된다. 그래서 지금도 캘리포니아 도시들에는 스페인 지명이 많이 붙어있다. 영어로 Saint(성聖)를 의미하는 San이 붙은 곳(산호세, 샌디에이고, 샌프란시스코 등), Santa가 붙은 곳(샌타클래라, 샌타바버라 등)이 대표적이다. 여기서 스페인어로 San은 남성 성인, Santa는 여성 성인을 의미한다. 로스앤젤레스는 원 이름이 '엘 푸에블로 데 누에스트라 세뇨라 라 레지나 데 로스 앤젤레스 데 포르슉크라'로 너무 길어 줄인 경우다. 사람도 별로 살지 않았던 캘리포니아에 큰 변화의 물결이 왔다. 그것은 '골드러시(Gold Rush)'였다.

캘리포니아 골드러시는 1848년 새크라멘토 강 근처 콜리마(Colima)에 있는 존 서터의 제재소에서 제임스 마셜이 우연히 금을 발견하면서 시작되었다. 캘리포니아에서 금이 발견되었다는 소식은 점차 미국 전역에 퍼져서 일확천금의 꿈을 안고 수십만 명의 사람들이 캘리포니아에 몰려들었다. 이 시기에 몰려온 사람들 중에는 미국인들뿐만 아니라 유럽인, 남

117 캘리포니아, 나무위키, 2019. 02. 26. 검색, URL: https://namu.wiki/w/캘리포니아

골드러시(gold rush) 강 바닥에서 금을 찾는 사람들의 모습

아메리카인들 그리고 중국인들까지 있었다. 이들 대부분은 샌프란시스코를 통해 유입되었다. 그래서 샌프란시스코는 1848년에는 인구가 약 1,000명에 불과했지만 1850년에는 25,000명으로 인구가 폭발적으로 증가했다. 특히 1849년에 캘리포니아에 온 사람들이 많아서 '포티나이너스'라는 말이 생겼다. 현재 샌프란시스코 NFL 풋볼 팀이 '샌프란시스코 포티나이너스'이다. 그러나 캘리포니아 골드러시는 결과적으로 극소수의 사람들에게만 막대한 부를 가져다 주었고, 대부분의 사람은 빈털터리가

되었다. 금을 캐러 오는 사람보다는 그들에게 튼튼한 옷인 청바지를 만들어 판 리바이 스트라우스가 돈을 벌어 오늘날의 리바이스(LEVI'S)가 되었다. 캘리포니아의 별칭이 골든 스테이트(Golden State)가 된 것도 골드러시 때문이다.

골드러시가 캘리포니아에 미친 영향은 엄청 났다. 미국에 막 편입된 캘리포니아가 골드러시를 통해서 철도가 부설되면서 급격히 발전이 촉진되었다. 그 중에서도 샌프란시스코가 중심도시로 떠올랐다. 또한 많은 외국인들이 유입되었다. 특히 중국에서도 많은 노동자들이 유입되어 미국에서 가장 큰 차이나타운을 형성하게 되었다. 캘리포니아 하면 떠오르는 이미지가 인종적, 종교적 다양성인데 캘리포니아의 다양성은 이 시기에 형성되었던 것이다. 인종적 다양성은 샌프란시스코가 인종적 거부감이 없는 도시가 되는 데 큰 영향을 미쳤다.

— 샌프란시스코 가치

샌프란시스코는 미국에서도 상당히 진보적인 도시로 꼽힌다. 샌프란시스코 가치(Value)란 말이 있다. 이 말은 동성 결혼 허용, 반전 운동, 히피문화, 마리화나 허용, 개방적인 이민정책 등 샌프란시스코의 세속적 진보성향을 가리키는 용어다. 히피 문화는 60년대 미국을 중심으로 일어난 기존의 질서를 부정하고 자유와 평화를 숭배하는 운동이다. 히피 문화는 당시 베트남 전쟁의 반대, 동성애, 마리화나 사용 등으로 나타난다. 지미

게이들의 천국 카스트로 거리

헨드릭스, 도어즈, 밥 딜런 등의 록음악도 히피 문화가 표출된 대중음악의 사조라 할 수 있다. 그러면 왜 샌프란시스코가 이러한 히피 문화의 중심지가 되었나?

히피 문화, 히피 운동(Hippie Movement)은 60년대 사랑과 평화, 자유, 화합과 존중을 추구하던 젊은이들의 반항운동이었다. 이러한 히피 문화는 당시 샌프란시스코 뮤지션들에 의해 시작되었다. 그들에게 음악은 모든 사람들과 소통할 수 있는 도구였다. 골든 게이트 파크 페스티벌(Golden Gate Park Festival)은 히피문화의 상징적인 곳이 되었다. 이러한 히피 문화가 당시 샌프란시스코에 빨리 퍼진 이유는 그 지역에 많은 대학교와 학생들이 있었기 때문이다. 특히 당시 UC버클리는 히피 문화의 대표적인 대학이었다.

히피 문화와 동성애는 상관관계는 있으나 달리 볼 필요가 있다. 샌프란시스코는 게이들의 수도라 불릴 정도로 동성애자가 많고, 미국에서 최초로 동성 결혼을 합법화했다. 동성애자가 샌프란시스코에 유난히 많은 이유는 군대와 관련되어 있다. 일본과의 태평양 전쟁 중 대다수의 미군은 샌프란시스코에서 출발했다. 몇 년간의 전장에서 일부 젊은이들은 자신의 '성 정체성'을 깨닫게 되었다. 그들은 자신의 고향에 돌아가지 못하고 샌프란시스코에 눌러 살게 되었다. 샌프란시스코에 동성애자가 많다는 소문은 다른 지역의 동성애자들까지 불러 모으게 되었다. 동성애자들은 주로 샌프란시스코 카스트로 거리에 모여 살고 있다. 그들은 집에 무지개 깃발을 달고 그들의 정체성을 표현하고 있다. 레인보우기는 '성정체성, 삶, 치유, 자연, 예술, 조화, 영혼'의 7가지를 상징한다.

히피 문화는 베트남 전쟁의 종전, 지나친 마약 사용 등에 대한 사회적 반발, 히피 세대의 보수화 등과 더불어 80년대부터 쇠퇴되었다. 그러나 다른 문화와 종교를 인정하고 포용하며 평화를 추구하자는 히피 문화의 핵심은 지금까지도 샌프란시스코의 문화에 큰 영향을 미치고 있다.

히피 운동

— 시민의식과 적절한 사회 통제 시스템

많은 인종과 종교에 기인한 다양성과 히피 문화와 같은 자유 추구의 전통이 샌프란시스코의 관용 정신을 만들었다 해도 시민들의 의식과 질서 유지를 위한 적절한 사회시스템이 작동해야 한다. 그렇지 않으면 관용 정신은 무질서와 방종으로 흐르기 쉽고 그렇게 되면 장기적으로 관용의 정신이 도시에 지속될 수 없다.

도시가 발전하기 위해서는 시민의식이 전제가 되어야 한다. 시민의식이란 시민 개개인이 사회와 국가에 대해 보이는 생각과 행태를 말한다. 시민의식은 주로 준법의식, 공동체 의식에 기반한 기부, 자원봉사, 책임의식 등의 행태로 나타난다. 준법의식을 먼저 보자. 동성애자가 많아서 샌프란시스코가 위험할 것 같지만 실상은 그렇지 않다. 범죄율에 있어서 샌프란시스코는 대표적으로 안전한 도시이다. 시 당국이 몇 년 전 구축한 범죄 발생지도도 안전한 도시 만들기에 기여하고 있다.

샌프란시스코 시민들의 책임의식을 볼 수 있는 좋은 사례가 있다. 샌프란시스코와 캘리포니아 해안 지역은 소위 '불의 고리' 단층대에 있어 지진이 많이 일어난다. 비교적 최근에만 보더라도 1906년과 1989년 두 번의 대지진이 있었다. 1989년의 대지진은 샌프란시스코 교외 로마프리타 지역이 진앙지였기 때문에 로마프리타 대지진이라 한다. 이 지진은 월드 시리즈가 마침 샌프란시스코에서 열리는 중이라 미국 전역에 생중계되기도 했다. 이 지진은 샌프란시스코 시청인 시빅 센터(Civic Center)와 도서관 등이 거의 무너질 정도의 엄청난 충격을 가했다. 새로 시청을 짓는 비용

샌프란시스코 시빅 센터

이 기존 건물을 복구하는 비용보다 더 적을 것으로 예상되었다. 샌프란시스코 시빅 센터는 1915년에 건설되어 1945년에 유엔 헌장 서명과 1951년에 태평양전쟁을 공식적으로 종결하는 샌프란시스코 조약이 체결된 역사적인 장소이기도 하다. 샌프란시스코 시청은 또한 결혼식이 많이 열리는 장소이기도 하다. 야구선수 조 디마지오와 배우 마릴린 먼로의 결혼식도 이곳에서 했었다. 당시 샌프란시스코 시 당국은 시민투표를 통해 신축과 기존 건물의 복구를 결정하고자 했고, 결과는 기존 시청 건물의 복구였다. 시민들은 세금을 더 부담하더라도 역사적인 시청 건물을 살리자고 하는 의견이 모아진 것이다. 샌프란시스코 공공도서관도 마찬가지다. 대지진으로 파괴된 샌프란시스코의 도서관 건립을 위한 기금모금은 미국 도서관 역사상 가장 성공적인 캠페인으로 평가받고 있다. 샌프란시스코 시민들은 위대한 도시로 만들기 위해서는 위대한 공공도서관이 필요하다고 생각했던 것이다.

최근에는 재해 및 방재 문제 대처에 시민들의 적극적인 참여 사례가 있다. 샌프란시스코시는 숙박공유서비스 기업인 Airbnb와 함께 지진 등의 재해 발생 시 재해민의 임시 거주지 마련을 위한 협력 체제를 만들었다. 임시 거주지 마련에 시민들의 적극적인 참여가 전제되었음은 물론이다.[118]

최근에 샌프란시스코 도시 한복판에 위안부 기림비가 제막되었다(2017년 9월 22일). 미국 대도시 중에서는 최초로 위안부 기림비가 건립된 것이다. 일본의 집요한 방해 공작에도 불구하고 건립되었다. 도시의 관용은 좋은 게 좋다는 식이 아니다. 인류 공동선 혹은 공동가치는 확실히 준수하여야 한다는 의지하에서만 관용의 정신을 빛을 볼 수가 있다.

— 앞으로 샌프란시스코와 실리콘 밸리의 관계

과거부터 샌프란시스코는 실리콘 밸리에 중요한 기능을 담당하고 있다. 기업에 필요한 인력을 공급하는 대학교들이 있고 금융기관도 샌프

118 <市 소재 기업들과 연계하여 재해·방재 문제 공동 대처 모색 (미국 샌프란시스코市)>, 서울연구원, 2013. 07. 03. URL: https://www.si.re.kr/node/46185

란시스코 시내에 있다. 또한 실리콘 밸리 종사자들의 대부분은 샌프란시스코에 와서 문화생활과 여가를 즐긴다. 그러나 엄밀히 말하면 샌프란시스코는 처음부터 실리콘 밸리는 아니었다. 빌 휴렛과 데이비드 패커드가 설립한 HP가 실리콘 밸리의 시작이었다(1939년). 당시 HP는 팔로알토에서 설립되었고, 그 후에 기업들은 대체로 더 남쪽으로 가기 시작했다. 현재는 산호세(San Jose)가 '실리콘 밸리의 수도'라는 자부심을 가지고 있다. 왜냐하면 애플, 인텔, 시스코, 이베이 등 많은 기업들이 있기 때문이다.

그러나 이제는 신생 IT 기업들이 샌프란시스코 도심에서 창업하는 경향이 있다. 샌프란시스코 소마(SOMA, South of Market) 지역을 중심으로 트위터, 에어비앤비, 드롭박스, 징가, 핀터레스트 같은 비교적 신생 정보기술기업들이 밀집해 있다. 실리콘 밸리 지역에서 이동해 오는 기업들도 있지만 처음부터 샌프란시스코에서 설립하는 기업들이 늘어나고 있다. 예를 들어 세일즈포스닷컴 같은 기업은 18년 전에 설립되었는데, 실리콘 밸리에 들어갈 생각조차 하지 않았다 한다. 왜 새롭게 샌프란시스코가 기업들에게 각광받고 있는 것일까?

무엇보다도 젊은 세대들은 샌프란시스코의 밤 문화를 비롯한 문화생활을 즐기고 싶기 때문이다. 또한 샌프란시스코의 2016년 벤처캐피털 규모는 285억 달러로 뉴욕과 산호세를 합친 것보다도 많다. 샌프란시스코시 당국도 적극적으로 창업을 장려하기 위해 나섰다. 과거 20종류 이상 필요했던 창업 허가 사항을 대폭 간소화했다. '샌프란시스코 비즈니스 포털'에서는 각종 등록 서류의 작성법을 알려주고 있고, 온라인으로 가능하게 했다. 그 결과 월스트리트저널에서 2017년도 주목받는 IT 스타트업 25개 기업을 선정했는데, 9개가 샌프란시스코 소재 기업들이었다.[119] 이제는 샌프란시스코가 명실공히 실리콘 밸리의 한 부분이자 가장 중요한 도시가 된 것이다. 이처럼 샌프란시스코와 실리콘 밸리 관계는 상호 보완 관계이자 경쟁 관계이기도 하다. 그러나 최근에 두 지역 모두 다 치솟는 부동산과 임대료에 골머리를 앓고 있기도 하다.

스콧 매켄지(Scott Mckenzie)의 노래처럼, 당신이 샌프란시스코에 간다면(If you're going to San Francisco) 친절하고 다양한 견해를 가진 사람들을 만날 것이다(You're gonna meet some gentle people there).

119 〈샌프란시스코 도심 '소마' 스타트업 메카로 떴다〉, 《중앙일보》, 2017. 06. 21.

샌프란시스코 금문교

NETHERLANDS

Amsterdam

3. 세상에서 가장 자유로운 도시, 암스테르담 Amsterdam

네덜란드에서 홀란드(Holland)

역사학자이자 저널리스트인 러셀 쇼토(Russell Shorto)는 암스테르담은 '세상에서 가장 자유로운 도시'라고 이야기했다. 암스테르담에서는 성매매가 합법이고 커피숍에서는 마리화나와 해시시를 주문할 수 있다. 이러한 암스테르담은 벤처제도를 만들고 세계 최초의 증권거래소를 만들어 현대 자본주의 발전에 기여했다.

— 암스테르담은 어떻게 자유와 관용의 도시가 되었나?

암스테르담은 네덜란드 최대의 도시이자 수도다. 인구가 2017년도 기준으로 약 85만 명이다. 필립스와 ING를 포함해 세계 500대 기업 중 7개 기업의 본사가 있는 도시이기도 하다. 암스테르담은 1275년 암스텔강(Amstel River)에 둑을 쌓으면서 건설되었다. Y자형으로 흐르는 암스텔강을 막으려고 건설한 암스텔 댐(Amstel dam)은 현재 담 광장(Dam Square)이 되었고 암스테르담의 도시 지명도 여기에서 유래되었다. 현재 담 광장에는 왕궁과 신교회, 백화점 등의 명소가 집중되어 있다.

암스텔 댐이 변한 담 광장(Dam Square). 이곳에는 신교회와 네덜란드 왕궁이 있다.

네덜란드에서는 '헤도헌(gedogen)'이란 말이 있다. 이 말은 엄밀한 의미에서는 불법이지만 공식적으로 눈감아 준다는 의미이다. 여기에는 어차피 일어날 일이라면 금지하지 말고 통제하는 게 낫다는 철학이 깔려 있다.[120] 이러한 철학의 연장선상에서 암스테르담에는 성매매 여성들이 정부의 허가를 받고 활동을 하고 있다. 그러나 이러한 헤도헌도 일정 조건이나 가이드라인을 지켜야 한다. 예를 들어 성매매 여성들은 세금을 납부해야 일반 노동자와 같은 대우를 받을 수 있다. 또한 커피숍에서 순한 마약(Soft drugs)을 구매할 수 있으나 정문에서만 가능하고 후문에서는 불법으로 단속된다.[121]

— 암스테르담의 이러한 자유와 관용 정신은 어디에서 시작되었을까?

네덜란드(Netherlands)는 물보다 낮은(Neder) 땅(land)이라는 뜻이다. 북해와 라인강이 만나는 네덜란드는 예로부터 많은 해일과 홍수의 피해를 입어왔다. 네덜란드의 역사는 이러한 자연환경을 극복하기 위한 투쟁의 역사라 할 만하다. 네덜란드 사람들은 소극적으로 해일과 홍수를 방어하기 위해 노력했을 뿐만 아니라 적극적으로 땅을 확보하기 위하여 간척 사업을 했다. 그래서 '신은 땅을 만들었지만 네덜란드 땅은 네덜란드 사람들이 만들었다.'라는 말이 있을 정도다. 네덜란드 도시들 중에서도 특히 담

120 러셀 쇼토/허형은, 『세상에서 가장 자유로운 도시, 암스테르담』, 서울: 책세상, 2016.

121 Gedogen — illegal but not illegal, DutchAmsterdam, URL: http://www.dutchamsterdam.nl/192-gedogen

으로 끝나는 도시들, 예를 들어 로테르담과 암스테르담은 간척으로 만들어진 도시들이다.

암스테르담은 네덜란드의 다른 도시들에 비해서 역사가 길지 않다. 네덜란드 지역도 과거 갈리아의 다른 지역들처럼 로마에 점령당했다. 네덜란드에서 가장 오래된 도시인 네이메헌을 비롯하여 위트레흐트(Utrecht)와 마스트리흐트(Maastricht)에는 당시 로마 유적이 많이 남아 있다. 로마 시대는 물론 프랑크 왕국 때도 암스테르담은 이들 도시에 비해 작은 어촌에 불과했다.

1100년경에 도시 역사는 비로소 시작된다. 바닷물이 해마다 해안선을 바꾸는 게 지겨워진 농부 수백 명이 질펀한 늪지를 집터로 삼고 가장자리에 제방을 쌓기 시작했다. 주민들은 자연과의 끝없는 싸움을 시작했다. 암스테르담은 가톨릭교회와 봉건 제도가 맞물려 돌아가는 중세와 맞지 않았다. 중세 봉건사회에서는 봉건 영주가 자신의 영지에 있는 농지 경작권을 농민들에게 주고 세금을 거둬들이고 지배하는 시스템이었다. 이를 중세의 장원제도라 한다. 그러나 암스테르담의 바다나 늪지를 간척한 땅은 교회나 귀족이 소유권을 주장하기 어려웠다. 암스테르담 지역은 일찍부터 귀족이 아닌 청어상이나 직물상, 비누 제조업자나 목재 야적장 소유자, 조선소 운영자들이 도시를 이끌었다.[122] 간척을 하면서 생긴 끈끈한 공동체 의식, 봉건 귀족의 지배를 받지 않는 자유 의식에 개방적인 해

122 러셀 쇼토, 『세상에서 가장 자유로운 도시, 암스테르담』, 허형은(서울: 책세상, 2016)

양 무역도시의 이미지가 더해져 암스테르담에는 관용 문화와 자유 문화가 꽃피게 된다.

이러한 면에서 암스테르담은 여러 가지로 이탈리아 베네치아와 유사한 점이 많다. 늪이나 해안가의 척박한 땅에서 도시가 시작하였지만 불굴의 개척정신과 창의성으로 역경을 극복하면서 위대한 도시를 만든 점, 왕이나 귀족의 지배가 아닌 시민들에 의해 공동체를 이끌어 온 점에서 두 도시는 대단히 유사하다. 또한 두 도시 모두 물의 도시라는 면에서도 비슷한 점이 있다. 베네치아에도 무수한 수로가 있어 물의 도시로서 많은 관광객이 찾고 있지만 암스테르담도 유럽의 '물의 수도'라 할 만하다. 총연장 100㎞의 운하는 도시 곳곳을 연결하고 있고, 100개 가까운 섬, 1,500개의 다리가 있다. 운하가 도심 곳곳을 이어줌으로 수상 교통이 발달해 있고 수상 가옥에서 사는 사람들도 있다. 유네스코에서는 이 운하지

암스테르담 운하 암스테르담 거의 모든 지역은 운하로 연결되어 있다. 가옥에는 수상에서 짐을 싣고 내리기 위한 장치가 있다.

역 전체를 '수력공학과 도시 설계의 정수'를 보여준다고 인정하여 세계문화유산으로 등재했다.

암스테르담의 관용 문화가 습지와 해안가의 매립이라는 도시 건설 과정에서 싹트기 시작했다면 종교 개혁을 거치면서 활짝 꽃피기 시작한다. 오늘날 네덜란드와 벨기에를 비롯한 저지대 지역은 전통적으로 부르고뉴 공국에 속해 있었다. 부르고뉴 공국은 게르만의 일파인 부르군트족에서 이름이 유래하였다. 부르고뉴 공국은 오늘날 프랑스의 동부와 벨기에와 네덜란드 지역을 차지하고 있었다. 이 공국은 프랑스 왕국과 신성로마제국 사이에서 줄타기 외교를 하고 있었다. 1477년 부르고뉴 공작 샤를이 죽자 상속녀인 부르고뉴의 마리가 오스트리아의 대공인 합스부르크의 막시밀리안과 결혼했다. 암스테르담과 네덜란드는 합스부르크 가문의 지배를 받게 되었다. 막시밀리안은 신성로마제국 황제가 되고 그 아들 필립은 스페인 카스티야의 왕 자리를 물려받게 된다. 필립의 아들 카를 5세의 경우에는 타이틀이 복잡하다. 그는 신성로마제국 황제이자 오스트리아 대공작, 스페인의 군주 겸 부르고뉴 공작을 겸하고 있었다. 카를 5세는 신성로마제국은 동생 페르디난트 1세에게, 스페인과 암스테르담이 있는 부르고뉴는 아들인 펠리페 2세에게 상속했다.

카를 5세 때부터 유럽에는 종교 개혁의 열풍이 몰아쳤다. 암스테르담을 비롯한 네덜란드에는 개신교 중에서도 칼뱅의 사상이 많은 영향을 미쳤다. 현재의 직업이 하나님이 주신 소명이라는 칼뱅의 가르침은 상공인이 많은 암스테르담에는 매우 적합한 가르침이었던 것이다. 그러나 불행히도 펠리페 2세는 아주 독실한 가톨릭신자였다. 그는 자신이 로마가톨릭을 보호해야 할 사명이 있다고 생각했다. 그리고 펠리페 2세는 각 지역의 자치보다는 강력한 중앙집권화를 시도하였다. 이러한 시각을 가진 펠리페 2세는 개신교 지역인 저지대가 자치를 요구하자 알바 공을 보내 탄압하기 시작한다. 초기에는 암스테르담과 네덜란드는 독립까지 할 의사가 없었다. 왜냐하면 펠리페 2세도 부르고뉴 마리의 증손자라는 점, 그리고 암스테르담 상인 입장에선 스페인 시장과 지중해 무역이 중요했기 때문이다.

그러나 알바 공과 스페인 군대의 무자비한 진압은 오히려 반발을 불러일으켜 빌럼 1세 판 오라녜를 중심으로 독립 전쟁을 하게 되고 그의 아들 마우리츠(Maurits)는 마침내 스페인 군대를 무찌르고 독립을 쟁취하게 된다. 마우리츠는 뛰어난 군사 전략가였다. 당시는 총이 보급되어 총병과 기병 그리고 보병 배치를 어떻게 하느냐가 중요했다. 스페인은 테르시오(Tercio)라 해서 총병을 뒤에 두고 기병의 돌격을 막기 위해 장창병이 앞에서 방어하는 전법을 전통적으로 구사했다. 마우리츠는 같은 방법으로는 이길 수 없다고 판단해 선형진(line formation)이라는 진형을 고안했다. 선형진은 총병을 길게 선형으로 배치하고 일제사격을 하는 방식을 채택했다. 기병의 돌격을 막는 장창병은 최소화했다. 사거리와 위력이 배가된 총에 바탕을 둔 군대 배치 방식이었다. 마우리츠의 선형진은 유럽 각국에 보급되어 근대 군대의 표준적 진형이 되었다.

독립 전쟁 도중에 네덜란드 북부 7개 주는 현재 네덜란드의 모태가

선형진(line formation) 병사들이 선형진 배치방식으로 선 장면

되는 위트레흐트 동맹(1579년)을 맺는다. 네덜란드 남부 주들이 독립 전쟁 대영에서 이탈한 후 절박한 상태에서 협정을 맺게 된다. 그 창립 현장에는 "누구나 종교의 자유를 가지며, 어느 누구도 종교를 이유로 심문을 받거나 박해를 받아서는 안 된다."고 선포하였다. 이는 한 나라에 오직 하나의 종교만이 허용되던 당시의 기준으로는 획기적인 사건이었다.

종교적 관용을 선포하자 유럽 전역에서 박해받던 소수자들이 네덜란드 특히 암스테르담으로 몰려들었다. 먼저 유대인들이 많이 몰려들었다. 유럽의 부유한 유대인들은 원래 스페인에 많이 살고 있었다. 그러나 1492년 알람브라 칙령으로 개종을 강요하게 되자 포르투갈로 갔다가 포르투갈 역시 억압하자 네덜란드로 몰려오게 되었다. 낭트칙령의 폐지로 프랑스 위그노들과 벨기에 있던 개신교들도 대거 북부로 이동하게 되었다. 그 결과 1560년대부터 1589년까지 스페인이 장악한 네덜란드 남부 지역(오늘날 벨기에)은 인구가 급격히 감소한다. 당시 최대 도시였던 앤트워프의 경우 8만 5천 명에서 4만 2천 명으로 줄어들고, 반대로 암스테르담에는 인구가 급격히 늘어 1570년 인구 3만 명에서 1670년 20만 명으로 증가한다.[123]

— 왜 홀란드가 네덜란드였나?

현재 네덜란드주는 12개의 주로 구성되어 있다. 홀란드(Holland)도 그중의 하나이다. 단지 차이가 있다면 홀란드는 1840년에 Noord Holland(North Holland)와 Zuid Holland(South Holland), 두 개의 주로 나뉘었다는 것뿐이다. 그런데 과거에도 그랬고 오늘날에도 사람들은 네덜란드와 홀란드를 혼용하는 경우가 많다. 홀란드를 곧 네덜란드로 인식하는 것이다. 왜 이러한 인식을 갖고 있는 걸까?

현재 네덜란드에서 대도시는 암스테르담, 로테르담 그리고 헤이그이다. 그런데 이 세 도시가 모두 홀란드에 있다. 암스테르담은 북홀란드(노르트홀란트)에, 로테르담과 헤이그는 남홀란드(자위트홀란트)에 있다. 모든 큰 도시가 홀란드에 있으니 홀란드가 네덜란드라는 인식이 무리는 아닐 것이다. 그러나 이 도시들이 처음부터 큰 도시는 아니었다. 홀란드라는 이름에서 이 지역의 배경을 알 수 있다. 홀란드의 홀(Hol)은 움푹 패인 웅덩이를 의미

123 이주희, 『강자의 조건』, 서울: MID 출판사, 2014.

한다. 북해 근처의 네덜란드 지역은 실제로 바다보다 움푹 패인 지형이고, 오래 전 그 지역에 움푹 패인 웅덩이가 많은 데서 이름이 유래된 것 같다.

고대에는 다른 저지대 지역에 비해 홀란드는 방치된 지역이었다. 암스테르담은 작은 어촌에 불과하다가 1306년에야 시(市)로 공포되었고, 1369년에 한자(Hansa)동맹에 가입하면서 도시로서 성장하게 된다. 이 시기 14세기에 암스테르담에 경제 발전을 가져다주는 획기적인 계기가 발생한다. 바로 청어의 기적이다. 당시 유럽에서 중요한 식량원이었던 청어는 수온 변화로 발트해에서 북해로 서식지를 이동한다. 이때, 네덜란드의 어부 빌렘 벤켈소어(Willem Beukelszoon)는 청어 요리에 적합한 칼과 오래 보관할 수 있는 염장법[124]을 개발하게 된다. 또한 1416년에는 청어를 바다에서 그대로 염장할 수 있도록 특화된 배를 개발하게 된다. 청어로 인한 경제적 효과를 암스테르담이 가장 많이 누리면서 경제는 크게 발전하게 된다.

로테르담 역시 작은 촌락이었다가 1260년경 로테천에 댐이 건설되면서 도시가 형성되다가 지금은 유럽 최대 항구도시가 되었다. 이 두 도시의 성장에는 강력한 경쟁도시 앤트워프의 몰락과도 깊은 관계가 있다. 저지대 지역에서는 플랑드르 지역이 경제적으로 가장 발전되어 있었고, 그중에서도 앤트워프가 가장 큰 도시였다. 그러나 스페인 알바 공의 약탈과 신교도들의 탈출로 앤트워프는 쇠퇴하게 되었다.

124 유문수와 췌장을 남겨두고 청어의 내장을 제거하면 오래 보관할 수 있는 것을 발견.

홀란드가 세계적으로 알려지게 된 계기는 동인도 회사와 서인도 회사의 역할이 컸다. 네덜란드는 해외 식민지 개척과 무역을 위해 동인도 회사(1602년)와 서인도 회사(1621년)를 설립한다. 동인도 회사와 서인도 회사는 상업적 무역을 위해 설립한 회사로 최초의 주식회사였으나 점차 무력을 갖추게 된다. 동인도 회사는 지역적 범위가 인도, 인도네시아, 중국, 일본 등의 국가였으며, 서인도 회사는 아프리카와 아메리카 지역을 담당했다. 서인도 회사는 브라질과 아프리카에 있는 포르투갈 식민지를 공격하여 뉴네덜란드를 세웠다. 현재의 뉴욕도 서인도 회사가 개척한 곳이었다. 동인도 회사는 주로 인도네시아를 거점으로 중국과 일본 등지의 국가들과 무역을 담당했다. 당시 일본은 도쿠가와 막부가 지배하던 시기로 포르투갈과는 달리 네덜란드는 선교를 목적으로 하지 않아 도쿠가와 막부는 나가사키에 한해 개방을 하게 된다. 동인도 회사와 서인도 회사의 자본과 구성원들은 대부분 홀란드 출신이었다. 조선시대 우리나라에 배가 난파되어 왔다가 탈출한 후, 『하멜표류기』를 쓴 헨드릭 하멜 역시 홀란드(정확히는 자위트홀란트) 출신이었다. 그들은 외국 사람들에게 자신들은 네덜란드보다는 홀란드 출신이라고 이야기했을 것이다. 이러한 영향으로 홀란드와 네덜란드를 동일시 여기게 되었다. 참고로 네덜란드를 일본에서는 화란(和蘭)이라고 하는데, 이는 홀란드를 음역한 것이다.

— 자유와 관용의 도시 암스테르담, 세계를 지배하다.

17세기, 네덜란드와 암스테르담은 황금기를 맞이하게 된다. 네덜란드는 당시 스페인과 오스만제국의 방해로 지중해 무역에는 참가하지 못하지만 세계 무역의 주요 거점들을 차지하게 된다. 당시에 이미 세계 무역의 중심추가 지중해에서 대양 무역으로 기울어졌다. 네덜란드는 인도네시아, 스리랑카, 대만, 케이프, 말라카 등을 점거하여 동양무역을 지배했다. 또한 뉴욕, 브라질 연안, 가이아나, 수리남, 가나, 토고, 앙골라 등을 점거하였다. 네덜란드는 동양에서는 주로 향신료, 아프리카와 아메리카에서는 설탕과 담배 등을 가져오고 총기와 공산품을 주로 팔았다. 네덜란드는 물건만 거래한 것이 아니었다. 1637년, 아프리카의 가나에 도착한 네덜란드 함대는 포르투갈의 주요 노예 매매 기지였던 엘미나성을 빼앗았다. 그로부터 10년 동안 서아프리카 해안선을 따라 견고한 해안기지를 세우면서 본격적인 노예무역을 하게 된다. 아프리카 노예들은 주로 브라질 사탕수수 농장으로 송출되거나 유럽으로 송출되었다.[125] 당시 네덜란드는 세계 최고 부자의 나라였고, 암스테르담은 최고 부자 도시였다. 암스테르담은 파리나 런던보다 몇 배나 소득이 높았다 한다.

유대인 후손인 스피노자 동상

소득이 높아지고 종교의 자유가 보장되자 철학과 예술이 크게 발전되기 시작했다. 유대인이었던 스피노자가 부모님을 따라 포르투갈 리스본에서 암스테르담으로 이주한 것을 비롯

125 벤 코츠/임소연, 『시시콜콜 네덜란드 이야기』, 서울: 미래의창, 2016.

해 많은 사상가와 철학자들이 암스테르담으로 왔다. 렘브란트 같은 거장이 나와 미술도 크게 발전했고, 미술품 거래도 활발하게 진행되었다.

네덜란드 같은 작은 국가가 어떻게 세계 패권국가 될 수 있었을까? 먼저 종교적 관용으로 주로 상공업계에 종사했던 유대인들과 위그노들의 대거 유입으로 인한 영향이 컸다. 17세기 유럽 최고의 기업이었던 동인도회사의 17인 주주위원회 중 과반이 유대인이라는 사실에서 유대인들이 네덜란드에 미친 영향을 알 수 있다.

두 번째로 금융의 발달로 자금을 마련하기 쉬워진 것이다. 장기간의 전쟁도 결국은 인력과 물자를 공급할 수 있는 군비가 얼마나 효율적으로 조달되는가에 따라 결판이 난다. 네덜란드 무역항로의 대부분은 포르투갈로부터 빼앗은 것이다. 인도네시아, 말라카, 아프리카 해안에서 네덜란드는 포르투갈과 오랫동안 싸웠다. 무적함대 스페인이 결국 무너지게 된 것도 너무 높은 금리로 전비를 조달하는 과정에서 파산 상태가 되어버렸기 때문이다. 네덜란드에서 금융이 발달한 이유는 아이러니하게도 대외무역을 후원해 줄 강력한 왕실이 없었기 때문이다. 스페인은 콜럼버스의 사례에서 보듯 식민지 개척과 무역은 왕실 권한이었다. 대신 재정적 부담도 왕실에 있었다. 그러나 네덜란드에서는 강력한 왕실이 없어 대형 선단을 구성하기 어려웠다. 그래서 네덜란드 상인들은 국민들에게 투자를 받기로 했다. 당시로는 상당히 획기적인 아이디어였다.

암스테르담 시민들과 네덜란드 국민들은 선장의 평판과 배를 보고

네덜란드 동인도 회사 깃발 이 깃발은 유네스코 세계기록유산에 등재되었다. VOC는 Vereenigde Oost-Indische Compagnie의 약칭

투자했다. 장기간의 항해로 난파되면 투자한 돈을 날리게 되지만 돌아오면 향신료 등의 무역에서 엄청난 수익을 얻기 때문에 많은 시민들이 참여했다. 이때 신분의 제한 없이 누구나 투자에 참여할 수 있었다. 심지어 노예도 참여할 수 있었다. 이 시기의 무역에 참가하는 배들은 오늘날로 보면 일종의 모험 기업이었다. 오늘날의 벤처(Venture)가 여기에서 유래되었다. 출항했다가 귀국하면 이익을 배당하고 청산한다. 최초의 근대식 주식회사는 동인도 주식회사였다. 동인도 주식회사는 1회성 모험 기업이 아닌 '계속 기업'이었기 때문이다. 이러한 계속 기업 제도하에서 주주, 투자자 등 이해관계자들에게 정보를 제공하기 위한 근대 회계(Accounting) 제도가 발달하기 시작한다.

계속 기업의 주식은 출자한 자본을 유지한 채로 이익을 배당한다. 그래서 사람들은 기존 주식을 매매할 필요성을 느끼게 된다. 주식을 사고파는 사람이 많아지고 먼 지역에 따로 살고 있어 어디서 어떻게 만나서 거래를 할지 몰라 불편이 생기게 된다. 이러한 문제점을 해소하고자 주식을 사고 팔 수 있는 최초의 전문적인 증권거래소 '뵈르스 판 베를라헤(Beurs van Berlage)'가 1611년에 암스테르담의 담 광장에서 개설된다. 이에 앞서 1609년에는 유럽에서 최초로 '비셀방크'라는 네덜란드 중앙은행이 암스

뵈르스 판 베를라헤

테르담에 개설된다. 네덜란드는 암스테르담의 증권거래소와 은행을 활용하여 저금리로 자금을 조달할 수 있게 되어 전쟁에 따른 장기간의 재정 부담을 지탱할 수 있었다. 암스테르담의 금융제도는 영국과 프랑스 등으로 빨리 전파되어 갔다.

네덜란드가 해상 무역을 장악한 데에는 뛰어난 조선술에 기반이 있었다. 전통적으로 네덜란드는 스칸디나비아반도의 침엽수림으로 목재를 조달하고 풍차를 이용해서 나무를 잘라서 조선 건조 분야에서 원가 경쟁력이 있었다. 당시에는 갤리온에서 발달된 플루트(flute)선이 유행하고 있었다. 네덜란드에서 제작한 플루트 선은 적은 선원으로 많은 짐을 적재할 수 있도록 설계되었다. 예를 들면 당시 많은 국가들이 배에 세금을 부과할 때 상갑판을 기준으로 부과하는 것에 착안하여 상갑판은 좁게 하고 중갑판과 하갑판은 넓게 설계하였다. 저렴하고 효율적인 플루트선 건조술은 네덜란드의 해운경쟁력을 높일 수 있었다.

그런데 이러한 상업 해상 무역과 금융은 신뢰가 담보되어야 한다. 당시 네덜란드 선원들이 얼마나 신뢰를 중시했는지 잘 보여주는 사례가 있다. 1596년, 빌렘 바렌츠(Willem Barents) 선장은 북극해의 노바야제믈랴 섬을
[126] 경유해서 극동지방으로 오는 북동 항로를 개척하려고 시도했다가 실패했다. 이들은 빙하에 갇혀 영하 40도까지 내려가는 혹한 속에서 8개월을 버티면서도 고객들에게 위탁받은 화물을 건드리지 않았다. 바렌츠호 선원들은 자신의 목숨보다 고객의 화물을 더 귀하게 여긴다는 것을 보여줌으로써 네덜란드 해운에 대한 신뢰성을 높여 주었고, 이는 네덜란드의

네덜란드의 상징 풍차와 튤립

126 소련은 이 섬에서 1961년 수소폭탄 실험을 한다.

해상무역 패권에 크게 기여하게 되었다. 그 당시의 해역은 오늘날 바렌츠 선장의 이름을 따서 바렌츠해라 부른다.[127]

— 암스테르담의 도전과 극복

그러나 암스테르담의 황금기는 오래가지 못한다. 그들의 최전성기인 17세기부터 견제를 받았다. 당시 잉글랜드 왕국은 엘리자베스 여왕의 안정적인 국정 아래 축적된 국력과 전통적으로 강한 해군력을 바탕으로 해양 패권을 잡고자 준비하고 있었다. 따라서 대양 패권을 두고서 영국과 네덜란드의 충돌은 불가피했다. 17세기 영국과 네덜란드 간의 영란 전쟁은 1652년에서 1674년 사이에 총 세 차례 벌어졌다. 전쟁의 결과 영국이 현재의 뉴욕인 뉴 암스테르담을 뺏기도 했지만 승부를 가리지 못하였고 네덜란드의 패권은 당분간 유지될 수 있었다. 1689년 명예혁명으로 네덜란드 국가원수이던 오라녜 빌럼 3세가 영국 왕 윌리엄 3세로 즉위하면서 양국은 화해하였다. 그러나 그로부터 100년 뒤 1781년에 일어난 영국과 네덜란드와의 전쟁에서는 일방적으로 네덜란드가 밀리면서 항복을 하게 된다. 네덜란드의 해양 패권은 상실된 것이다.

이후 역사에서도 암스테르담은 프랑스 혁명 때는 프랑스 혁명군에게, 2차 대전 때는 독일군에게 점령당하면서 많은 피해를 본다. 특히 2차

127 〈신뢰 자본, 네덜란드 발전의 힘〉, 《미래한국》, 2017. 04. 17.

대전에서 독일 공군 루프트바페(Luftwaffe)의 폭격으로 많은 암스테르담 시민들이 살상당하고 주택이 파괴되었다. 후에는 많은 사람들이 굶주림으로 죽어갔다. 독일군은 처음에는 네덜란드를 같은 게르만계 민족으로 취급해 주었으나 네덜란드가 전통적으로 관용적이고 자유를 추구하기 때문에 나치에 비협조적인 것을 깨닫고 철저히 수탈해갔다. 이 기간 중에 특히 유대인들의 피해가 컸다. 암스테르담과 네덜란드에는 종교적 관용정책으로 다른 나라에서 온 유대인들이 많았다. 『안네의 일기』로 유명한 안네 프랑크(Anne Frank)도 그중에 하나였다. 암스테르담 프린센흐라흐트 263번지에 숨어 살고 있던 안네의 가족은 결국 독일 비밀경찰에게 발각되어 체포된다. 안네는 1945년 3월, 베르겐벨젠 수용소에서 영양실조와 장티푸스로 16살의 나이로 죽는다. 수용소에서 혼자 살아남은 안네의 아버지가 훗날 집에서 딸이 쓴 일기장을 발견하여 『안네의 일기』라는 책으로 출간된다. 지금 안네의 집은 '안네프랑크 하우스'라는 기념관이 있어 많은 사람들과 관광객들이 찾고 있다.

안네 프랑크 하우스 동상

암스테르담은 왜 빨리 황금기에서 내려왔을까? 암스테르담의 배후 인구와 자원이 부족하기 때문이다. 현재도 네덜란드 인구는 약 1,600만 명이다. 자원도 거의 없다. 이에 비해 당시 경쟁 국가였던 영국과 프랑스는 몇 배의 인구와 자원을 가지고 있다. 아무리 암스테르담이 금융제도가 발달해서 전비를 조달하기 쉽고 우수한 인력이 있다 해도 규모의 한계를 돌파하기엔 무리가 있다. 더 중요한 문제는 산업국가로의 변신이 늦었다는 점이다. 네덜란드는 당시 세계 최고의 상업자본 국가였으나 그 자본이 산업자본으로 연결되지 못했다. 왜냐하면 상업 분야 투자만으로도 많은 돈을 벌 수 있었기 때문이다. 그 결과 기술 혁신이 이루어지지 못했다. 네덜란드가 가장 자랑하던 조선업과 해운업에서도 증기기관을 앞세운 영국의 근대 조선에 상대가 되지 못할 정도가 되어 버렸다. 영국은 발달된 네덜란드의 금융시스템을 벤치마킹하고 크롬웰의 항해조례를 통해 네덜란드를 견제하면서 산업혁명을 통한 제조업으로 네덜란드와의 경쟁에서 결국 이긴 것이다.

네덜란드하면 풍차, 자전거, 우유, 튤립, 덩치가 큰 사람이 연상되는데 이는 자연환경을 극복하는 과정에서의 결과물이다. 낭만적으로 보이는 풍차는 간척하기 위해서 땅에서 물을 퍼내는 도구로 고안되었다. 튤립은 개간지 침적토에서 잘 자라는 꽃이다. 또한 식수가 부족한 네덜란드 사람들은 물 대신 우유를 많이 마셨다. 덕분에 키가 훌쩍 컸다. 19세기 중반 네덜란드인의 평균 신장은 164.5cm로 미국인보다 7.6cm나 작았다. 그러나 엄청난 양의 우유와 치즈를 먹은 덕분에 150년이 지난 20세기말 평균 신장이 남성 183cm, 여성이 173cm로 최장신 국가가 되었다.[128] 이

128 벤 코츠/임소연, 『시시콜콜 네덜란드 이야기』, 서울: 미래의창, 2016.

처럼 네덜란드는 끊임없는 노력으로 과거 세계 패권 국가만큼은 아니지만 제2차 세계 대전 이후 제2의 황금기를 맞으며 발전하고 있으며, 그 중심에 선 암스테르담은 세상에서 가장 자유로운 도시이자 세계 자유주의의 수도로서 다시 비상하려 한다.

운하에 비친 암스테르담의 아름다운 야경

USA

Las Vegas

4. 끝없는 혁신의 도시, 라스베이거스 Las Vegas

지구상에서 밤에 가장 화려한 도시, 수많은 쇼와 이벤트가 벌어지는 도시. 바로 미국 라스베이거스다. 라스베이거스 하면 먼저 카지노가 떠오른다. 그러나 라스베이거스는 끝없는 혁신이 만들어낸 산물이다.

— 사막과 후버댐 그리고 카지노

미국의 주들과 도시들 이름을 보면 그들의 역사를 알 수 있다. 미국

화려한 라스베이거스의 야경

은 식민지 초기에 스페인, 프랑스, 영국 이민자들에 의해 개척되었기 때문에 주로 이 세 나라들과 관계되는 이름을 갖고 있다.[129] 그중에서도 스페인과 관련된 지역이 많다. 플로리다, 멕시코, 캘리포니아 등은 물론이고 심지어 콜로라도도 스페인어에서 유래한다. 콜로라도(Colorado)는 즉 색깔 있는(Colo) 땅(rado=Land)을 의미한다. 라스베이거스(스페인어로는 라스베가스)도 스페인 탐험가에 의해 발견된 뒤 동부에서 캘리포니아로 오는 중간 휴식지로 개발되었고, '목초지'라는 의미를 갖고 있다.

라스베이거스가 있는 네바다주는 1864년 미국의 정식 주로 승격되었지만 거의 버려진 땅이었다. 라스베이거스, 리노, 카슨시티를 제외하면 거의 대부분이 사막이었다. 철도, 도로 등 교통망도 거의 없었고 산업

129 물론 아메리카 인디언 언어로 된 곳들도 많다.

도 전무했다. 광산업 일부가 있었지만 생산량은 많지 않았다. 그 결과 미국의 정식 주라고 하기에는 창피할 정도로 인구가 적었다. 1930년대까지 네바다주의 인구는 10만 명이 되지 않아서 미국 전체 주에서 가장 적었다. 1960년, 알래스카가 주가 되면서 겨우 꼴찌에서 탈출했다. 그러던 네바다 인구는 이후 급격히 증가하기 시작한다. 2010년 센서스 조사 결과 35위를 차지했다. 이는 전적으로 라스베이거스의 급성장 덕분이었다. 그동안 무슨 일이 일어난 걸까?

1905년 캘리포니아 로스엔젤레스와 유타주 솔트레이크시티 구간 철도가 개통되면서 라스베이거스는 중간 기착지 역으로 발전하기 시작한다. 이 해 1905년을 도시가 공식적으로 탄생한 시점으로 본다. 그러나 1930년대까지 이 도시는 인구가 천여 명 정도에 불과했다. 이곳은 사람이 살기에는 치명적인 여러 문제점이 있었다. 먼저 사막이라 식수가 절대 부족했다. 주변 대부분이 사막 지역이라 농지는 물론 숲도 거의 없었고 기후도 여름이면 40도가 넘는다. 이런 라스베이거스를 세계 최고 화려한 도시로 변화시키는 두 가지 큰 사건이 일어난다. 후버댐과 카지노다.

라스베이거스의 용수 문제와 더 나아가 전기 문제를 한꺼번에 해결한 것이 후버댐(Hoover dam)이다. 후버댐은 1929년 발생한 대공황을 극복하고 콜로라도 강의 주기적인 범람 방지와 전기 생산을 위해 공사가 시작되었다. 공사는 1931년에 착공하여 1935년 루즈벨트 대통령 때 완공되었다. 후버댐은 높이가 221미터, 길이 411미터, 두께가 최대 200미터에 이른다. 후버댐 건설에는 당시 최신 토목공학기술이 동원되었다. 후버댐의

후버댐

구조는 아치형 콘크리트 중력 댐으로 매우 튼튼한 구조를 갖고 있다. 미국 히스토리 채널이 제작한 '인류 멸망 그 후'라는 다큐멘터리에서는 인류가 사라져도 후버댐은 1만 년 이상 버티는 것으로 분석되었다. 이러한 구조물을 만들기 위해 콘크리트가 무려 6,600만 톤 투입되었는데, 이를 정상적으로 타설한다면 양생하는 데 무려 200년이 넘는 시간이 걸린다. 이를 극복하기 위해 콘크리트를 타설한 후, 블록과 블록 사이에 냉각 파이프를 설치해 냉각수를 보내 양생을 촉진시켰다 한다. 후버댐 준공식에서 프랭클린 루스벨트 대통령은 그 웅장함에 감동하여 다음과 같이 말했다. "나는 왔고, 보았고, 정복당했습니다. 인류가 이루어 낸 이 위대함에 말입니다."[130] 후버댐의 건설로 라스베이거스와 네바다는 물론 애리조나

---

130 <인류 최후의 건축물, 미국 후버댐(Hoover Dam)>, 삼성물산 공식 블로그, URL: https://samsungblueprint.tistory.com/212

주, 캘리포니아주까지도 식수 문제가 해결되었다.

미국의 도박업(Gambling)은 식민지 시대부터 시작되었다.[131] 세금 수입을 확보하기 위해서였다. 도박과 무기 산업은 특권(Privilege) 산업이라고도 한다. 특권 산업이란 해악이 명백하지만 이 산업으로 인한 이익이 공익으로 환원되어 합목적적으로 사용될 수 있는 산업으로 정의된다. 미국에서 도박은 각 주의 재량으로 합법과 불법 여부가 결정된다. 도박은 크게 복권과 카지노로 나눌 수 있는데, 각 주에서는 도박으로 인한 수입 획득의 필요성과 해악을 고려해 결정한다. 하와이주와 유타주에서는 어떠한 종류의 도박도 불법으로 간주하여 금지하고 있고 나머지 주들은 특정 조건 하에서 인정하고 있다. 각 주에서는 도박에서 얻은 수익금을 공익을 위해 잘 쓸 수 있도록 노력하고 있다.[132] 재미있는 것은 몰몬교도들이 초기에 라스베이거스를 개척하다가 유타주로 돌아갔다. 만약 몰몬교도가 계속 있었다면 오늘날의 라스베이거스는 없었을지 모른다.

카지노(Casino)는 원래 별궁 혹은 저택을 의미하는 카사(Casa)에서 유래된 말로 귀족들의 도박장을 의미했다. 미국의 초기 카지노는 중요한 교통수단의 역할을 하던 리버보트(riverboat) 안에서 운영되었다. 왜냐하면 육지에서는 카지노를 반대하는 사람들의 습격이 종종 있어 보트로 옮겨 다니는 것이 안전했기 때문이다. 그러나 철도나 도로 등 육상 교통이 발달하

131 이 시기에는 주로 복권업.

132 예: 네바다 도박 감독 위원회.

카지노 룰렛 게임

면서 리버보트 카지노는 점차 사라지게 되었다. 육지에서 운영되는 카지노는 루이지애나 뉴올리언스에서 1827년에 최초로 합법화되었다.[133] 후버댐이 착공하던 1931년, 네바다주는 미국에서 가장 쉽게 이혼할 수 있는 '이혼법'과 '카지노 도박장의 합법화'가 동시에 이루어졌다. 원래부터 네바다에서는 카지노에 대해 우호적이었다. 황량한 사막뿐인 네바다에 사람들을 끌어모으기 위해서는 도박을 허가해야 한다는 분위기가 강했다. 그러는 중에 후버댐 공사를 위해 많은 노동자들이 라스베이거스에 모여들고, 1929년 대공황으로 인해 주 재정수입이 없어 파산 위기에 처하자 카지노 합법화를 결정한 것이다. 카지노의 합법화는 황량한 사막에 인구

133 고마츠 키미오, 다케코시 마사히로/홍상현, 『카지노믹스의 허구』, 서울: 미래를소유한사람들, 2015.

1,000여 명에 불과한 작은 마을을 불과 몇 십 년 만에 세계적인 환상의 도시로 성장하는 데 중요한 기반이 된다.

— 라스베이거스의 창조적 플레이어들

카지노의 합법화가 이루어졌다고 해서 도시의 운명이 하루아침에 달라지지 않는다. 미국에는 이미 주별로 카지노가 합법화되는 지역이 많았고, 특히 골드러시 이후 서부 지역에는 카지노가 활성화되고 있었다. 이미 경쟁자가 많았던 것이다. 사막 한가운데 있는 황량한 마을 라스베이거스에는 많은 투자가 필요했다. 벤자민 벅시 시걸, 제이 사노, 하워드 휴스, 스티브 윈, 커크 커코리언, 셸던 애덜슨 같은 사람들이 오늘날의 라스베이거스를 만들어 왔다. 이들 창조적 플레이어들의 공통점은 때로는 과감하고 무모한 투자를 했고, 항상 새로운 창조적 모델(예를 들어 복합리조트, 스포츠, 문화예술)을 개발해 왔다는 것이다.

벤자민 벅시 시걸(Benjamin Bugsy Siegel)은 1946년 플라밍고 호텔을 건립하면서 마피아 자본이 라스베이거스 진출에 물꼬를 튼 인물이다. 그래서 사람들은 그를 '라스베이거스의 아버지'라고 부르기도 한다. 그의 일대기를 기록한 영화 「벅시」가 1991년 개봉되기도 했다. 시걸은 유태인 출신이면서 뉴욕 마피아 보스 중 한 명이었다. 카지노를 하기 위해 라스베이거스에 자주 왔던 시걸은 당시의 작고 불편한 카지노를 대신하여 멋진 여자가 있는 카지노와 호텔을 짓기로 결심한다. 1945년 마피아 조직이

플라밍고 호텔

사실상 운영하는 '팀스터 노동조합'의 연기금을 대출받아 당시로서는 획기적으로 객실마다 냉난방과 샤워기를 갖춘 초대형 호텔을 건립했으니, 바로 플라밍고 호텔이다. 홍학이란 뜻의 '플라밍고(Flamingo)' 호텔은 주변에 야자수로 장식되고 폭포가 쏟아져 나왔다. 2년의 공사 끝에 당시로서는 거금인 650만 달러를 들여 호텔을 완공했지만 운영은 예상보다 잘 되지 않았다. 호텔 카지노 사업이 실패하면서 벅시는 다른 마피아에 의해 살해당하고 만다. 시걸이 워낙 명사수라 저격수가 원거리에서 라이플로 살해했다. 아이러니하게도 시걸의 사후 플라밍고 호텔은 성공적으로 경영되었고, 이를 시작으로 많은 마피아 자본이 라스베이거스 호텔 건설에 투자되기 시작했다. 선더버드, 데저트 인, 리베

에라, 듄즈, 프리몬트 호텔 카지노들이 차례로 오픈되었다.[134]

그러면 왜 마피아들은 지속적으로 라스베이거스에 투자했을까? 바로 '탈세'가 가능했기 때문이다. 마피아들은 금주법 시대(1919년~1933년)에 밀주 유통을 통해 많은 돈을 모았고 이를 합법적으로 투자할 투자처가 필요했다. 이를 위해서는 라스베이거스 호텔 카지노가 최적이었다. 왜냐하면 합법적으로 투자도 하고, 매출을 축소하여 신고하는 '스키밍'을 통해 비자금도 손쉽게 마련할 수 있었기 때문이다.

벅시 시걸이 라스베이거스로 마피아 자본의 물꼬를 텄다면 현대적인 '테마 리조트'를 개척한 인물은 '제이 사노'였다. 도박사이자 모텔 CEO였던 제이 사노는 마피아의 자금 지원을 받아 1966년 '시저스 팰리스'(Caesar's Palace)호텔을 만들었다. 호텔 문을 들어서면 자신이 로마 황제가 된 듯한 느낌이 들도록 로마를 테마로 만들어졌다. 포럼을 비롯한 로마풍의 건물과 조각상이 호텔 도처에 있다. 객실 680실을 갖춘 당대 최대 규모의 호텔로써 대성공을 거두었다. 특히 둥근 천정에 조명으로 하늘을 연상시키게 만든 포럼 숍(Forum Shop)은 라스베이거스의 쇼핑 명물로 자리 잡았다. 많은 스포츠 이벤트가 개최되기도 하는데, 한국으로서는 아픈 기억이 있는 곳이다. 1982년 권투 선수 김득구가 WBA 라이트급 챔피언 레이 맨시니와의 시합 도중 쓰러지고 결국 사망했기 때문이다

134 〈'도박과 환락의 도시' 라스베이거스 탄생〉, 《프레시안》, 2017. 08. 02.

시저스 펠리스 호텔

라스베이거스가 마피아 자본이 아닌 정상자본으로도 투자 대상이 된다는 걸 보여준 사람이 하워드 휴스(Howard Hughes)였다. 당시 하워드 휴스는 미국 제일의 갑부로 사업가이자 비행사, 항공 제작자 및 영화 제작자였다. 그는 영화 제작자로서 캐서린 헵번, 에바 가드너, 리타 헤이워스 등 수많은 여배우들과 염문을 뿌리기도 했다. 노년에 라스베이거스에 살기 시작한 하워드 휴스는 도시를 좀 더 우아하게 바꾸기 위하여 대형 호텔을 5개나 구입하고 막대한 면적의 토지를 매입한다. 본인이 원하는 시간에 영화를 보기 위한 개인적인 목적으로 라스베이거스 방송국도 사버린다. 라스베이거스에 많은 호텔과 부동산을 소유한 하워드 휴즈는 자연스럽게 영향력이 커지면서 라스베이거스 남작이라는 별명으로 불렸다.[135]

135 하워드 휴즈, 나무위키, 2019. 02. 27. 검색, URL: https://namu.wiki/w/하워드%20휴즈

우리가 현재 알고 있는 대부분의 호텔을 직접 건축하고 자신의 이름을 가진 호텔도 있는 사람은 '스티브 윈'(Steve Wynn)이다. 스티브 윈은 '라스베이거스의 황제' 혹은 '카지노의 왕'이라 불린다. 스티브 윈은 "카지노에서 돈을 버는 유일한 길은 카지노를 소유하는 것"이라고 한 아버지의 말을 따라 일찍부터 카지노 사업에 관심을 두었다. 1975년, 카지노 입구에 있는 큰 금덩어리로 유명한 '골든 너깃' 카지노 인수를 통해 라스베이거스에 상륙한 스티브 윈은 더 이상 라스베이거스에 투자하지 않고 뉴저지 애틀랜틱시티로 눈을 돌린다. 애틀랜틱시티는 미국에서 라스베이거스 다음으로 큰 도박 도시이다. 그는 1억 4천만 달러를 애틀랜틱시티에 투자해 그 도시에서 가장 환상적인 호텔을 만들었다. 그 호텔 이름 역시 '골든 너깃'이었다. 1988년 라스베이거스로 돌아온 윈은 과감하고도 독특한 테마 호텔을 건축하기 시작했다. 신기루와 열대를 테마로 한 '미라지 호텔', 보물섬을 테마로 한 '트레저 아일랜드 호텔'을 건축했다. 그러나 윈의 하이라이트는 '벨라지오 호텔' 건축이었다. 이탈리아의 한 마을에서 영감을 얻어 '아름다운 휴가'라는 테마로 3,000개의 객실을 갖춘 벨라지오 호텔을 1998년에 개장했다. 벨라지오 호텔 앞 인공호수의 분수 쇼는 전 세계인이 찾는 아름다운 관광지가 되었다. 벨라지오 호텔 안에는 3억 달러 이상의 가치가 있는 피카소, 반 고흐, 세잔 등의 컬렉션이 있다. 윈은 그 이후에도 자신의 이름을 따 순금으로 도금을 한 '윈 호텔'과 자매 호텔인 '앙코르 호텔'을 지었다.[136] 스티브 윈은 미라지의 화산쇼, 트레저 아일랜드의 해적쇼, 벨라지오의 분수쇼 등 엔터테인먼트와 호텔카지노를 결합시

136 〈라스베이거스를 개조한 '카지노 전설'…스티브 윈〉, 《프레시안》, 2017. 08. 23.

벨라지오 호텔 분수쇼

킨 진정한 테마 호텔의 전설이 되었다.

오늘날의 라스베이거스가 있도록 한 세 명의 중요한 신화적 인물이 있다. 윈 그룹의 스티브 윈과 MGM 그룹의 커크 커코리언 그리고 샌즈 그룹의 셸던 애덜슨이다. 커크 커코리언(Kirk Kerkorian)은 아르메니아 이민자 출신으로 원래 복싱선수였다. 그는 공군에서 제대 후 로스앤젤레스에서 라스베이거스로 도박꾼들을 실어 보내면서 카지노 사업을 접하게 되었다. 그런데 커크 커코리언은 카지노에만 관심이 있었던 것이 아니다. 그는 GM과 크라이슬러를 M&A 하는 등 '외로운 늑대'라 불리며 세계 M&A계의 거물이 되었다. 그는 영화사 MGM을 매입한 것을 배경으로 MGM 그랜드를 1973년에 개장하고 엄청난 수익을 올린다. 현재 MGM 그룹은 MGM 그랜드를 비롯해 미라지, 만달레이 베이, 서커스 서커스 등 10개의 호텔카지노 리조트를 보유하고 있는데, 대표적인 호텔은 아리아 리조트이다. 아리아(Aria) 리조트는 4,800개의 객실을 갖춘 최고급 호텔로 2009년에 문을 열었다.

'21세의 마르코 폴로'라 불리며 동서양을 넘나들며 왕성한 활동을 하는 글로벌 카지노의 제왕은 샌즈 그룹의 셸던 애덜슨(Sheldon Adelson)이다. 셸던 애덜슨은 우크라이나에서 이민 온 가난한 유대인이었다. 그는 라스베이거스에서 컴퓨터 사업을 했고 1979년에는 컴퓨터 전시회인 컴덱스를 창설했다. 컴덱스(COMDEX) 전시회는 단시간에 세계적인 컴퓨터 전시회가 되었다. 그러나 그는 여기에 안주하지 않고 1995년에 컴덱스를 일본 소프트뱅크에 매각하고 이 자금으로 라스베이거스 샌즈 호텔을 인수

이탈리아 베네치아를 벤치마킹한 베니션(베네치안) 호텔과 수로

한다.[137] 샌즈 호텔을 인수 후 애덜슨은 호텔을 부수고 이탈리아 도시 베네치아를 모티브로 한 베니션 호텔로 개축한다. 베니션 호텔에는 베네치아 수로를 모방한 Water way가 있고 고급 스토어와 전 객실 3000개 모두 스위트로 구성되어 있다. 또 컨벤션 시설이 있어 웬만한 국제회의를 소화할 수 있도록 만들었다. 베니션 호텔에 갈 때마다 느끼는 것이지만 호텔에 베네치아 수로를 만들어 뱃사공이 곤돌라를 타고 노래 부르게 한 그의 생각과 투자가 놀랍기만 하다. 애덜슨은 카지노와 컨벤션을 결합한 복합리조트를 탄생시킨 창의적 사업가이다.

이처럼 라스베이거스는 카지노가 합법화된 이후 많은 창조적 투자자들이 과감한 투자를 하고 서로 치열한 경쟁을 하면서 발전에 발전을 거듭하고 있다.

— 끝없는 혁신의 도시

라스베이거스는 단순한 카지노 도박장에서 벅스 시걸이 대규모 호텔 카지노를 만들고, 제이 사노와 스티브 윈이 엔터테인먼트를 가미하고, 셸든 애덜슨이 대규모 컨벤션을 부가한 복합리조트를 만들면서 변신에 변신을 거듭하면서 발전하고 있다. 그러나 라스베이거스 창조자들은 여기에 머물지 않고 첨단 산업으로의 영역을 넓히고 있다.

---

137 컴덱스는 2003년을 끝으로 사라진다.

CES에 전시된 휘는 디스플레이

- CES(Consumer Electronics Show)

CES는 세계 최대 융합전시회이다. 세계에서 가장 빨리 혁신적인 제품들을 볼 수 있는 곳이다. 필자도 2018 CES에 다녀왔는데, 인공지능(AI)·스마트 홈·자율자동차의 경연장이었다. 인공지능은 이제 특별한 것이 아니고 아마존의 알렉사(Alexa)[138] 같은 인공지능을 중국 TV 회사에서도 접목해 무슨 프로그램을 틀어달라고 말을 하면 TV가 알아서 척척 찾아준다. 군용 헬리콥터를 만드는 기업인 벨 헬리콥터(Bell Helicopter)는 4인용 플라잉 드론을 시현하고 곧 양산한다고 한다. 올해는 20만 명의 유료 관람객에 4,000여 기업이 참가했다. 글로벌 기업들은 전시부스를 마련하고 제품들을 시현하는 데 기업 당 약 200~300억이 소요된다고 한다. 비즈니스 전시회에 참가하는 사람들은 통상적으로 일반관광객들에 비해 1인

138 아마존이 개발한 인공지능 플랫폼으로 현재 시장을 지배하고 있다.

당 3배 혹은 4배 이상의 돈을 쓴다고 한다. 이를 MICE산업(Meeting, Incentive Travel, Convention, Exhibition의 약자)이라고 하는데 굴뚝 없는 황금산업으로 각국에서 육성하기 위해 애를 쓰고 있다. CES 기간 중에 호텔비용은 평소의 몇 배가 되는데 그나마도 방을 쉽게 구할 수 없다. CES가 라스베이거스에 미치는 경제적 효과와 이미지 개선효과는 가히 엄청나다.

CES는 처음부터 융합전시회가 아니었다. CES가 1967년 뉴욕에서 처음 시작할 때는 가전 전시회였다. 가전회사들이 세탁기나 TV, 냉장고 등을 전시했다. CES는 1995년에 라스베이거스로 옮겨왔다. 라스베이거스로 옮겨와서도 CES는 PC 전문전시회인 컴덱스, 독일의 세빗과 IFA, 모바일을 중심으로 하는 바르셀로나의 MWC 등 여러 세계 IT 전시회 중 하나이거나 오히려 작은 전시회였다. 2000년대 후반부터 다른 전시회는 문을 닫거나 정체하는 데 비해 CES는 엄청나게 성장하여 이제는 세계 최고 최대의 전시회가 되어버렸다. 그 원인은 CES 전시회가 과거 단순한 가전에서 탈피하여 시대를 선도하는 혁신적인 기술 특히 융합기술들의 제품을 선보인 것에도 찾을 수 있겠지만 무엇보다도 라스베이거스와 궁합이 잘 맞는다고 볼 수 있겠다. 엄청난 호텔과 컨벤션, 공연, 서커스 등 볼거리를 가진 라스베이거스의 화려한 매력은 업무로 지친 사람들에게는 뿌리칠 수 없는 유혹이다. 호텔과 컨벤션 등 기반 시설에 투자한 라스베이거스 창조자들의 혜안이 대단한 것이다.

- 자포스(Zappos)**시티**

라스베이거스에 제조업이 없다고 생각하면 오산이다. 애플이나 드론을 만드는 아마존 자회사와 같은 첨단 기업뿐만 아니라 콘크리트, 카지노 용품을 만드는 제조업들도 있다. 특히 최근에는 테슬라가 라스베이거스에 전기자동차에 필수적인 배터리를 생산하기 위해 기가팩토리를 만들고 있다. 기가팩토리(Gigafactory)에서는 테슬라와 파나소닉이 새로 개발한 원통형 배터리를 생산한다. 총 5조를 투자하여 6,500명을 고용할 계획이다. 그러면 왜 기업들은 라스베이거스에 투자할까? 바로 세금이다. 네바다주에서는 기업을 위치하기 위해 법인세를 중심으로 많은 세제 혜택을 부여하고 있다. 또한 네바다주는 전통적으로 개인 소득세와 소비세도 없다.

더 나아가 라스베이거스는 최첨단 기술의 테스트베드로서의 역할을 자원하고 있다. 건물, 도로망, 보안, 시설관리 등 도시 전체가 하나의 네트워크로 연결하기 위한 스마트시티를 구현하고 있다. 특히 세계에서 가장 먼저 일반인을 태우고 자율자동차를 실증하고 있다. 라스베이거스 시내에는 8인승 자율주행 버스가 10분 간격으로 다니면서 사람을 태우고 운행하고 있다. 신호등 6개와 교차로 6개를 지나면서 다니고 있는데, 관광객들에게 많은 인기를 얻고 있다.

라스베이거스에는 현재 재미있는 실험이 진행되고 있다. 자포스시티는 세계에서 가장 흥미로운 '도심 재생 프로젝트'다. 원래 자포스(Zappos)는 온라인 신발 쇼핑몰 회사였다. 자포스 CEO 토니 셰이(Tony Hsiey)는 자포스를 아마존에 12억 달러에 매각하면서 큰돈을 벌게 된다. 그는 이 자금으로 쇠락해가는 라스베이거스 구시가지를 새롭게 디자인 하려는 '라스베이거스 다운타운 프로젝트'를 추진한다. 토니 셰이는 먼저 자포스 본사를

자포스 시티

라스베이거스 구시청으로 옮긴다. 토니 셰이는 구글처럼 성(城)과 같은 사옥보다는 도심 한가운데 자유롭고 오픈된 공간을 만들었다. 스타트업을 지원하기 위해 '컨테이너 파크'를 조성한다. 컨테이너 파크는 소상공인을 지원하기 위해 40여 개의 컨테이너 박스로 만들어졌다. 컨테이너 파크 옆엔 '러닝 빌리지'가 있다. 그곳에선 대학생들과 주민들이 여러 교육 프로그램을 운용하고 있다. 자포스 다운타운 프로젝트는 이러한 하드웨어적인 공간 조성뿐만 아니라 스타트업과 소상공인을 보육하기 위한 투자와 교육을 하고 있다. 중국계 이민자인 토니 셰이(Tony Hsiey)는 기업을 경영하면서 어쩌면 공공부문이 해야 할 도심 재생과 중소상인 지원을 통한 기업의 사회적 책임을 다하고 있는 것이다.

— 라스베이거스의 해외 진출과 한국

라스베이거스 창조자들은 미국 내에서만 만족하지 않았다. 그들은 막대한 자본과 운영 노하우를 가지고 해외로 진출했다. 가장 중요한 대상이 아시아 시장, 그중에서도 마카오였다. 마카오는 오랜 포르투갈 식민지로 있으면서 도박이 허용되었다. 스탠리 호(Stanley Ho) 회장은 홍콩 마카오 카지노의 대부로서 1970년부터 리스보아 카지노를 운영하고 있었다. 스탠리 호 회장은 4명의 부인을 두었던 만큼이나 세계 최초로 카지노 VIP 룸 임대제도(정킷방)를 창안하는 등 혁신적인 사업가였다. 라스베이거스에서 아시아 시장의 가능성을 간파하고 가장 먼저 뛰어든 이는 셸든 애덜슨 샌즈 그룹 회장이었다. 그는 1999년 중국이 포르투갈로부터 마카오를 반환 받자마자 투자하기 시작하여 현재 베니션, 포시즌, 샌즈 코타이, 최근

코타이 스트립(Cotai Strip)

의 파리지앵 마카오(2016. 09. 13. 개장)까지 코타이 스트립에 13,000개의 호텔 객실과 카지노, 쇼핑, 컨벤션 시설을 건설했다.

초기에 셸든 애덜슨이 마카오에 투자하려고 할 때 많은 이들이 우려의 눈길을 보냈다. 왜냐하면 마카오는 서울 종로구와 비슷한 좁은 면적에다 국제공항도 없어서 접근성이 좋지 않았기 때문이다. 그러나 중국의 급속한 경제성장과 함께 많은 관광객이 마카오를 방문해서 2004년 처음으로 개장한 샌즈 카지노는 투자금 2억 6천만 달러를 10개월 만에 회수하는 성과를 거둘 수 있었다. 이에 MGM, 윈 등의 미국 기업들은 물론 스탠리 호 회장의 SJM 그룹도 경쟁적으로 마카오에 투자하였다. 마카오는 카지노 자체 수입으로만 본다면 게임 매출을 나타내는 GGR(Gross Gaming Revenue)이 2007년도부터 라스베이거스를 제치고 있다. 오늘날 마카오는 라스베이거스와 쌍벽을 이루는 카지노 관광 도시가 되었다.

싱가포르는 리콴유 싱가포르 전 총리가 "내 눈에 흙이 들어가기 전에 카지노는 안 된다."고 했지만 45년 만에 빗장을 풀었다. 이번에도 셸든 애덜슨 회장의 샌즈 그룹이었다. 샌즈 그룹의 마리나 베이 샌즈 호텔은 2010년 개장되었다. 싱가포르 정부에서는 내국인 입장에 따른 도박 폐해를 최소화하기 위해 내국인의 경우 100싱가포르 달러에 해당하는 입장료를 내야하고, 이용시간을 24시간으로 제한하고 있다. 현재 싱가포르 카지노는 60~70%가 내국인 싱가포르인이고 나머지가 해외 관광객이다.

우리나라도 오픈카지노를 전제로 한 복합리조트 개발 논의가 있었다. 여기서 오픈카지노란 내국인 출입이 허용되는 카지노를 의미한다. 샌즈 그룹 등 외국 기업들은 복합리조트 건설 투자에 오픈카지노를 전제로 한다. 현재 한국에서는 강원도 태백 지역에만 오픈카지노가 운영되고 있다. 오픈카지노에 대해선 찬반양론이 심하게 대립되어 있다. 한국인들이 도박 중독 지수가 높고, 도박은 자신은 물론 가정을 피폐시킬 뿐만 아니라 국부유출이라는 반대 입장과 외국 관광객 유치를 위해서는 필수적이고 도박의 부정적인 면은 예방할 수 있다는 찬성 입장이 팽팽히 맞서 있다. 지역별로도 입장이 첨예하게 대립되어 있는 상황이다. 이미 강원랜드를 운영하고 있는 강원도의 반대가 가장 심하다.

베이거스의 도시 경관

SINGAPORE

Singapore

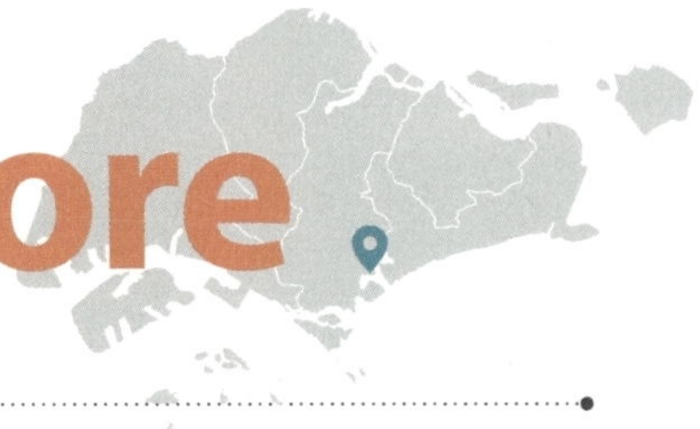

5. 돌섬에서 세계 교역의 중심이 된 싱가포르 Singapore

역사상 많은 도시국가들이 있었지만 시간이 갈수록 소멸되고 현재 완전한 주권을 가진 독립국가로서의 도시국가는 싱가포르, 모나코, 바티칸 정도가 있다. 또한 도시국가의 형태는 아니지만 규모면에서 별로 차이가 없는 미니국가[139]로서는 리히텐슈타인, 안도라, 카타르, 브루나이, 룩셈부르크 산마리노 등이 있다. 그런데 이들 국가 중에서 싱가포르만큼 경제

139 별도의 수도가 있음.

적으로 활기찬 국가는 없다. 싱가포르는 IMF 자료에 의하면 1인당 명목 GDP가 2017년도 기준으로 53,880불로 세계 10위이고(한국은 27위) IMD가 평가한 국가경쟁력 순위에서 미국, 스위스에 이어 3위를 차지하고 있다(2014년도 기준). 한때 한국에서 이러한 싱가포르를 벤치마킹하고자 하는 바람이 불었다. 당시 싱가포르 공무원들은 밀려오는 한국 관계자들 때문에 방문을 거절했다고 한다. 자원도 영토도 없는 조그마한 싱가포르가 이렇게 발전한 원인은 무엇일까?

— 말라카와 싱가포르

싱가포르는 북쪽의 조호르 해협을 두고 말레이시아의 조호르바루(Johor Bahru)와 마주하고 있는 조그만 섬나라이다.[140] 말레이시아의 조호르

머라이언(Merlion)

140 조호르바루와 다리로 연결되어졌기 때문에 엄밀한 의미에서는 섬나라가 아니다.

바루와 싱가포르의 관계는 중국 선전과 홍콩과의 관계와 비슷하다. 싱가포르 면적은 710㎢로 서울보다는 넓고 대구보다는 적다. 싱가포르의 국명은 말레이어로 싱가푸라(Singapura)라 하는데, 이는 산스크리트어 싱하푸라(Simhapura)에서 유래되었고 이는 '사자의 도시'라는 의미라 한다. 이 때문에 현재 싱가포르의 상징은 몸은 물고기이고 머리는 사자인 상상의 동물 머라이언(Merlion=Mermaid+lion)이다. 싱가포르는 자바어로는 과거 테마섹(Temasek)으로 불렸다. 테마섹은 현재 싱가포르의 국부 펀드 이름이기도 하다. 현재 싱가포르는 동서양의 무역을 잇는 세계적인 항구도시이다. 그렇다면 옛날부터 싱가포르가 동서양 무역 중계지로서 큰 항구도시였을까?

— 동서무역의 중심지 말라카(Malacca)

중세 동서무역은 중국의 도자기와 비단, 인도와 인도네시아의 정향과 육두구 등 향신료 무역이 중심이었다. 동서무역로는 육상과 해상으로 나누어지는데 그중에서도 향신료는 해상무역으로 이루어졌다. 해상 무역로 중 향신료가 가장 많이 나는 인도네시아를 잇는 가장 중요한 거점은 과거에는 싱가포르가 아닌 말라카였다. 말라카는 말레이시아어로는 믈라카(Melaka)라고 하며, 현재 말레이시아 말라카주의 주도로서 해상실크로드의 보석 상자였다. 말라카는 말레이시아의 전통적인 수도로서 말레이 반도와 인도네시아의 수마트라 섬 사이에 있는 말라카 해협(Strait of Malacca) 명칭도 이 도시에서 유래되었다. 이 지역은 동서무역의 중계지로서 일찍부터 발전하기 시작하여 인도, 이슬람, 중국 상인들이 진출하였다. 15세

말라카 해협에 있는 모스크

기에는 말라카 술탄국이 동서무역을 통해 세력을 키워 말레이반도와 수마트라 섬 일대를 점령하고 있었다. 그러나 대항해 시대가 시작되면서 포르투갈이 1511년 말라카를 점령한다. 말라카 술탄국은 조호르로 수도를 옮기고 끈질기게 포르투갈에 저항하면서 고토 수복을 위해 싸운다. 말라카 술탄국은 새로운 해상 강국 네덜란드와 연합해서 포르투갈을 공격하여 마침내 1641년 포르투갈 세력을 내쫓은 후, 말라카 도시 자체는 네덜란드가 가지고 나머지 주변 지역은 술탄국이 회복하게 된다. 그러나 네덜란드도 밀려오는 영국에게 굴복하여 1824년 영란협정을 통해 싱가포르 북쪽은 영국에게 양도하고 남쪽 인도네시아 지역만 보유하게 된다. 이러한 역사적인 경험으로 말라카는 도시 전체가 세계문화유산으로 등재되어 있다.

— 싱가포르의 등장

싱가포르에는 유난히 래플스(Raffles)라는 이름이 붙은 곳이 많다. 우리나라 쌍용건설이 지은 싱가포르의 랜드마크 래플스 시티, 마이클 잭슨도 묵었던 래플스 호텔, 영리병원으로 유명한 래플스 병원 등의 이름이 있다. 이는 싱가포르의 개척자라 불리는 토머스 스탬퍼드 빙글리 래플스(Thomas Stamford Bingley Raffles) 경의 이름에서 따온 것이다. 래플스 이전 싱가포르는 자바인에 의해 테마섹으로 불린 말라카 해협의 무역 도시 중 하나였으나, 1511년 포르투갈 침입 이후 거의 파괴되어 200여 년간 버려지다시피 한 지역이었다.

자메이카 출신의 영국인 래플스는 1819년 싱가포르에 상륙한다. 당시 싱가포르는 조호르바루 술탄 왕국 밑에 있었지만, 지배권이 미치지는

싱가포르의 아버지라 불리는 래플스 / 래플스 병원

못하였다. 래플스는 조호르바루 술탄 왕국으로부터 싱가포르의 영유권을 인정받고, 싱가포르를 자유항으로 만들기 위해 노력했다. 싱가포르는 중국 화교들에 의한 무역, 영국 상인에 의한 무역, 말레이시아에서 나는 원유·고무·주석을 활용한 무역 중계지로서 빠른 속도로 발전하게 된다. 신생 싱가포르가 기존의 말라카와의 경쟁에서 이길 수 있었던 비결은 무엇일까? 영국이 싱가포르를 자유항(free port)으로서 육성하려던 정책 때문이었다. 영국은 당시 작은 어촌에 불과했던 싱가포르를 본격적으로 건설하기 위해서 많은 노동력이 필요했다. 마침 19세기 중엽, 청나라가 어지러울 때 광둥성과 복건성 등에서 많은 중국인들이 오게 되었다. 현재 싱가포르의 인구 구성면에서 중국계가 70%가 넘는 이유도 여기에서 유래된다. 이에 반해 말라카 지역은 네덜란드 지배 아래 화교를 받아들이는데 소극적이었다. 당시 세계 패권 국가 영국의 동남아 교두보로서 싱가포르는 발전하게 된다.

— 원치 않은 독립

현대 역사를 보면 대부분 독립하려는 측과 이를 반대하는 측 사이에서 분쟁이 일어나는 것을 자주 볼 수 있다. 90년대에는 유고슬라비아 연방이 해체되는 과정에서 슬로베니아, 크로아티아와 세르비아 간에 전쟁이 일어났고, 보스니아와 코소보 역시 세르비아로부터 독립하는 과정에서 전쟁으로 수많은 희생자가 발생했다. 최근에는 카탈루냐나 쿠르드, 체첸 독립을 둘러싸고 무력 충돌이 일어났다. 또한 중국의 신장 위구르와 영국의 북아일랜드 등 잠재적 폭발력을 가진 곳들도 많다. 그러나 싱가포르의 경우에는 싱가포르가 원해서 말레이시아 연방에서 독립한 것이 아니라 원치 않은 독립을 했다. 말레이시아 연방에서 추방되었다고 보는 것이 정확하다.

말레이시아(Malaysia)는 현재 3연방 직할구와 13개 주로 구성되어 있다. 1957년, 말레이시아가 영국으로부터 독립할 때 국가의 형태는 지금과 달랐다. 말레이 반도의 말라야(Malay) 연방과 보르네오 섬 북부 지역인 사바와 사라왁 그리고 싱가포르는 엄연히 다른 나라였다. 그러나 사바와 사라왁 그리고 싱가포르는 국가의 발전을 위해서는 홀로서기보다 말라야 연방과 합치는 것이 낫다고 판단하여 1963년 말레이시아 연방으로 출발한다.[141]

하지만 싱가포르 합병 이후 말레이시아 연방 정부는 싱가포르에 대해 두려움을 갖게 된다. 중국인이 다수인 싱가포르가 말레이 반도에 있는 중국계와 힘을 합쳐 말레이시아 경제를 장악할 가능성에 말레이인들의 우려가 커지게 된다. 말레이인들은 똑똑한 중국계가 말레이인들을 지배하리란 공포감을 갖고 있었다. 실제로 영국 식민지 동안에 영국은 싱가포르를 통해 말레이시아를 지배해 왔었다. 그래서 말레이시아는 1965년에 싱가포르를 연방에서 축출했다. 싱가포르의 원치 않은 독립이 이루어진 것이다.

---

141 말레이시아는 말라야와 섬들이란 의미이다.

— 리콴유는 어떻게 싱가포르를 나라다운 나라를 만들었나?

싱가포르의 국부라고 평가받는 리콴유(李光耀) 전 총리는 1923년 부유한 객가인(客家人) 후손으로 태어났다. 여기서 객가인이란 원래는 중국의 황하 인근의 중원에서 살다가 서진의 영가의 난이나 당·송 시대 이민족의 침입으로 광둥성이나 푸젠성에 정착한 사람들을 말한다. 태평천국의 난을 일으킨 홍수전, 중국 국민당의 손문, 공산당의 등소평 등이 모두 객가인 출신이다. 리콴유는 어릴 때부터 대단히 영특하여 싱가포르 래플스 칼리지에 수석 입학했고, 케임브리지 법학과를 졸업했는데, 최우등상(Double Starred First Class Honours)을 받았다. 최우수 성적으로 졸업한 것이다. 졸업 후 변호사로 얻은 명성으로 1959년 선거에서 승리하여 싱가포르 자치정부 수반이 된다. 싱가포르 수반이 된 리콴유는 1963년 말레이시아 연방에 가입했으나 결국 1965년 말레이시아로부터 축출당한다. 독립 당할 당시의 심각한 상황, 즉 군대도 없고, 자원도 없고, 땅도 없는 도시 국가에 불과한 싱가포르의 심각한 상황을 그의 저서『내가 걸어온 일류국가의 길』에서 잘 표현하고 있다. 그런데 리콴유는 어떻게 오늘날의 싱가포르로 만들 수 있었을까?

— 엄격한 법 집행

싱가포르의 엄격한 법 집행은 악명(?)이 높다. 국민 생활 거의 모든 분야에 법이라는 이름으로 국가가 개입한다. 공공 화장실 변기 물을 내리지 않아도 벌금을 내야하고, 집 안에서 담배 피우는 것도 금지된다. 심지어 공공장소에서 남녀가 포옹하는 것도 제제의 대상이 된다. 노동자들의 파업의 권리는 허용되지 않는다. 특히 마약 사범에 대해서는 매우 강력하게 처벌한다. 일정량 이상의 마약을 반입 혹은 반출, 밀매한 사람은 반드시 사형을 구형하고, 살인, 강간 등 강력 범죄를 저지른 사람도 사형이 구형된다. 이러한 처벌은 내국인이나 외국인 구별 없이 시행된다. 얼마 전 호주 출신 마약 사범에게 사형이 집행되어 호주와 외교 문제로 비화되기도 했다.

싱가포르의 처벌에는 태형(Caning)도 포함되어 있다. 태형은 모든 범죄에 가해지는 것은 아니고 강도, 인질, 마약, 폭동 등 반사회적 범죄를 범한 18~50세의 남성에 한해 집행된다. 태형에 사용되는 회초리는 물에 불려 탄력성을 높인 등나무로 제작된다. 1993년, 미국 학생 마이클 페이(당시 18세)가 주차된 자동차 6대에 붉은 색 스프레이로 낙서한 사건에 대해 태형을 집행하려 하자 당시 미국 대통령 클린턴 대통령까지 나서 선처를 부탁했다. 그러나 싱가포르 정부는 태형을 6대에서 4대로 감했을 뿐, 그대로 집행했다.

인권 침해라는 비판을 받으면서까지 리콴유는 왜 이렇게 엄격한 법 집행을 하려고 했을까? 이것은 싱가포르가 다민족으로 구성되어 있어 국민들 간에 공통된 법 인식의 바탕이 부족하므로 강행규범이 다소 지나치더라도 질서와 청결, 그리고 치안을 확보하는 것이 국가 이익에 직결된다는 인식을 가졌기 때문이다. 국가는 국민의 아버지로서 국민의 잘못된 행동을 고쳐야 한다는 유교적 가부장제의 철학을 갖고 있었던 리콴유로서는 어쩌면 당연한 것이었다.

어쨌든 홍콩만 하더라도 삼합회(三合會) 등 폭력조직이 많은 상황에서 싱가포르의 강력한 법집행을 통한 안정된 치안은 외국 투자가들에게는 엄청난 장점이다.

— 토지 국유화를 통한 강력한 공공주택 정책

현재 한국은 강남을 중심으로 한 부동산 가격 폭등으로 큰 문제가 되고 있다. 아파트 등 부동산 가격 폭등은 빈부 격차 유발과 서민들의 주거난 등 여러 문제를 낳고 있다. 젊은이들이 월급으로 대도시 아파트를 사기에는 꿈같은 일이 되고 있다. 또한 투자 및 주거 목적으로 아파트를 구입하기 위한 가계부채는 우리 경제에 시한폭탄이 되고 있다. 그런데 싱가포르에는 이러한 주거문제가 거의 없다. 서울 면적보다 조금 큰 싱가포르에 어떻게 주거문제가 없을까?

싱가포르도 1960년대 초에는 주택난이 심각했다. 국가건설에 필요한 인력들을 해외에서 흡수하다보니 주택이 턱없이 부족했고 이에 따라 주택난이 발생했다. 이에 리콴유 총리는 강력한 공공주택 정책을 추진했다. '토지 공개념'에 기초한 강력한 토지수용법으로 전 국토의 80% 이상을 국유화한 뒤, 공공아파트를 지어 서민과 중산층에게 저렴하게 분양했다. 이러한 공공아파트 공급 정책은 우리나라에서도 역대 정권마다 시행해 왔다. 그러나 싱가포르에는 우리나라와는 다른 독창적 제도가 있다. '주택전매금지-주택환매제도'가 그것이다. 이 제도는 공공주택 소유자가 집을 팔려고 할 때에는 민간이 아닌 반드시 정부에 되팔아야 하며, 시가로 산 정부는 이를 다시 입주 대기자들에게 시가로 파는 것이다. 아파트 매매 차익이 근원적으로 차단되는 것이다. 싱가포르 공공주택은 우리나라의 국민연금에 해당되는 중앙연금준비기금(CPF) 재원으로 건설되어 공급된다. 이 제도의 시행 결과 싱가포르 전체 국민의 85%가 우리나라 아파트 못지않은 세련된 아파트에 살 수 있게 되었다.[142]

싱가포르 주택시장은 공공주택과 민간주택으로 철저하게 이원화되어 있다. 고소득층은 공공주택을 분양받을 수 없고 민간주택 시장으로 가야 한다. 싱가포르에는 50~60억 이상 가는 100평, 200평이 되는 고가 아파트도 즐비하다. 이들 고급 아파트 단지 안에는 옥외 수영장, 헬스시설 등이 완벽하게 갖추어져 있다. 민간주택과 공공주택으로 이원화되어 있어도 싱가포르에는 계급 간 위화감이 없다. 공공주택이 워낙 염가에 좋은 주택으로 공급되기 때문이다. 물론 싱가포르의 공공주택제도에도 문제점은 있다. 싱가포르는 국가는 부유하나 국민들은 가난하다고 한다. 부동산을 활용한 재테크가 원천적으로 봉쇄되는 것도 그 원인이 될 것이다. 그러나 국민들이 집 마련 걱정 없이 생활할 수 있는 기반을 마련한 것은 평가받아야 할 것이다.

---

142 〈싱가포르 국민들 '집걱정' 없앤 리콴유〉, 《views&news》, 2015. 03. 23.

— 클린과 그린(Clean & Green) 정책

리콴유 전 총리는 싱가포르의 발전 전략 중의 하나로 '클린과 그린'을 내세웠다. 리콴유가 이 정책을 내세운 배경은 중계무역과 관광을 중시하는 싱가포르에는 도시 경관이 대단히 중요했다. 또한 싱가포르는 국토 면적이 제한되어 있어서 한번 개발되면 일정수준의 녹지를 확보하기는 불가능해진다. 싱가포르가 열대지방에 위치해 있어서 생물 종의 다양성이 높아 이를 보존하기 위해서도 이 정책은 중요하다.

Clean & Green 정책을 추진하기 위하여 전 국토의 9%를 공원이나 자연보호구역으로 지정했다. 보타닉 가든(Botanic Garden)이나 포르캐닝 공원 등이 이 시기에 만들어졌다. 또한 녹지비율을 지속적으로 높여 현재는

보타닉 가든

45% 이상을 녹지로 유지하고 있다. 녹지 비율 제고를 위하여 민간에도 옥상 정원 조성을 적극적으로 권유하고 있다. 현재는 이를 발전시켜 공원과 공원을 잇는 파크 커넥터(Park Connector) 사업을 국가공원관리국 주도로 조성하고 있다. 이를 배경으로 싱가포르는 '가든 시티' 이미지로 도시마케팅을 하고 있다.[143] 클린 싱가포르를 만들기 위하여 쓰레기와 껌 투기는 엄격히 금지되고 투기 시에는 많은 벌금을 부과한다. 심지어 껌의 판매도 금지되었다. 2004년, '껌 금지법'이 일부 개정되어 금연용과 치과치료 보조용 껌은 판매가 허용되었다.

— 인재 양성

리콴유 총리는 인재양성에 사활을 걸었다. 자원도 없고 인구도 적은 싱가포르가 살아남기 위한 무기는 우수한 인력밖에 없기 때문이다. 싱가포르의 교육정책은 한국의 '교육 평등주의'와 상반되는 '교육 능력주의'에 바탕을 두었다. 초등·중등·고등학교와 대학교 제도는 우리와 유사하나 초등학교 때부터 시험으로 향후 진로를 결정한다. 초등학교 4학년 말에 시험을 치고 그 결과 하위 20%는 중학교에 진학하는 것이 아니라 4년 더 공부하고 바로 직업교육원으로 가게 된다. 중학교에서도 상위 60%는 고등학교로 진학하지만 나머지 40%는 시험을 합격해야 진학하고 불합격자들은 직업훈련원으로 진로를 돌려야 한다. 고등학교 역시 성적 우수자는

143 싱가포르의 녹지 정책과 그 분포의 특징, 서울대학교 지리학과 송하진 외 2인.

대학교로, 성적이 하위권인 학생은 전문 기술교육기관인 폴리텍으로 가게 된다. 싱가포르에는 현재 국립 싱가포르대(SNU), 난양공대(NTU), 싱가포르 경영대, 국립교육원 등 4개 대학이 있다. 그중에서 국립싱가포르대와 난양공대는 2015년 기준으로 타임즈가 정한 세계 100대 대학에 포함되어 있다.[144] 공부를 할 열정과 능력이 있는 학생들만 대학에 가는 구조이니 어쩌면 이러한 평가가 당연하다 할 것이다.

싱가포르는 해외 대학 분교 유치에도 적극적이다. 현재 싱가포르에는 미국의 MIT, 존스홉킨스, 와튼 스쿨, 독일의 뮌헨 공대 등 10여 개의 세계 명문 대학 분교가 있다. 해외 대학 분교는 이공계 중심으로 구성되어 있다. 이처럼 많은 해외 대학 분교가 있는 것은 세계 일류 국가가 되기 위해서는 자체적으로 인재를 길러내고, 자체적으로 그런 역량이 있는 인재가 없다면 세계 끝까지라도 가서 인재를 데려오겠다는 리콴유 철학의 바탕 위에 이루어졌다. 싱가포르는 오로지 능력으로만 평가하고 성별, 국적, 종교상의 어떠한 차별도 두지 않고 교육제도를 운영한다.

— 완전 개방경제로 해외 자본 유치

리콴유는 싱가포르 경제를 완전 개방하여 해외 자본 유치를 국가의 성장 동력으로 삼았다. 이는 싱가포르가 전통적으로 중계무역지로서 발

144 〈리콴유는 싱가포르를 어떻게 초일류 국가로 만들었나?〉, 《조선pub》, 2015. 10. 24.

전한 경험이 참고가 되었을 것이다. 현재 싱가포르는 국내 총생산액에서 무역이 차지하는 비중이 세계에서 가장 크고, 외국인 투자가 국내 총투자의 70%에 이를 정도로 비중이 높다. 현재 싱가포르에 진출해 있는 다국적 기업은 6천 개가 넘는다. 싱가포르는 2000년대 이전에는 물류·정유 산업 중심으로 투자를 유치했다. 싱가포르 항구는 오랫동안 세계 1위의 물동량을 가진 항구였고, 싱가포르 창이 공항 역시 최고의 서비스를 가진 공항이다. 창이 공항이 특이한 점은 민·군 겸용 공항으로 군의 시설과 인력을 활용해 항공기 MRO(유지보수) 산업을 주도하고 있다는 것이다. 이러한 항공기 MRO 시장은 항공기 보급이 많이 되는 미래에 계속 커질 것이다.

싱가포르에는 세계적인 정유회사인 셸(Shell), 영국석유(BP), 에소(Esso), 칼텍스(Caltex) 등이 진출해 있는 세계적인 정유 산업국이다. 싱가포르는

세계 1, 2위의 물동량을 자랑하는 싱가포르 항구

휴스턴, 로테르담의 뒤를 이어 세계 3위 정유 생산지이자 뉴욕, 런던과 함께 세계 3대 원유 거래 시장이다. 이러한 정유 산업 성장배경은 리콴유가 일찍부터 주롱섬을 중심으로 해저석유비축기지 등의 시설을 갖추었기 때문이다.

2000년대 이후 싱가포르는 바이오 메디컬 등 첨단지식산업 육성으로 방향을 돌린다. 싱가포르 정부는 2003년도에 과거 영국군 기지에 바이오폴리스(Biopolis)를 열었다. 현재 싱가포르 바이오 폴리스에는 지에스케이(GSK), 노바티스(Novatis), 화이자(Pfizer), 에보트(Abbott), 메드트로닉(Medtroic) 등 세계적인 바이오 메디컬 기업들의 제조시설 혹은 R&D 센터가 입주해 있다. 싱가포르에서 바이오산업의 비중은 26%로 전 산업 중에서 단연 1위다. 싱가포르 정부는 바이오폴리스의 성공을 발판으로 IT융합산업 중심의 연구단지 퓨저노폴리스와 방송 등 미디어산업 중심의 미디어폴리스도 건설하고 있다.[145]

싱가포르는 파크웨이 병원, 래플스 병원을 중심으로 수준 높은 영리병원을 보유하고 있다. 싱가포르는 이를 바탕으로 일찍부터 해외 환자 유치에 많은 노력을 했다. 해외 환자 유치 사업은 의료와 관광이 결합되어 의료관광이라는 이름으로 불리기도 하며 고부가가치 산업이자 많은 고용을 창출하는 산업이다. 한국은 지난 2009년 해외 환자 알선 유치를 허용하는 의료법 개정으로 의료관광을 시작했지만 싱가포르는 일찍부터 의료

145 〈38개 외국기업 유치 싱가포르, 단숨에 바이오強國〉, 《조선일보》, 2014. 08. 11.

마리나 배이 샌즈

관광 사업을 해오고 있다. 그래서 싱가포르는 작은 나라임에도 불구하고 한국보다 의료 관광객이 많다. 싱가포르는 2014년 기준으로 125만 명인데 반해 한국은 2017년도 기준 32만 명이다.[146]

리콴유 총리 이후에도 유연한 개방 정책은 지속되고 있다. 대표적인 사업이 카지노 허용이다. 리콴유 총리는 외국 투자를 적극적으로 유치하려고 했지만 카지노 사업만은 반대했다. 국민들이 도박 중독에 빠질 것을 염려했기 때문이다. 그러나 카지노에 대해서도 허용을 했고, 현재 샌즈를 비롯한 세계적인 카지노들이 영업을 하고 있다. 카지노 복합리조트 도입 전인 2009년 외국인 관광객이 890만 명에서 도입 후인 2015년에는 1,600만 명으로 급증했다.

146 의료관광객 숫자 비교는 실환자 혹은 연환자에 따른 집계 방식, 그리고 대상 의료기관 등록제 여부에 따라 직접적인 비교가 어려운 측면도 있다.

싱가포르에 이처럼 국가발전에 도움이 되는 많은 외국 투자가 이루어지는 이유는 무엇일까? 리콴유 총리는 외국자본 유치를 통한 경제발전 전략을 기본으로 하고 있어 외국인 투자를 내국인 투자와 차별 없이 취급하고 있다. 1978년도부터는 외환시장의 완전 자유화가 이루어져 외환거래에 규제가 없고 수수료 없이 송금이 가능하다. 법인 설립 절차가 간편하고 법인세율 17%, 소득세가 소득수준에 따라 0~20%로 세율도 전반적으로 낮은 편이다. 정치적으로 안정되고 노사분규가 거의 없다는 점도 외국투자가에게는 엄청난 매력이다. 국민들이 영어가 가능하고 교육 수준이 높으며 치안이 안정적인 것도 싱가포르의 장점이다.

이러한 외국 투자가들을 끌어들이는 정책도 중요하지만 외국에서 리콴유는 신뢰할만한 지도자라는 인식은 더 중요하다. 이러한 인식을 심겨준 두 가지 에피소드가 있다. 제4차 중동전쟁 직후 석유 값이 급등하자 다른 나라들은 원유 수출입에 제동을 걸었다. 그러나 리콴유는 석유 값이 오르는 상황에도 메이저 정유회사에게 비축유에 대한 추가적인 부담을 요구하지 않았다. 이는 싱가포르의 국가신인도가 대폭 상승하는 계기가 되었다. 또 말레이시아로부터의 독립 초기에 래플스 경의 동상을 철거하자는 주장이 나왔다. 그러나 리콴유는 래플스 동상은 물론 영어식 도로명과 주소도 고스란히 유지시켰다.[147]

---

147 〈독립 50주년 싱가포르의 질주, "국민소득 10만달러도 가능하다"〉, 《조선pub》, 2015. 01. 08.

— 리콴유 '그는 독재자인가?'

싱가포르 국부 리콴유는 2015년 3월 23일 타계했다. 그를 두고 평가는 엇갈린다. 분명 오늘날의 싱가포르를 만든 장본인이지만 장기집권하고, 언론과 노조를 탄압하고 아들이 권력을 승계한 면에서 소프트 독재자라고 비판하는 측면도 있다.

— 김대중 전 대통령과 리콴유 전 총리의 민주주의 논쟁

리콴유 총리와 한국과의 인연은 깊다. 박정희 전 대통령 때부터 역대 한국의 모든 대통령들과 면담을 가졌다. 특히 박정희 대통령의 경제발전 전략과 그린벨트 정책 등은 리콴유의 정책에 많은 영향을 미쳤다. 이러한 인연으로 리콴유의 장례식에 박근혜 전 대통령이 직접 참석하기도 했다.

리콴유 전 총리는 김대중 전 대통령과 94년 '아시아적 가치'를 두고 논쟁을 벌인 것으로 유명하다. 본래 '아시아적 가치'는 개인보다는 공동체를 중시하고 높은 교육열과 근면성실이 '아시아적 가치'의 주요 내용이고 80년대 아시아 경제성장을 가능케 한 중요 요인으로 긍정적 평가를 받았다. 그러나 90년대 말 아시아에 금융위기가 오자 '아시아적 가치'에 의해 창의성이 결여되고 정부는 정실주의로 경제를 운용하고 기업은 투명경영을 하지 않는다고 서구에서 비판을 가했다. 이러한 '아시아적 가치'를 두고 리콴유 총리는 국가와 민족마다 독특한 문화가 있고 특히 아시아는 깊은 역사에 바탕을 둔 문화가 강해서 서구 민주주의 그대로 아시아에 적용되기 어렵다는 주장을 포린 어페어스(Foreign Affairs)에 기고했다. 포린 어페어스는 사뮤엘 헌팅턴이 '문명의 충돌'을 게재한 것으로 유명한 잡지이다. 리콴유의 이 기고에 대해 김대중 전 대통령은 반박하는 기고를 게재했다. 김대중 전 대통령은 아시아에도 과거 맹자의 왕도사상이나 능력으로만 인재를 채용하는 과거제도 등 민주 법치제도가 있었으며, 아시아에서 민주주의 걸림돌은 문화적인 유산이 아니라 권위주의적인 지도자들의 저항이라고 주장했다.

— 싱가포르는 잘 사는 북한인가?

일부에서는 언론 통제, 가족 경영, 일당 독재, 인권 무시 측면에서 싱가포르가 잘 사는 북한이라고 비꼬기도 한다. 싱가포르에는 정부의 통제에서 자유로운 언론이 없다. 2014년 '국경 없는 기자회'가 평가하는 세계언론 자유지수에서 싱가포르는 175개 평가 대상국 중에서 150위를 차지했다. 인터넷 웹사이트 개설도 마음대로 하지 못하고 검열도 합법적으로 이루어진다. 싱가포르가 리콴유 일가의 소유물이라는 비판에서도 자유롭지 못하다. 리콴유의 장남 리센룽은 현재 총리이고, 차남 리셴양은 싱가포르 민간항공청의 회장이고 며느리는 싱가포르 국부펀드 테마섹의 최고경영자다. 싱가포르는 1965년 독립 이후 인민행동당(PAP)이 장기 집권하고 있다. 싱가포르는 총 의석이 87석인데, 이 가운데 2011년 총선에서 야당이 6석을 확보한 것이 최대 수치일 정도로 인민행동당 1당이 지배하

고 있다.[148]

서구 민주주의 시각에서 보면 분명 싱가포르는 비판받아야 할 측면이 많다. 그러나 리콴유는 도시국가 싱가포르를 발전시키기 위하여 국가사회주의와 자본주의를 결합한 모델을 만들었다. 국민이 출신이나 성별에 관계없이 오직 능력으로만 교육받고 경제활동을 하는 면에서 거주이동의 자유와 직업선택의 자유가 없고 신체의 자유와 언론의 자유 등 기본 인권조차 보장되지 않는 북한과 비교하는 것 자체가 과장되었다고 볼 수 있다. 또한 싱가포르는 기업 활동이나 금융거래 등 일반 경제활동에 있어서는 세계 어떤 나라보다 자유로운 나라라고 볼 수 있다.

리콴유의 '소프트 독재'에 대해 싱가포르 국민들이 지지하는 이유는 무엇일까? 리콴유로 인해서 잘 살게 되었기 때문일까? 그것도 국민들이 지지하는 이유가 되겠지만 그것보다도 더 중요한 것은 청렴 등에서 지도자들이 모범을 보이기 때문일 것이다. 과거 중국 국민당 정부가 부패로 공산당에 패하는 것을 보아온 리콴유는 공직자의 부정부패는 엄격하게 처벌하였다. 총리실 직속으로 부패행위조사국(CPIB)을 만들어 공직자를 감시 처벌하였다. 반면에 공직자의 대우를 싱가포르 상위 5% 이내의 급여 수준으로 보상하였다. 리콴유는 자신을 더 엄하게 대했다. 1945년, 아내와 아들이 사들인 주택가격이 올라 부동산 투기 논란이 일자 직접 CPIB가 조사하도록 명했고, 자신이 살고 있는 집은 개인숭배를 원천적

148 〈싱가포르,'리콴유 주식회사' 또는 '잘사는 북한'?〉, 《프레시안》, 2015. 03. 24.

으로 막기 위해서 자신이 죽으면 기념관으로 만들지 말고 헐어버리라 유언할 정도였다. 이러한 반부패 노력 덕분에 싱가포르는 아시아권에서 부동의 청렴도 1위를 지키고 있다.

— 리콴유 전 총리가 한국에 건네는 충고

리콴유는 그의 자서전에서 한국인은 부지런하고 명석한 두뇌도 가지고 있고, 험난한 역경을 수없이 이겨 낸 강인한 민족이라고 찬사를 하면서도 우리가 귀담아야 들어야 할 뼈아픈 충고도 하고 있다. "민주주의는 소수의 사람들이 권력을 갖게 된 다수의 권리를 받아들이며 다음 선거에서 더욱 많은 사람들을 설득해 정권을 잡을 때까지 참을성 있게 평화적으로 기다리는 풍토가 조성된 곳에서 제 기능을 다한다. 전통적으로 끝까지 투쟁하는 경향이 있는 한국과 같은 나라의 국민들에게 민주주의가 이식될 때 민주주의는 제 기능을 다하지 못한다. 한국인들은 그 나라의 집권자가 군사 독재자이든 민주적으로 선출된 대통령이든 관계없이 거리에 나와 싸웠다."[149]

우리와는 상황이 다른 싱가포르라는 도시국가를 이끌어 왔던 리콴유의 사상이나 정책이 한국에 그대로 적용될 수는 없다. 그러나 독립 당시

---

149 <리콴유 전 총리의 성장기 그리고 한국에 건네는 충고>, 채널예스, URL: http://ch.yes24.com/Article/View/27548

발전은커녕 생존조차 어려운 상황에서 현재 가장 발전된 국가 중의 하나로 만든 공로는 분명 평가받아야 할 것이다. 무엇보다도 한 가지 분명한 것은 이념을 좇아 움직이지 않고 어떻게 하면 국가발전을 할 수 있느냐는 실용적 입장에서 누구보다 청렴하고 모범적으로 산 리콴유는 아시아의 거인이다.

대구지하철공사 기술 자문을 받아 달리고 있는 센토사 열차

환상적인 싱가포르의 야경

참고문헌

단행본

고마츠 키미오, 다케코시 마사히로/홍상현, 『카지노믹스의 허구』, 서울: 미래를소유한사람들, 2015.

러셀 쇼토/허형은, 『세상에서 가장 자유로운 도시, 암스테르담』, 서울: 책세상, 2016.

로저 크롤리/우태영, 『부의 도시, 베네치아』, 서울: 다른세상, 2012.

박병식, 『현대도시와 행정』, 경기: 대영문화사, 2009.

벤 코츠/임소연, 『시시콜콜 네덜란드 이야기』, 서울: 미래의창, 2016.

시오노 나나미/정도영 『바다의 도시 이야기』, 경기: 한길사, 2002.

알레산드로 마르초 마뇨/김정하, 『책공장 베네치아』, 서울: 책세상, 2015, 55쪽.

에드워드 L. 글레이저/이진원, 『도시의 승리』, 서울: 해냄, 2011.

에릭 와이너/노승영, 『천재의 발상지를 찾아서』, 경기: 문학동네, 2016.

오진곤, 『틀을 깬 과학자들』, 서울: 전파과학사, 2002.

이주희, 『강자의 조건』, 서울: MID 출판사, 2014.

조엘 코트킨/윤철희, 『도시의 역사』, 서울: 을유문화사, 2013, 149쪽.

존 줄리어스 노리치/남길영, 임지연, 유혜인, 『교황 연대기』, 서울: 바다출판사, 2014.

카를로 M. 치폴라/최파일, 『대포, 범선, 제국』, 서울: 미지북스, 2010, 33쪽.

트리스트럼 헌트/이광일, 『엥겔스 평전-프록코트를 입은 공산주의자』, 경기: 글항아리, 2010.

프란체스코 키오바로, 제라르 베시에르/김주경, 『교황의 역사: 도시에서 세계로』, 서울: 시공사, 1998.

홍익희, 『홍익희의 유대인 경제사 4』, 서울: 한스미디어, 2016.

뉴스

〈"100년 버틴 상점만 3000곳…부단한 기술혁신과 장인정신이 교토 장수기업의 비결"〉, 《조선비즈》, 2016. 09. 07.

〈2050년 세계 인구 셋 중 둘은 도시인〉, 《한겨레》, 2014. 7. 17.

〈38개 외국기업 유치 싱가포르, 단숨에 바이오強國〉, 《조선일보》, 2014. 08. 11.

〈Die 20 wertvollsten Städte Deutschlands〉, 《Bild》, 2014. 05. 13.

〈교토기업 대약진, 카리스마 오너경영 성공〉, 《이코노미톡뉴스》, 2011. 04. 02.

〈교토는 어떻게 강소기업 메카됐나〉, 《디지털타임스》, 2013. 02. 14.

〈기도와 노동, 베네딕도회수도원〉, 《경향신문》, 2011. 11. 17.

〈기업과 도시의 싱생...BMW와 뮌헨에서 배워라〉, 《한국경제》, 2007. 10. 29.

〈'도박과 환락의 도시' 라스베이거스 탄생〉, 《프레시안》, 2017. 08. 02.

〈도시경제학자 리처드 플로리다, '거대도시가 창의력 원천'〉, 《ZD Net Korea》, 2011. 11. 10.

〈도쿄·교토·와세다·게이오대, 석·박사 과정 '대학 연대'〉, 《중앙일보》, 2008. 12. 22.

〈독립 50주년 싱가포르의 질주, "국민소득 10만달러도 가능하다"〉, 《조선pub》, 2015. 01. 08.

〈동서양 최초의 무역전쟁, 디우해전〉, 《서울경제》, 2017. 02. 03.

〈라스베이거스를 개조한 '카지노 전설'…스티브 윈〉, 《프레시안》, 2017. 08. 23.

〈리콴유는 싱가포르를 어떻게 초일류 국가로 만들었나?〉, 《조선pub》, 2015. 10. 24.

〈샌프란시스코 '관용의 도시' 전국 3위〉, 《한국일보》, 2012. 01. 19.

〈샌프란시스코 도심 '소마' 스타트업 메카로 떴다〉, 《중앙일보》, 2017. 06. 21.

〈세계사에서 중국 경제력의 위엄〉, 《월드넷》, 2016. 06.

〈세계인구 31.5%…기독교 인구 22억명으로 '최다'〉, 《LA중앙일보》, 2013. 01. 08.

〈세종시를 'UN도시'로 만들자〉, 《조선일보》, 2011. 04. 26.

〈신뢰 자본, 네덜란드 발전의 힘〉, 《미래한국》, 2017. 04. 17.
〈실리콘벨리 기업 직장인 가운데 텍사스대학 출신 5번째로 많아〉, 《코메리카포스트》, 2017. 04. 27.
〈실리콘밸리 성공 뒤엔 스탠퍼드-UC버클리 경쟁 있었다〉, 《한국경제》, 2017. 07. 25.
〈싱가포르 국민들 '집걱정' 없앤 리콴유〉, 《views&news》, 2015. 03. 23.
〈싱가포르,'리콴유 주식회사' 또는 '잘사는 북한'?〉, 《프레시안》, 2015. 03. 24.
〈야마기와 총장 "교토대 노벨상 8명은 자유 토론의 힘"〉, 《동아일보》, 2016. 12. 02.
〈영어라는 '사다리'는 걷어차지 말자〉, 《중앙일보》, 2016. 04. 01.
〈위대한 여제 마리아 테레지아 치마폭에 취하다〉, 《데일리안》, 2014. 05. 10.
〈'이탈리아서 나가겠다' 베네토 지방도 분리·독립?〉, 《오마이뉴스》, 2014. 10. 17.
〈자동차로 흥한 도시, 자동차로 망하다〉, 《오마이뉴스》, 2004. 08. 20.
〈자율주행차 수도 피츠버그, 로봇 인력 구하기 전쟁〉, 《로봇신문》, 2017. 09. 21.
〈잘 나가는 일본기업, 더 잘 나가는 교토기업〉, 《한국경제》, 2015. 12. 15.
〈제국의 종말 지성의 탄생-세계 지성史 지도의 출발지는 빈〉, 《국제신문》, 2008. 03. 21.
〈천황의 물건 만들던 자부심 한 가지만 파는 장인 스타일〉, 《주간조선》, 2012. 10. 22.
〈합스부르크 왕가의 몰락은 근친혼의 業報(하)〉, 《중앙일보》, 2009. 07. 07.

웹페이지

1755년 리스본 지진, 위키백과, 2019. 02. 14. 검색. URL: https://ko.wikipedia.org/wiki/1755년_리스본_지진
대항해시대, 위키백과, 2019. 02. 14. 검색, URL: https://ko.wikipedia.org/wiki/대항해시대
〈디트로이트 파산의 진짜 이유〉, URL: https://blog.naver.com/dream_cc/20193008819
〈법고창신法古創新의 고도古都 교토〉, 문화재청, 2011. 04. 15. URL: http://www.cha.go.kr/cop/bbs/selectBoardArticle.do?nttId=6160&bbsId=BBSMSTR_1008&nm=NS_01_10
베네딕토회, 나무위키, 2019. 02. 21. 검색, URL: https://namu.wiki/w/베네딕토회
베네치아 3. 1. 도시건설과 유지보수(베네치아 공학), 나무위키, 2019. 2. 11. 검색. URL: https://namu.wiki/w/베네치아#s-3.1
〈[시바 료타로] 에도江戸천도에 얽힌 비화〉, URL: http://egloos.zum.com/beholderer/v/1202361
아르세날레 디 베네치아, 위키백과, 2019. 02. 12. 검색, URL: https://ko.wikipedia.org/wiki/아르세날레_디_베네치아
〈양도식 : 맨체스터, 산업도시에서 창조도시로 거듭나다〉, URL: https://m.blog.naver.com/protyle87/80083723141
오쿠보 도시미치, 위키미디어 공용, 2019. 8. 1. 검색. URL: https://commons.wikimedia.org/wiki/File:Toshimichi_Okubo_4.jpg?uselang=ko
〈중국 도읍지 이야기 4〉, 연세대학교 중국연구원, 2016. 12., URL: http://yonseisinology.org/archives/1405
〈영국 (축구)스타트업의 중심지, 맨체스터〉, URL: https://cheesewinebreaduk.wordpress.com/2017/03/19/
성전기사단, 위키백과, 2019. 02. 14. 검색, URL: https://ko.wikipedia.org/wiki/성전기사단
싱가포르의 녹지 정책과 그 분포의 특징, 서울대학교 지리학과 송하진 외 2인.
〈지역경제보고서(2017년 12월)〉, 한국은행, URL: https://www.bok.or.kr/portal/bbs/P0002507/view.do?nttId=233949&menuNo=200444&pageIndex=1
캘리포니아, 나무위키, 2019. 02. 26. 검색, URL: https://namu.wiki/w/캘리포니아
콘스탄티노폴리스 대학교, 위키피디아, 2019. 02. 08. 검색, URL: https://ko.wikipedia.org/wiki/콘스탄티노폴리스_대학교
〈파리를 파리로 만든 사람, 유젠 오스만〉, 브런치, URL: https://brunch.co.kr/@parisboucher/1
〈포춘 글로벌 500(2011년)〉, URL: http://fortune.com/global500/2011/
프랑스 10. 1. 과학 기술, 나무위키, 2019. 02. 07. 검색, URL: https://namu.wiki/w/프랑스#s-10.1
하워드 휴즈, 나무위키, 2019. 02. 27. 검색, URL: https://namu.wiki/w/하워드%20휴즈

저자 소개

저자 홍석준은 계명대학교, 서울대 행정대학원과 미국 미주리대 트루먼 스쿨을 졸업하였다. 1995년 제1회 지방고시에 합격 이후 공직에 발을 내디뎠다. 대구시에서 주로 경제, 산업 분야에 근무하면서 맨땅에 헤딩하는 생각으로 무에서 유를 만들어 내고 있다. 저자가 관여한 자동차주행시험장, 첨단의료복합단지와 테크노폴리스 내 많은 연구 인프라는 현재 대구 경제의 중추적 역할을 한다고 평가받고 있다. 현재 대구광역시 경제국장, 계명대학교 특임교수로 재직하고 있다. 상훈으로 홍조근정훈장을 수훈했다.